信息素质教育丛书

自然科学技术信息检索教程

（第二版）

主编　蒋永新

上海大学出版社
·上海·

内容提要

本书从当前自然科学技术专业信息素质教育的实际需要出发，系统地论述了文献信息检索与利用的基础理论和基本技能。全书共分七个部分：一、文献信息概论；二、信息检索原理；三、互联网信息利用；四、事实数据检索原理；五、普通文献检索原理；六、特种文献检索原理；七、文献信息的收集、分析和利用。本书内容丰富、简明扼要、通俗易懂、适应面广。每个章节起首配有内容重点和技能目标提示，结尾配有针对性习题，方便师生教学和效果评估。书中大量的实例、案例以及实习指导，对学生掌握课程的重点、难点，包括宏观信息分布、检索原理、信息资源评价、学术规范、课题分析、策略构成、原文获取技能等，具有很强的示范性、指导性和实用性。

本书可作为理工科大学生和研究生的文献信息检索教材，也可供从事理工科教学研究人员以及图书情报工作人员学习文献信息检索知识时参考。

图书在版编目(CIP)数据

自然科学技术信息检索教程/蒋永新主编. —2版. —上海：上海大学出版社，2010.3（2014.2重印）
ISBN 978-7-81118-527-0

Ⅰ.自… Ⅱ.蒋… Ⅲ.自然科学—情报检索—教材
Ⅳ.G252.7

中国版本图书馆CIP数据核字(2009)第181902号

策划/编辑 潘春枝 江振新
封面设计 柯国富
技术编辑 金 鑫 章 斐

信息素质教育丛书
自然科学技术信息检索教程(第二版)
主编 蒋永新
上海大学出版社出版发行
(上海市上大路99号 邮政编码200444)
(http://www.shangdapress.com 发行热线66135110)
出版人：郭纯生
*
南京展望文化发展有限公司排版
上海叶大印务发展有限公司印刷 各地新华书店经销
开本787×1092 1/16 印张13 字数330千字
2010年3月第2版 2014年2月第3次印刷
印数：10201-15300
ISBN 978-7-81118-527-0/G·519 定价：22.00元

第二版前言

信息素质教育教学的出发点是学生的信息行为。当前，信息成本日趋减低，学生普遍信息自觉意识强，信息技能起点高，但信息道德较为模糊。面对如此特征的学生信息行为，这门课程主要达到哪些目的，怎样实现这些目的，是我们必须回答的问题。

我们认为，学生信息自觉意识强，不一定强在学术信息意识；学生信息技能起点高，不一定高在专业学术信息技能；信息道德模糊，则起因于学术道德培训的缺失。鉴于此，本版在第一版的基础上，吸收信息利用和信息素质教育的最新研究成果，明确能力培养目的，强化学术研究和知识更新所需要的信息素质训练，以求进一步改善信息素质教育的教学效果。

具体来说，本版做了如下调整：

1. 每一章节前增设技能目标，以强调按照能力目标进行教学。

2. 考虑到互联网使用的重要性，将其调整至第三章，以利后续章节的教学。

3. 除按照资源和工具变化进行的更新以外，各章节较为重要的调整有：第一章增设 H 指数概念，帮助学生了解这种新出现的学术评价方法；第二章将检索原理归并为检索理论、检索步骤和策略构建三个部分，充实了原文的获取方法，以突出重点；第三章将网上资源的利用归并为资源、工具和评价三部分，增加了开放资源和 RSS；第四章从工具书角度增设主题词表，既与第二章检索语言呼应，又有助于学生建立概念体系。另增加维基百科，百度知道等工具，以强化交互性工具的使用；第五章和第六章分别改写充实了 SCIE、专利和标准的内容；第七章增设利用文献的学术规范以及文献整理工具 EndNote 的使用方法，并按照 GB 7714－2005 更新了文后参考文献的著录方法。

本次改版，内容体系设计和统稿由蒋永新完成，第 3 章、第 4 章和第 5 章部分内容以及实习指导 2 内容的更新由毛琴芳执笔，第 5.2.1 节 SCIE 的部分内容更新由曾纪洁执笔，第 7.1.2 节中的 EndNote 由王娟执笔，其余各章由蒋永新执笔。蒋永新、毛琴芳、曾纪洁、王娟、詹华清、鲍国海共同完成了修改工作。王德英、陈敏也参与了部分工作。

本书在改版过程中，参考了大量国内高校同类教材，得到了上海大学图书馆、上海大学出版社、上海大学教务处等部门领导和同仁的全力支持，在此一并致以衷心感谢。

限于水平，本书的错误在所难免，敬请各位读者不吝指正。

编　者

2009 年 11 月 28 日

自然科学技术信息检索教程

编委会

蒋永新　詹华清　毛琴芳

鲍国海　王德英　陈　敏

曾纪洁　王　娟　赵伯兴

叶元芳　王海雄

目　录

1 文献信息概论

本章知识要点

- 信息素养的内涵
- 文献信息的定义与类型
- 文献出版类型的识别方法
- 文献信息的学科分布规律

本章能力目标

- 能够识别文献的出版类型
- 能够确定专业核心期刊
- 了解当代信息资源的运行规律

1.1 信息时代与信息素养教育

当前，我国高等院校学生的信息素养教育主要由文献检索课承担。信息素养教育具有什么含义？文献检索课设置的目的和任务是什么？我们应该如何完成这门课的学习？这些是我们首先要回答的问题。

1.1.1 信息素养教育

1. 信息素养的定义

信息素养的英文是“Information Literacy”，这个词最早是由美国信息产业协会主席 Paul Zurkowski 在 1974 年给美国政府的报告中提出来的。他认为信息素养是人们在工作中运用信息解决问题的能力。自那时以来，国内外信息素养教育的迅速发展，使得信息素质教育有了清晰的内涵。

2. 信息素养教育的主要内容

归纳国内外学术界的有关研究，信息素养教育的内容主要包括以下三个方面：

（1）信息意识教育。信息意识是指人们对信息需求的自我意识，主要表现为人们从信息的角度去感受、理解和评价自然界、社会中的各种现象和行为，判断、洞察有用信息的能力。当代学生在培养自己的其他社会意识的同时，更应该重视信息意识的培养。通过信息素养教育，使自己具有敏锐的信息观察力，快速的信息发掘能力，提高信息意识认知基础，从庞杂散乱的信息中捕捉有价值的信息。

（2）信息道德教育。信息道德是指人们在整个信息活动中应遵守的道德准则，是信息加工者、传递者、使用者信息行为规范的总和。信息道德教育的内容是，培养学生正确的道德判断和选择能力，使学生养成良好的信息道德品质，能够遵循一定的信息伦理与道德准则，规范自身的信息行为，成为具有广博知识与专深技能的人。

（3）信息能力教育。信息能力是信息素质教育的主要方面，它包括信息的获取、加工处理和利用能力等。在当今信息时代，一个人信息能力的大小在很大程度上决定着他的社会活动能力和工作能力。信息能力教育的内容是，培养学生在纷繁无序的信息中筛选、鉴别自己所需的信息，并能熟练应用有关信息技术和信息工具来充分利用这些信息的能力。

3. 掌握信息素养的重要性

信息素养作为一种高级的认知技能，同批判性思维、问题解决的能力一起，构成了学生学会学习和进行知识创新的基础。国际教育发展委员会主席埃得加·富尔在《学会生存》一书中说："未来的文盲不再是不识字的人，而是没有学会怎样学习的人。"我们说掌握信息素养十分重要，是由于以下原因：

第一，信息激增的现实要求我们学习信息素养。我们的时代是一个信息量激增的时代。据估计，世界每天有 1.3～1.4 万篇新的科学论文问世，每小时有 20 项新的发明，每分钟出一本新书。互联网数据流量自 1988 年以来以平均每年翻两番的速度增长，近两年这个数字接近每年翻三番。互联网网页数 2006 年已超过 80 亿，并以每天 10 万页以上的速度递增。2006 年一年全世界产生的新信息量大约有 40 艾字节，超过人类过去五千年信息量的总和。信息激增不仅使"读不完，接受不了"的矛盾越来越尖锐，而且使如何从浩如烟海的文献中寻找合乎要求的信息变得越来越困难。

第二，信息知识的更新要求我们学习信息素养。人类知识的更新速度在加快，信息知识的有效期在缩短，例如：10 年前发展起来的新兴工程技术，今天约有 30％已经过时。对本科生而言，如果他们学习的全部为应用技术，那么到第三年时，第一年所学东西的一半已经过时。有专家认为，一个人在大学阶段只能获得一生中所需知识 10％左右，而 90％的知识是要在工作中通过不断学习获得的。知识的频繁更新清楚地说明，不掌握信息素养，就跟不上时代前进的步伐。

第三，文献检索的专门化要求我们学习信息素养。现代文献信息的载体类型、出版类型、传播手段、组织形式十分复杂，近年日益普及的计算机检索，尽管在通信和网络技术的扶持下，已经使获取信息的手段变得更为方便、有效，然而，各种类型数据库的迅速增长，数据库理论、检索软件、检索策略等知识日益深化，迅速、准确、完整地获取所需的文献信息已经成为一项综合性的专门化的技术。那种"只要能上网，谁都会检索"的看法是一种外行人的错觉。

第四，信息素养是现在、更是未来科技人员的一项基本功。对于一个科研工作者来说，文献信息检索贯穿于科研工作的始终，是科研工作的重要组成部分。任何一项科研工作在开题前，首先要对课题涉及的文献信息进行全面的检索，了解国内外动态，从而对自己的课题进行周密的论证，以避免重复他人的劳动；在科研的进行过程中查阅文献信息，可以把前人认识事物的终点作为自己继续探索的起点，找出攻关途径；在科研结束进行成果鉴定时进行文献信息检索，可以判定成果的先进性、科学性和实用性。可以说，文献信息的检索能力是决定科研效率和科研水平，甚至科研成败的一个重要因素。

1.1.2 文献检索课的教学要求和教学内容

在国内，大学生和研究生信息素养教育的主要载体是文献检索课。文献检索课是国家教委统一命名的一门科学方法课。1984 年原教育部颁布(84)教高一字 004 号文件，文献检索课被正式列入我国高校文理工科各专业的教学计划。20 余年来，数以百万计的学生修完或正在选修这门课程，发展十分迅速。

文献检索课的教学要求有信息技能、信息意识和信息道德三个方面。在信息技能方面，要求学生能够选择数据库，制定检索策略，通过多种途径进行文献检索、事实检索和数据检索，分析检索结果；能够掌握获取原始文献的主要方法以及初步整理分析文献信息的方法。在信息意识方面，要求学生形成信息就是价值、就是效益、就是生存权的自觉意识，实现通过信息的获取利用提高自己竞争生存发展能力的目的。在信息道德方面，要求学生能够养成良好的信息道德品质，遵循公认的信息伦理和信息道德准则，规范自己的信息行为。

文献检索课的教学内容分为基础理论知识和基本技能两部分。基础理论知识部分包括文献信息的基本知识(第 1 章)，文献检索的基本原理包括计算机检索基本知识(第 2 章)。基本技能部分包括互联网信息检索和网络数据库检索的方法(第 3～6 章)以及整理分析文献信息的方法(第 7 章)。

本课的主要知识点由以下部分构成：

文献信息的基本知识部分包括文献类型的概念、含文献的级别、载体和出版类型、文后参考文献出版类型的识别方法、文献信息的时间和学科分布规律和核心期刊的概念等；

文献检索的基本原理部分包括信息检索的 5 个基本步骤、归纳课题主题、提取检索概念的一般方法、课题分类号和主题词的确定方法、课题概念扩展方法、文献信息数据库的结构以及计算机检索策略的构成和调整的基本方法等；

互联网信息的检索部分包括互联网信息资源的构成、典型搜索引擎的使用方法以及虚拟图书馆的概念和利用方法、学术网站的概念及其利用方法等；

网络数据库检索部分包括 iPAC、中国学术期刊网络出版总库、SCIE、Compendex 的基本使用方法等；

文献信息的收集整理和利用部分主要包括通过正式渠道的文献信息收集方法、文献引用的学术规范和文后参考文献的著录方法等。

1.1.3 文献检索课的教学材料和学习方法

文献检索课的学习材料由教材、习题指导和网络课件三种相辅相成的形式构成。

教材提供基本概念的表述以及检索技能运用的实例，以帮助理解课程所要求掌握的各个知识点，内容相对详细，是预复习的主要读本。

习题指导根据素质教育的教学目的，围绕信息素质教育的重点内容配置多种形式的练习题，同时给出参考答案。学生能从中获得对基础知识、基本技能必要和足量的训练。

网络课件提纲挈领地表述课程内容，同时配备有针对性的习题，是掌握本课内容的必须工具。网络课件有两个主要作用：一是管理学习的作用，即根据学生登录形成与选课相同的辅导班级，记载平时学习成绩；二是提供练习的手段和示例，让学生通过练习，学习掌握内容，检查学习的效果。

本课的学习方法特别强调通过实践掌握概念和技能，具体地说，达到教学大纲规定的要求，完成针对课程重点所设的练习是基本的起点，通过实践理解、掌握教材相关内容，养成信息意识、培养信息技能、规范信息行为是本课的目标。

1.2 文献信息的基本概念

1.2.1 信息、知识和文献的定义

1. 信息

关于信息，人们曾给出过各种各样的定义。归纳起来，我们认为，广义上的信息是事物属性的再现。信息不是事物本身，而是由事物发出的消息、指令、数据等所包含的内容。因此，作为日常用语，信息是指音信、消息。狭义上的信息是指系统传输和处理的对象。例如，生物信息、天体信息是自然界发出的信息，社会信息是人际间传播的信息，是人类活动的产物。“网站上有什么信息?”询问网站发布了什么新消息。总之，一切事物，包括自然界和人类社会都会产生信息。

在支配人类社会三大要素（能源、材料和信息）中，信息愈来愈显示出其重要性和支配力。它将人类社会由工业化时代推向信息化时代，使现代社会所有的机构，甚至个人都卷入到信息处理的浪潮之中。20 世纪 90 年代后互联网的发展，把整个世界变成一个小小的地球村，人们可以跨越时空地在网上交换信息和协同工作。如今展现在人们面前的已不是局限于本部门、本地区的信息和数据，而是浩瀚无垠的信息海洋。随着人类活动领域和范围的增加，生活节奏加快以及技术的进步，如何能够以更快更方便的方式获取、存储、管理和共享信息，就成为人们关注的焦点。

2. 知识

人类不仅要通过信息感知和认识世界，而且要根据所获得的信息，创造出知识进而改造世界。因此，知识是人类社会实践经验的总结，是人的主观世界对于客观世界的如实反映和概括。可见，知识是人类对信息加工后的结果，是信息中的精华。

通观人类文明发展史，就是一部知识的创造、交流、再创造并不断积累的螺旋式上升的历史。当代计算机与信息技术的发展，加速了这种过程。据估计，19 世纪时，科学定律（包括新的化学分子式，新的物理关系和新的医学认识）的知识的数量一百年增长一倍，到 20 世纪 60 年代中期以后，每五年就增加一倍。这其中知识再生产起着关键的作用。当知识极度增长时，如果没有掌握有效的方法，比如由计算机信息技术来收集、处理和提取有用信息和知识，任何人都会对现代的知识感到像大海捞针一样束手无策。

3. 文献

信息和知识都是抽象的概念，必须有一定的物理载体，与载体分离的信息和知识是不存在的。本书所讨论的信息主要是指附着在印刷型文献和电子型文献中的信息，因而，在开始讨论信息的检索利用之前，文献是首先要认识的概念。

在我国1983年颁布的国家标准《文献著录总则》中，文献的定义为"记录有知识的一切载体"。文献具有知识内容、信息符号、载体材料和记录方式与手段四个基本要素。其中，知识内容是文献的灵魂所在。信息符号是文字、图形、数字、代码、声频、视频等赖以揭示和表达知识信息的标识符号。载体材料是可供记录信息符号的物质材料，如纸张、胶片胶卷、磁带磁盘、光盘、穿孔纸带等。记录的方式与手段是指知识信息与载体的联系方式，例如，铸刻、书写、印刷、复制、录音和录像等。

为了深入说明现代文献的各种特点，下面分两节介绍文献的级别、载体类型和出版类型。

1.2.2 文献的级别和载体类型

按照不同的标准，文献可以划分不同的类型。本节介绍按照文献加工深度和按照载体的物理形态不同区分的文献类型。

1. 文献的级别

按照加工深度不同区分，文献可以分成零次、一次、二次和三次文献四个级别。

(1) 零次文献(non-printed sources)。未经出版发行的或未进入社会交流的原始文献，如传统的私人笔记、底稿、手稿、个人通信、新闻稿、工程图纸、考察记录、实验记录、调查稿、技术档案等，以及现代的e-mail通信、BBS公告板文章、BLOG和讨论组文章等。其主要特点是内容新颖，但不成熟，相当一部分不公开交流，获得相对比较困难。

(2) 一次文献(primary sources)。以作者本人取得的成果为依据而创作、并经公开出版的各种文献，习惯上又称原始文献，如期刊论文、学位论文、科技报告、会议论文、专利说明、技术标准等。一次文献不仅是文献检索和利用的主要对象，还是产生二、三次文献的基础。其主要特点是内容新颖丰富，叙述具体详尽，参考价值大，但数量庞大、分布分散，直接利用往往不太方便。

(3) 二次文献(sccondary sources)。报道和查找一次文献的检索工具，如各种目录、题录、简介、文摘和索引等。二次文献是按照特定目的对一定范围或学科领域的一次文献进行鉴别、筛选、分析、归纳和加工整理重组等，使之有序化后出版的。它以不同的深度揭示一次文献，其主要功能是检索、通报、控制一次文献，帮助人们在较少时间内获得较多的文献信息。二次文献具有汇集性、工具性、综合性、交流性和评价性等特点。

(4) 三次文献(tertiary sources)。根据二次文献提供的线索，选用大量一次文献的内容，经过筛选、分析、综合和浓缩而再度出版的文献。三次文献主要包括三种类型：一是综述研究类，如专题述评、总结报告、动态综述、进展通讯、信息预测、未来展望等；二是参考工具类，如年鉴、手册、百科全书、词典、大全等；三是文献指南类，如专科文献指南、索引与文献服务目录、书目之书目、工具书目录等。

在上述四个级别的文献中，零次文献由于没有进入出版、发行和流通渠道，收集利用十分困难，一般不能作为我们利用的文献类型。而一次文献是基础，是检索利用的对象；二次文献是检索一次文献的工具，故又称之为检索工具；三次文献是一次文献内容的高度浓缩，是研究以往文献内容的重要信息源。一次、二次和三次文献这三种文献在内容上体现了从分散化到系统化、密集化的过程。

需要指出的是，随着文献的数字化、电子化、网络化进程的日益加快，文献的级别概念已经逐渐变得模糊。我们可以通过网络获得大量的零次文献，也可以在一个数据库中同时看到相互有链接关系的各种级别的文献。然而，无论现代文献信息怎么变化，一次文献因为具有首创性内容且得到一定公认，其作为检索利用首要对象的地位是不会改变的。

2. 按载体的物理形态区分的文献类型

印刷型、缩微型、声像型和电子型文献是以载体的物理形态区分的四种文献类型。

(1) 印刷型(printed form)文献。通过铅印、油印和胶印等手段，将知识固化在纸张上而形成的一类文献，如图书、期刊以及各种印刷资料等。这是一种历史悠久的文献形式，是文献信息传递的主要载体。其优点是传递知识方便灵活、广泛，保存时间相对较长，缺点是存储密度小，体积庞大。

(2) 缩微型(microforms)文献。以感光材料为载体，通过光学摄影方式将文献的影像固化在感光材料上形成的一类文献。如缩微胶卷(microfilm)、缩微平片(microfiche)等。这类文献特点是体积小、信息密度高、轻便，易于传递，保存容易。但使用必须借助于放大设备。

(3) 声像型(audio-visual form)文献。也称视听型文献，是指通过特定设备，使用声、光、磁、电等技术将信息转换为声音、图像、影视和动画等形式，给人以直观、形象感受的知识载体。如唱片、录音(像)带、影视片等，还有高密存储的唱盘和视盘(audio disc & video disc)。声像型提供的形象、声音逼真，宜于记载难以用文字表达和描绘的形象资料和声频资料，如用以记载科技研究过程和科技会议发言等。通过这类资料的播放，可获得如见其形、如闻其声的真切效果。

(4) 电子型(electronic form)文献。原称机读型(machine readable form)文献。它通过计算机对电子格式的信息进行存取和处理，即采用高技术手段，将信息存储在磁盘、磁带或光盘等一些媒体中，形成多种类型的电子出版物。它们具有信息存储密度高，存取速度快的特点，并且具有电子加工、出版和传递功能。

电子出版物的产生，被认为是人类在知识生产和交流方面的第四次革命。近年来出现的多媒体(multi-media)是一种崭新的文献载体。它采用超文本(hypertext)或超媒体(hypermedia)方式，把文字、图片、动画、音乐、语言等多种媒体信息综合起来，在内容表达上具有多样性与直观性，并且有人机交互的友好界面。因此多媒体既属于电子型的也属于声像型。多媒体出版物在科技、教育、出版和新闻等领域正在得到日益广泛的应用。

上述的缩微型、声像型和电子型文献都属于非印刷型出版物。

1.2.3 文献的出版类型和著录特征

文献的出版类型是针对一次文献所含内容的特点和出版方式进行区分的文献类型。学会识别判断一次文献的出版类型，是获取原文的首要环节。下面分别介绍印刷型一次文献的十种出版类型和电子型文献的三种类型及其各自的著录特征。

1. 印刷型一次文献的类型和著录特征

(1) 图书(book, monography)。图书的品种繁多，包括专著、教科书以及各种参考工具书等，但其中只有专著属于一次文献。专著是指论述或介绍某一学科或领域新知识的出版物。广义地说，图书往往是作者对已经发表的科研成果及其知识体系进行的概括和总结，是一种具有独立的内容体系、相当篇幅和完整装帧形式的文献。图书的特点是内容比较成熟，所提供的知识系统全面，出版形式也较固定，是系统掌握各学科知识的基本资料。图书的缺点是出版周期较长，传递报道速度较慢。

根据国内外相关标准的规定，图书作为参考文献附于原始文献时，通常被著录成如下例所示的格式：

Etten V W. Fundamentals of optical fiber communication. London: Prentice-Hall, 1991

在本例中，"Etten V W"是作者的姓名，"Fundamentals of optical fiber communication"是书名，"London: Prentice-Hall"是出版社所在的城市名和出版社名，1991 是出版的年份。

图书的著录特征是：a. 有著者、书名、编者；b. 有出版地、出版社名和出版年份。出版地和出版社之间使用冒号连接；c. 有时有表示主编(edited by)和版次的信息(edition)；d. 有时还给出国际标准书号(ISBN)。这四点中，第二、三点是判定参考文献是否属于图书的主要依据。

(2) 期刊(journal, periodic, series)。期刊是指有固定名称、统一出版形式和一定出版规律的定期或不定期的连续出版物。期刊出版周期短、报道速度快、信息量大、内容新颖、发行面广，能及时传递科技信息，是交流学术思想最基本的文献形式。据估计，期刊信息约占整个信息源的 60%～70%，因此，受到科技工作者的高度重视。大多数检索工具也以期刊论文作为报道的主要对象。对某一问题需要深入了解时，较普遍的办法是查阅期刊论文。

期刊按内容性质可分为学术性期刊、通报性期刊、技术性期刊、科普性期刊、动态性期刊、综述与述评性期刊和检索性期刊等类型。其中，学术性期刊、技术性期刊和综述述评性期刊对科研生产的直接参考价值较大，而通报性期刊、动态性期刊和检索性期刊则出版周期较短，对掌握发展概况和查找信息有较大作用。

期刊论文在参考文献中经常被著录成如下例所示的格式：

Tohyama H. A plasma image bar for an electro-photo-graphic printer. Journal of the Imaging Science, 1991, vol. 35 no. 5, 330－333 (OR: J. Imag. Sci., 1991, 35(5): 330－333)

在本例中，"Tohyama H"是作者的姓名，"A plasma Image bar for an electro-photo-graphic printer"是篇名，"Journal of the Imaging Science"是期刊名称，"1991, vol. 35 no. 5, 330－333"是期刊的出版年份、卷期数和文章所在的起止页码。

期刊论文著录的特征是：a. 有作者，多数有篇名；b. 常常有表示期刊的单词，如

journal(学报、杂志)、acta(杂志)、annales(纪事)、bulletin(通报)、transactions(汇刊)、preceedings(会刊)、review(评论)、progress/advances in(进展)、communication(通讯)、letters(通讯)、news(新闻)等。期刊名称常常缩写,有的还以斜体给出;c. 必定有卷号,有的有期号。其中后两点是判断是否属于期刊论文的主要依据。

(3) 会议文献(conference paper)。会议文献是指在国际和国内重要的学术或专业性会议上宣读发表的论文。会议文献学术性强,内容新颖,质量较高,往往能代表某一领域内最新的研究成果及水平,从中可了解国内外科技发展趋势,因而具有较大的参考价值。会议文献以会议录的形式出版,也有不少会议文献在期刊上发表。

会议文献在参考文献中经常被著录成如下例所示的形式:

Sellis T. Performance of DBMS implementation of production systems. Proceedings of the 2nd International IEEE Conference on Tools for Artificial Intelligence. Herndon, VA USA, 6 - 9 Nov. 1990, (Alamitors, CA, USA: IEEE Computer Society Press, 1990), 393 - 399

在本例中,"Sellis T"是作者的姓名,"Performance of DBMS implementation of production systems"是文章的篇名,"Proceedings of the 2nd International IEEE Conference on Tools for Artificial Intelligence"是会议录名称,"Herndon, VA USA, 6 - 9 Nov. 1990"分别是会议的举办地点和举办时间,"Alamitors, CA, USA: IEEE Computer Society Press, 1990"分别是会议录出版地、出版社和出版年,"393 - 399"是文章在会议录中的起止页码。

会议文献著录的特征是:a. 有表示会议的专门用词,如 Conference, Symposium, Convention, Workshop, Meeting, Congress, Assembly, Seminar 等;b. 有时有表示会议录的一些词,如 Proceedings of, Collection of;c. 有时有会议召开的地点、时间以及会议录的出版地、出版社、出版年份等。这三点中第一点最为重要。值得注意的是,当参考文献中既有表示会议的特征词,又有表示期刊的特征词时,应看作以期刊专辑形式出版的会议录,归入期刊论文类。

(4) 科技报告(technical report)。科技报告是指国家政府部门或科研生产单位研究成果的总结报告,或是研究过程中的阶段进展报告。报告的出版特点是各篇单独成册,统一编号,由主管机构连续出版。在内容方面,报告比期刊论文新颖专深、详尽、可靠,出版周期短,报道速度快,能反映一个国家或某一学科领域的科研水平,是一种不可多得的信息源。目前国际上较著名的科技报告是美国政府的四大报告,即 PB(Publishing Board)报告、AD(ASTIA Documents)报告、NASA(National Aeronautics and Space Administration)报告和 DOE(Department of Energy)报告。科技报告与其他文献的不同之处是它有密级的区分,例如,top secret(绝密)、secret(秘密)、confidential(保密)、restricted(非密限制发行)、unclassified(公开)和 declassified(解密)等。

科技报告在参考文献中经常被著录成如下例所示的形式:

Bumes J S. Application of approximation theory in antenna design, signal processing and filtering. Final report. AD - A244725, Promethe - Sus Inc., 1991

在本例中，“Bumes J S”是作者姓名，“Application of approximation theory in antenna design, signal processing and filtering”是报告篇名，“Final report”是报告类型，“AD-A244725”是报告号，“Promethe-Sus Inc., 1991”分别是完成报告的机构名和年份。

科技报告著录的特征是：a. 有著者、篇名、报告号和报告完成单位名称；b. 有表示报告的词，如 report, memorandum 等；c. 有报告号，如本例中的 AD-A244725。这三点中后两点较重要。

(5) 专利(patent)。专利文献主要由专利说明书构成。所谓专利说明书是指专利申请人向专利局递交的有关发明目的、构成和效果的技术性法律文件。它经专利局审核后，向全世界出版发行。专利说明书的内容比较具体，有的还有附图，通过它可以了解该项专利的主要技术内容。

专利说明书在参考文献中经常被著录成如下例所示的形式：

Nakajima Y. Range meter for camera. Int. CL^5 G03B13/36. US PATENT No. 5, 223, 885, 1993-06-29. 1992. 7. 14

在本例中，“Nakajima Y”是作者姓名，“Range meter for camera”是专利的篇名，“Int. CL^5 G03B13/36”是本专利的国际专利分类表(第 5 版)分类号，“US PATENT No. 5, 223, 885”是专利国别和专利号，“1993-06-29”和“1992. 7. 14”分别是专利的专利权授予日期和申请日期。

专利说明书著录的特征是：a. 有发明人、题目、国际专利分类号；b. 有表示专利的词(patent)和专利号。专利号由国际规定的两个字母表示的国家名称和其后的顺序号构成；c. 有专利的公开日期和申请日期。这三点中第二点较重要。

(6) 标准文献(Standard)。标准文献指标准化工作的文件，是经过公认的权威当局批准的标准化工作成果。其中主要为有关工业产品和工程建设的质量、规格和检验方法的技术规定文件。一个国家的标准文献反映该国的生产工艺水平和技术经济政策，而国际现行标准则代表了当前世界水平。国际标准和工业先进国家的标准常是科研生产活动的重要依据和信息来源。

标准文献在参考文献中经常被著录成如下例所示的形式：

American National Standards Institute. Integrated services digital network (ISDN) basic access interface for use on metallic loops for application on the network side of the NT (layer 1 specification). ANSI TI-601-1988, Sept. 1988

在本例中，“American National Standards Institute”是标准颁布机构，“Integrated services digital network (ISDN) basic access interface for use on metallic loops for application on the network side of the NT (layer 1 specification)”是标准的篇名，“ANSI TI-601-1988”是标准号，“Sept. 1988”是标准颁布的年月。

标准文献著录的特征是：a. 有标准颁布单位名称和标准题目；b. 通常有表示标准的词，如 standard, recommendation 等；c. 有标准号。标准号按惯例由标准颁布机构代码，顺序号和颁布年份三部分构成，如本例的“ANSI TI-601-1988”。这三点中第二点较重要。

(7) 学位论文(thesis,dissertation)。学位论文是指高等院校、科研单位的研究生为申请硕士、博士等学位而提交的学术论文。学位论文的质量参差不齐,但都是就某一专题进行研究所作的总结,一般都是具有独创性的一次文献,既偏重理论,也重视实践,其数据较全,探索较深,并附有大量参考文献,对科研有一定参考价值。学位论文是非卖品,除极少数以科技报告、期刊论文的形式发表外,一般不公开出版。

学位论文在参考文献中经常被著录成如下例所示的形式:

Hall S R. A failure detection algorithm for linear dynamic systems. Ph. D Thesis. Department of Aeronautics and Astronautics, MIT, Cambridge, MA, 1985

在本例中,"Hall S R"是作者姓名,"A failure detection algorithm for linear dynamic systems"是学位论文的篇名,"Ph. D Thesis"表示博士学位论文,"Department of Aeronautics and Astronautics, MIT, Cambridge, MA"是论文作者所在的学校和地点,"1985"是学位论文完成的年份。

学位论文著录的特征是:a. 有著者、篇名;b. 通常有表示学位级别和学位论文的词,如 thesis, dissertation 等;c. 有时有论文作者所在学校的校名。其中第二点较重要。

(8) 产品资料(product literature)。产品资料指产品目录、产品样本和产品说明书一类的厂商产品宣传和使用资料。产品样本通常对定型产品的性能、构造、用途、用法和操作规程等作具体说明,内容成熟,数据可靠,有的有外观照片和结构图,可直接用于产品的设计制造中参考。

产品资料在参考文献中经常被著录成如下例所示的形式:

Dougarra J J. LINPCACK Users' guide (SIAM, Philadelphia, PA, 1979)

在本例中,"Dougarra J J"是作者姓名;"LINPCACK Users' guide"是产品说明书的题名,"SIAM, Philadelphia, PA, 1979"是公司名称、所在地和年份。

产品资料著录的特征是:a. 通常有表示产品样本的词,如 users' guide, catalog, guide book, master of, data-book of 等;b. 有公司名称。其中,第二点较重要。

(9) 技术档案(technical records)。技术档案指科研生产活动中形成的,有具体事物对象的技术文件、图纸、图表、照片和原始记录等的总称。内容包括任务书、技术指标、审批文件、研究计划、方案大纲、技术措施、调查材料、设计资料、试验和工艺记录等。这些材料是科研生产工作中用以积累经验、吸取教训的重要文献。技术档案一般为内部使用,不公开出版发行,有些有密级限制,因此在参考文献和检索工具中极少引用。

(10) 政府出版物(government documents)。政府出版物是指各国政府部门及其设立的专门机构出版的文献。政府出版物的内容十分广泛,既有科学技术方面的,也有社会经济方面的。它是了解各国政治、经济及科技情况的重要资料。就文献的性质而言,政府出版物可分为行政性文件(如国会记录、政府法令、方针政策、规章制度以及调查统计资料等)和科学技术文献两部分。我国政府发表的"科学技术白皮书"就是一种科技类政府出版物。

2. 电子型文献的类型

与印刷型文献一样，电子文献的类型也十分繁多。按照出版周期和内容特点，电子文献可以分为电子期刊，电子图书，电子报纸以及数据库等；按照内容的性质和时效性，电子文献可以分为论文文献和动态消息；按照版权状况，电子文献又可分为有版权电子文献和无版权电子文献两类。从文献信息利用的角度来看，有版权的电子期刊、电子图书、科技报告的学术价值相对较高，而单篇论文和动态性的电子文献有时虽然没有注明版权，但也有相当的参考价值。

下面介绍的是按出版周期和内容特点区分的电子文献类型。

(1) 电子图书(electronic book, e-book)。电子图书是指以数字化方式发行的、有 ISBN 编号的正式出版物。

目前，专业性学术电子图书多数同时还以印刷版形式出版，这些电子图书只能在有阅读权条件下使用，例如，本书第 5 章中介绍的电子图书部分。少数只以电子版形式发行而且免费使用的科技类图书，主要为参考工具数据库等，例如，网上的部分百科全书、手册和词典等。

下面是电子图书的一个引用实例：

Kirk-Othmer. *Encyclopedia of Chemical Technology* [online]. 3rd ed. New York: John Wiley, 1984 [cited 3 January 1990]. Available from: DIALOG Information Services, Palo Alto (Calif.).

从上面的例子可见，电子图书的著录项目有作者、标题、介质标识(例如，在线(online)、只读光盘等)、出版信息(如果是光盘则要有出版社名)、引用日期、引用网址和国际标准书号等。与印刷版一样，表明图书的“ed. by”等特征词是判断图书的主要依据，而访问日期和信息来源(如网址等)表明本文献信息属于电子文献。

(2) 电子期刊(electronic journal, e-journal)。电子期刊是指以数字化方式发行的、有 ISSN 编号的系列正式出版物。

与电子图书一样，多数的专业性学术电子期刊只能在有阅读权条件下使用，例如，本书第 5 章中介绍的电子期刊部分。少数只以电子版形式发行同时免费使用的科技类期刊，主要为动态性、消息性期刊，例如，部分学会的会刊和公司的技术通讯刊物等。

下面是电子期刊论文的一个引用实例：

MYERS M P, YANG J, STAMPE P. Visualization and functional analysis of a maxi-K channel (mSlo) fused to green fluorescent protein (GFP). *EJB: Electronic Journal of Biotechnology* [online]. 15 December 1999, vol. 2, no. 3 [cited 21 March 2000]. Available from: <http://www.ejb.org/content/vol2/issue3/full/3/index.html>. ISSN 0717-3458.

从上面的例子可见，电子期刊的著录项目有作者、文章标题、杂志名、介质标识、卷期号、引用日期、引用网址和国际标准期刊号等。其中卷期号依然是判断期刊的主要特征词，访问日期和信息来源(如网址等)表明本文献信息属于电子文献。

(3) 动态电子信息。动态电子信息包括 BBS、BLOG、网络新闻和网络产品广告等，特点是信息发布迅速，许多新的信息都是通过这些形式公布，缺点是可靠性、权威性较差。

下面分别是新闻组电子论文和 e-mail 个人通信的引用实例：

FISHER, Fritz. Re: Shakespeare as Required Reading. In USENET newsgroup: *humanities. lit. authors. shakespeare* [online]. 29 May 1996; 09:07:11 [cited 4 June 1996; 13:03 EST]. Message-ID: <35CA25F7. 3A9C@linguistik. uni-erlangen. de>. Available from Internet.

Thacker, Jane. *MPEG-21 project stream on digital item identification* [online]. Message to: <iso. tc46. sc9@nlc-bnc. ca>. 3 October 2000; 13:33 EST [cited 6 October 2000; 13:10 EST]. Message-ID: <002f01c02d60051*a*64*a*022a2580c@vaio>. Personal communication.

从上面的两个例子可见，动态性电子信息的著录项目有作者、信息的主题、新闻组或列表名、介质标识、发表日期、网站系统的名称或地点、引用日期和引用网址等。其中表明新闻组的“USENET”“newsgroup”和表明个人通信的“personal communication”是判断动态性信息的主要特征词。

1.3 当代信息资源的运行规律

品种繁多的文献构成了当代信息资源，尤其是自然科学技术信息资源的主体。要使文献信息成为一种资源，能够直接为我们知识更新以至知识创新所用，就要认识它们的运行规律。具体地说，是要认识它们的交流渠道和分布规律。

1.3.1 当代信息资源的交流渠道

影响文献利用的一个主要因素是文献信息的交流方式。按照交流渠道是否社会化，文献信息交流有直接交流和间接交流两种方式。

1. 文献信息的直接交流方式

直接交流是以个人接触为基础信息交流方式，又称“非正式交流”。其主要方式有交流式（如访问、面谈、电话交谈等）、集会式（如学术会议、学术沙龙、讨论会、年会、经验交流会、技术交流会、订货交易会、信息发布会等）、观摩式（如参观实验室、参观成果展览、参观样品展览、观看服装表演等）和零次文献交换式（如书信来往、交换论文影印本等）。非正式交流的优点主要有：交流速度快，信息内容新、针对性强，反馈迅速，可以了解通常不写进文献中的细节。缺点主要有：交流范围有限，难以对信息进行加工积累、信息容易失真，信息内容的正确性和科学性不易检验。

2. 文献信息的间接交流方式

间接交流是以社会文献信息机构为媒介的信息交流方式，又称“正式交流”，包括文献的编辑、出版、印刷、发行、收藏、提供以及分析研究与开发利用。信息的间接交流作为人类有组织有目的的活动，已发展成为庞大而复杂的社会事业。其优点主要有：交流对象范围较广泛、容易获得；有存贮信息功能，信息易于加工和积累；信息能够反复使用，便于比较研究；交流内容涉及自然界、人类社会、思维等方方面面的知识；提供的信息较完整、系统。缺点主要有：交流速度较慢；交流的信息内容相应欠新颖；信息不易反馈。

图书情报机构是信息正式交流过程中的主要渠道。它们是图书、期刊、报告、专利等科研成果的永久性贮藏中心，是索取信息资料有保证的资源。通过对科技文献的分类、编目以及编制文摘、索引等，图书情报机构可以提供阅览、借阅、咨询等多种形式的信息服务。现代图书情报机构所起的作用已不仅仅是简单的传递作用，它们通过通信和计算机，实现全国以至国际的信息资源联网，从而发挥着知识产业中心的作用。

图书情报机构在提供印刷型文献服务之前，必须经过登记、标引、归档等一系列的处理，就以往的文献而言，这种处理并不影响利用，但如果希望阅读最新的文献，则应选择网络和书店等其他途径。

值得指出的是在各种信息交流渠道中各学术团体的作用。由于学术团体既出版著作、期刊等文献，又召开会议组织科技工作者直接交流，所以既是正式信息交流，又是非正式信息交流的重要渠道。

1.3.2 当代信息资源的分布规律

1. 国内文献信息的系统分布

如果按照文献类型分析我国文献信息资源的分布，除政府出版物外的九种文献，专利、标准、技术档案由国家的专门部门管理，它们是国家专利局、国家技术监督局和国家档案局以及各地的相应机构。学位论文由国家图书馆和中国科技信息研究所和毕业院校共同收藏。产品样本是商业行为，可通过购买或免费索取获得。而图书、期刊、会议录和科技报告等面广量大的文献主要由国家文献信息系统提供。国家文献信息系统包括科技信息系统、中国科学院文献信息系统、高等学校图书馆系统和公共图书馆系统四个系统。需要指出，这四个系统所拥有的图书、期刊、会议录和科技报告资源基本以机构所在地的图书馆阅览和网络付费两种形式提供服务，仅有书目信息服务为免费提供。

(1) 科技信息系统。科技信息系统归口国家科委，组建由中国科技信息研究所牵头的联合有关部委的国家科技信息中心。该中心设工程、医药、农林和标准四个分中心。其中工程技术文献信息中心由国防信息研究所、机械工业信息研究院、化学工业信息研究所、电子工业信息研究所、核工业信息研究所、航天工业信息研究所等组成，重点收集和提供工程技术方面期刊、图书、资料，拥有几十种数据库，数千万篇文献，数百个联机终端，遍及全国 60 多个城市。由国家部属科技情报研究所牵头的信息网、网址和负责单位见表 1－1。

表 1－1　由国家部属科技信息研究所牵头的信息网

信息网名称	网　　址	牵头单位
国家工程技术数字图书馆	http://168.160.16.178/	中国科技信息研究所
全球机械文献资源网	http://www.gmachineinfo.com/	机械工业信息研究院
中国化工信息网	http://www.cheminfo.gov.cn/	中国化工信息中心
中国工程机械信息网	http://www.6300.net/	国家机械工业局
中国国防科技信息网	http://www.dsti.net/About/xinxichanye.html	国防领域七个研究所联合主办
中国核信息网	http://www.atominfo.com.cn/	中国核科技信息与经济研究院
中国工程技术电子信息网	http://www.etiri.com.cn/	电子科技情报研究所
中国工程物理信息网	http://202.114.9.3/xueke/wldz/wszy/wl.htm	中国工程物理研究院
中国工程技术标准信息网	http://www.aqsiq.gov.cn/	国家质检总局信息中心
中国医药信息网	http://www.cpi.ac.cn/	国家药品监督管理局信息中心

(2) 中国科学院文献信息系统。中国科学院文献信息系统包含中国科学院文献信息中心及其中国科学院下属各研究所的图书馆。中国科学院文献信息系统的文献收藏是国家文献信息资源系统中的重要组成部分，主要特点是学术性、专业性、前沿性极强。表 1－2 是中国科学院文献信息中心和部分中国科学院研究所图书馆一览表。

表 1－2　中国科学院文献信息中心和部分中国科学院研究所图书馆一览表

机构名称	地　　址	网　　址
国家科学图书馆	北京中关村北四环西路 33 号	http://www.las.ac.cn/index.jsp
中科院物理研究所图书馆	北京市中关村南三街 8 号	http://libiop.iphy.ac.cn/
中科院上海光学精密机械研究所图书馆	上海市嘉定区清河路 390 号	http://210.72.9.5:8081/book/
中科院化学研究所	北京中关村北一街 2 号	http://www.icas.ac.cn/
中科院上海有机化学研究所	上海市枫林路 354 号	http://202.127.145.151/siocl/
中科院上海技术物理研究所	上海市玉田路 500 号	http://www.sitp.ac.cn/
中国科学院电子学研究所	北京市海淀区北四环西路 19 号	http://www.ie.ac.cn/
中国科学院力学研究所图书信息中心	北京市北四环西路 15 号	http://lib.imech.ac.cn/

(3) 高等院校图书馆系统。高等院校图书馆系统包括中国高等教育文献保障系统(China Academic Library & Information System，简称 CALIS)以及教育部和各地教育部门下属的 700 余所高等院校图书馆。CALIS 以及各个高校的图书馆是我们获取学术参考资

料极其重要的信息来源。

CALIS 包含设在北京大学的项目管理中心以及文理、工程、农学、医学四个全国文献信息中心，华东北、华东南、华中、华南、西北、西南、东北七个地区中心和一个东北地区国防信息中心(见表 1-3)。CALIS 系统以校园网为平台提供联合采购的国内外文献数据库以及自建的各种数据库(含联合目录数据库、中文现刊目次库以及高校学位论文库、高校会议论文库、重点学科专题库以及网络资源导航库等)以及馆际互借与文献传递系统等，形成了较为完整的 CALIS 文献信息资源服务网络。

表 1-3 中国高校文献信息资源保障系统(CALIS)的学科中心和地区中心

中 心	网 址	牵头单位
全国中心	http://www.calis.edu.cn/	北京大学
文理中心	http://www.calis.edu.cn/calis/index.htm	北京大学图书馆
工程中心	http://www.lib.tsinghua.edu.cn/calis/calis.htm	清华大学图书馆
医学中心	http://library.bjmu.edu.cn/page2004/calis_med	北京大学医学部图书馆
农学中心	http://www.lib.cau.edu.cn/calis/calis.htm	中国农业大学西区图书馆
西南中心	http://202.115.40.7/calis/website/index.htm	四川大学图书馆
华南中心	http://library.zsu.edu.cn/support.html	中山大学图书馆
华东北中心	http://calis.nju.edu.cn	南京大学图书馆
东北中心	http://www.lib.jlu.edu.cn/calis/calis.htm	吉林大学图书馆
华东南中心	http://www.lib.sjtu.edu.cn/chinese/calis_southeast_center/hdnzx.htm	上海交通大学
西北中心	http://202.117.24.24/html/CALIS/calis.htm	西安交通大学图书馆
华中中心	http://www.lib.whu.edu.cn/~calis	武汉大学图书馆

(4) 公共图书馆系统。公共图书馆系统是在文化部的统一组织和安排下，有关公共图书馆向公众提供综合性科技期刊、图书和资料服务的公共文化系统。我国的公共图书馆系统以北京国家图书馆为龙头，各省和直辖市图书馆为骨干。这个系统中文献收藏最全和服务力量最强的应数国家图书馆(http://www.nlc.gov.cn/)和上海图书馆(http://www.library.sh.cn/)。

除了上述四大系统外，2000 年组建的国家科技图书文献中心(简称 NSTL，网址 http://www.nstl.gov.cn/)是一个虚拟的科技文献信息服务机构，由中国科学院文献情报中心、中国科学技术信息研究所、机械工业信息研究院、冶金工业信息标准研究院、中国化工信息中心、中国农业科学院农业信息研究所、中国医学科学院医学信息研究所组成。在获取科技文献的全文方面，这个中心是一个十分重要的网站。

2. 印刷型文献的出版时间分布规律

各种印刷型文献在出版时间上是有先后的(见图1-1)。如果某作者完成了一篇手稿,希望以最快的形式发表,那么除了学位论文以外,会议、报告和专利是最理想的选择。但这三种形式都要求论文满足一定的特殊要求,而期刊则没有这些要求,且品种多,容量大,速度也很快,从而成为多数论文的发表渠道。目录、题录和文摘取原始文献的主要内容作客观的第二次报道,略晚于专利、报告、会议和期刊。而综述、图书和百科全书则需取大量原始文献的精华,或作评论,或汇编成册,所需时间更长。至此,从出版形式上说的文献周期就大致完成了。这种文献周期又称为文献链。

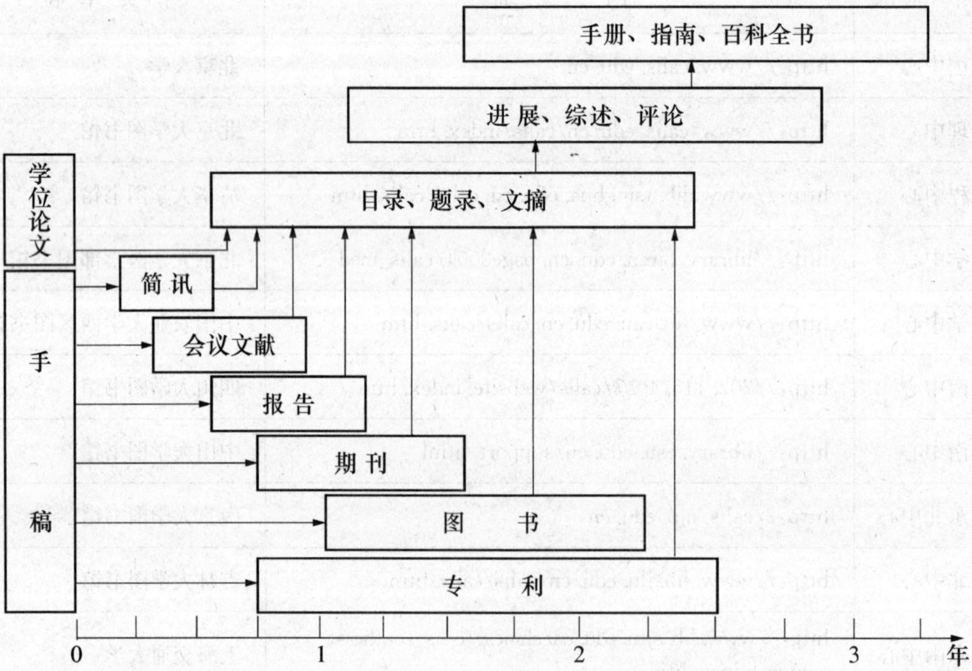

图1-1 各种文献类型的出版(公开)时间分布示意图

以信息利用者的观点,针对不同时间要求的文献信息应该使用不同的文献信息类型。例如,查找当前最新的信息(一、两个月之内的信息),应该通过互联网、书亭书店以及当前最新的报纸杂志、广播电视等渠道;两个月之前到十年之内的信息,应主要通过网上图书期刊类的数据库解决;五年到二十年前的信息,除了期刊之外,还可以通过印刷版的图书和手册性工具书来查找。

3. 文献信息的学科分布规律

根据相对利用率的多少,我们把与一个学科有关的文献分成核心文献、相关文献和边缘文献三类。核心文献通常是指与本学科发展水平、发展动向密切相关的一些文献。相关文献和边缘文献是指所含内容与学科的关系不太密切和相对疏远一些的那些文献。从学科发展的背景来说,相关文献和边缘文献是本学科与其他学科技术相互渗透、相互结合的结果。以电子学为例,电子学与生物学结合,产生了生物电子学;与航空科学结合,产生了航空电子学等。有人认为,现在任何学科的文献,在本专业书刊资料上只可见到三分之一,其余三分之二散杂在相关或边缘文献之中。例如大规模集成电路生产方面的资料，就分布在半导体物理（原理）、电子学（线路）、计算机应用（辅助设计和生产控制）、化学化工（材料）、精密机械（制造设备）、微电子学以及高能物理（原理和工艺）等许多学科的文献之中。

严格地说，如果按照载有与学科相关的文献篇数的多少将学科内的期刊排成一个系列，再将这个系列分成含文献篇数大致相等的若干个区，例如三个区，那么这些区所含有的期刊种数之间的比例具有一定的规律。例如，以英国《科学文摘》统计，1989—1992 年光纤及光通信专题日本发表的期刊论文共 66 种期刊，321 篇。按刊载文篇数的多少将期刊排列成递减序列，再将这个序列分成各含 107 篇论文的三个区。这时第一区（核心期刊区）含期刊 3 种，第二区（相关期刊区）含期刊 12 种，第三区（边缘期刊区）含期刊 51 种（见图 1－2）。三区中所含期刊的种数比例为 1 ∶ 4 ∶ 17。将此比例改写成公式，大致为 $1:a:a^2$。这就是著名的布拉德福文献分散定律。

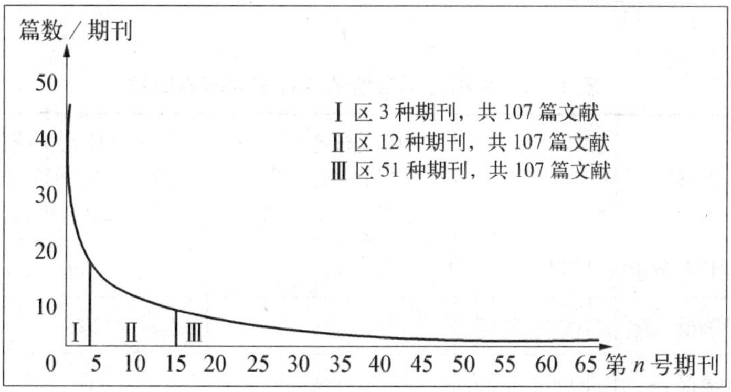

图 1－2　布拉德福文献分散定律示意图

从这个例子可以看出，阅读第一区的 3 种期刊（占期刊总数的 4.5%）中的 107 篇文献，已经阅读了约占总篇数的 33%。如果要完整地阅读这一专题的论文，还需要查阅其余 63 种期刊。由此，我们可以看到，经常阅读核心期刊，确实不失为一种经济有效的信息获取方法。

1.3.3　作为信息评价指标的核心期刊和 H 指数

1. 核心期刊

在实践中，核心期刊是指经过专门机构研究认定的某一学科中水平和影响力较高的期刊。核心期刊有三个主要特性：一是学科性，二是学术性，三是时间性。学科性是指除综合性学科的核心期刊外，核心期刊只针对某一个学科范围。学科不同，核心期刊则不同。学术性是指期刊的学术影响力（影响因子）是决定其能否成为核心期刊的一个主要因素。时间性是指影响因子是按年度测量的，年度不同，影响因子不同，核心期刊不同。

影响因子（impact factor，简称 IF）的概念是：某一种期刊在第三年得到的前两年论文的引文数与该刊前两年的总论文数之比。需要指出的是，期刊的影响因子一般也限于在指定学科或者专业领域范围内作为横向比较刊物学术影响力的一个参考依据。跨学科或跨专业地比较期刊的影响因子，将影响因子作为判定期刊学术水平的惟一依据，或者将影响因子作为衡量文献的学术水平的惟一标准都是错误的。

在自然科学技术领域,国内普遍承认的国内核心期刊主要是指《中文核心期刊要目总览》和《中国科技期刊引证报告》收录的期刊。这两个核心期刊表,前者是北京大学组织国内专家研究的结果,后者是中国科技信息研究所研究的结果。国内普遍承认的国外核心期刊主要是指美国科学引文索引(SCI)和工程索引(Ei)数据库收录的期刊。这两个期刊表中,前者在学科上覆盖自然科学技术全部领域,但比较侧重于医学、生物和基础科学技术,后者在学科上偏重于工程技术领域。

上海大学图书馆主页的投稿指南(http://202.120.121.216:82/tougao/index.htm)给出了国内外核心期刊的详细信息。下面是利用这个工具确定核心期刊的一个实例。

例 1-1:利用适当的核心期刊表,选取生物力学专业国内外核心期刊各若干种。

解:登录上海大学图书馆主页的投稿指南。考虑到生物力学是个跨专业的学科,因而,在该指南国内理工科重要期刊的"生物学"、"力学"和"医学"三个类别中分别查找,得到 4 种期刊(表 1-4)。

表 1-4 生物力学专业的 4 种国内核心期刊

序 号	刊 物 名 称	ISSN	中文核心期刊要目总览(北京大学 2008 年版)	中文科技论文统计源期刊(中国科技信息所 2008 年版)	2008 年影响因子
1	中国生物工程杂志	1671-8135	Yes	Yes	0.542
2	生物物理学报	1000-6737	Yes	Yes	0.357
3	应用力学学报	1000-4939	Yes	Yes	0.292
4	医用生物力学	1004-7220	—	Yes	0.330

生物力学专业的国外核心期刊也可通过上海大学图书馆主页的投稿指南得到。在其 SCI 期刊一类中,以"biomechan"检索,得到 3 种期刊,见表 1-5。

表 1-5 生物力学专业的三种国外核心期刊

	Title	ISSN	2006 IF	2007 IF	2008 IF
1	Clinical Biomechanics	0268-0033	1.445	1.642	2.000
2	Journal of Biomechanical Engineering - Transactions of the ASME	0148-0731	1.309	1.591	2.013
3	Journal of Biomechanics	0021-9290	2.542	2.897	2.784

2. H 指数和学术影响力

文献是科研成果的体现,也可以用来评价某位专家、某个单位或者期刊的学术影响力。但是如果仅以发表文献数量的多少作为标准,这样的评价显然有失公允。2005 年,美国物理学家 Hirsch 提出基于文献引用思想的 H 指数(Hirsch-index),较好地解决了这个问题。

所谓H指数是指在一定期间内某位专家或者群体发表的论文至少有H篇的被引频次数不低于H次。例如，将某位专家发表的35篇文献被引用次数统计数据一一记录下来，并按照被引次数的大小降序排列，如果排列在第15位之前的文献被引用在15次以上，排列在第15位之后的文献被引用在15次以下，那么这位专家的H指数就是15。

H指数适用于比较学科范围内知名专家、优秀期刊或者研究团队的学科影响力，一般不用于跨学科地比较专家、期刊或者团队，也不能用于评价普通的学者或者个别的学术著作。

国外著名检索系统SCIE可以直接提供H指数，使用方法见本书的5.2.1节。

习　题

1. 使用自己的学号、密码，登录文献课网站，注意正确选择任课教师和上课时间。
2. 结合课文相关部分，使用网络课件的第一章文献类型识别练习，完成并提交作业。
3. 访问上海大学图书馆主页的“期刊投稿指南”，找出自己专业的国内和国外核心期刊若干种，比较它们的影响因子。

2 信息检索原理

本章知识要点

- ◆ 归纳课题主题，提取和扩展检索概念的一般方法
- ◆ 课题的分类号和主题词的确定方法
- ◆ 常用检索算符的概念以及构建检索策略的一般方法
- ◆ 获取原文的思路和方法

本章能力目标

- ◆ 掌握归纳课题主题，提取和扩展检索概念的方法
- ◆ 正确运用检索算符，构建检索策略
- ◆ 掌握国外期刊原文的一般获取方法

2.1 信息检索的定义和原理

2.1.1 信息检索的定义和一般原理

1. 信息检索的定义

信息检索指根据特定课题的需要，运用科学的方法，在大量信息（文献）集合中查获所需信息（文献）的过程。这是从狭义上说的定义，如果从广义上说，信息检索包含信息存储和信息查找两部分，没有信息存储生成的大量的信息集合，信息查找就无从谈起。

2. 信息检索的一般原理

为了说明信息检索的基本原理，我们以《新华字典》作一个比喻。《新华字典》的编辑和使用过程实际上是汉字信息的存储和检索过程。《新华字典》首先由编辑人员收集汉字及其注音、释义和用法，将它们一一记录下来（用信息检索的术语来说，记录的结果称为款目），然后按照汉语拼音为序编成字典的正文（正文编辑称为信息整序）。为方便使用起见，又以部

首笔划为序，排成检字表(检字表可称为信息索引)。这个过程称为字典的编辑过程。我们使用字典时，或者直接在正文中以拼音顺序，或者利用检字表以偏旁部首顺序，就能找到所需的汉字及其信息。这个过程称为字典的查找过程。《新华字典》的两个索引顺序，一个正文中的汉字拼音，一个检字索引中的偏旁部首，既是编辑汉字的依据，又是查找汉字的依据，这种依据称为检索标识(称为检索语言)。显然，汉字拼音方案和偏旁部首的编排顺序，或者说检索语言，是字典编辑和使用双方共同遵守的纲领。

与此同理，信息检索也包括存储和检索两个过程。在存储过程中，信息处理人员收集、记录(或称著录)大量的文献信息，按照检索语言(包括主题词和分类号)标引文献信息，最终形成检索系统(或称检索工具)。在检索过程中，信息检索人员要使用同样的检索语言，从检索系统中查获所需的信息。信息检索过程的实质是将检索提问标识与存储在检索系统中的检索标识进行比较，含有两者一致或信息存储的标识包含着检索提问标识的信息就是检索命中的信息。这就是信息检索原理(见图 2-1)。

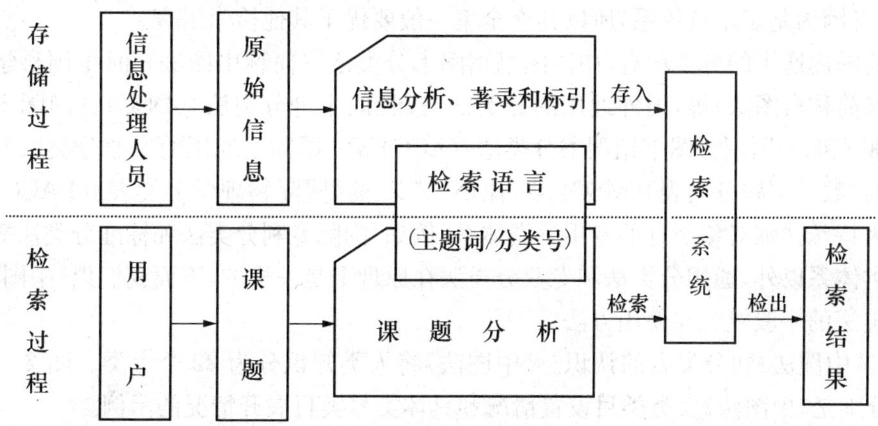

图 2-1 信息检索原理示意图

由上可见，检索语言是信息检索原理的核心内容。除此之外，检索过程还涉及检索系统、检索步骤、检索策略和检索效果的评价。我们把检索语言、检索系统和检索效果作为理论部分，放在本节中介绍，把检索步骤、检索策略作为实践方法部分，放在后两节中介绍。

2.1.2 检索语言

1. 检索语言及其定义

从图 2-1 所给的信息检索原理可知，检索语言在检索过程中十分重要。对信息处理人员来说，检索语言是表达文献主题内容、形成文献标识并赖以组织文献的依据；而对检索人员来说，检索语言是表达检索课题要求，借以同检索系统中已经存储的文献标识进行比较进而获得所需文献的依据。因此，检索语言是信息处理人员和检索人员共同遵循的“纲领”。在实际的存储和检索过程中，信息处理人员处理任何一篇文献都需要参照检索语言，以保证检索系统的质量，而检索人员多数是在不自觉状态下使用检索语言，这正是许多检索结果不理想的主要原因。因此，学习掌握检索语言，是提高检索效率的关键。

检索语言是用来描述文献的内容特征、外表特征和表达情报提问的一种人工语言。所谓文献的外表特征是与文献信息主题内容没有关系或关系不大的信息，这些信息主要有著者、著者单位、期刊名称、专利说明书的专利号、科技报告的报告号等。所谓文献的内容特征是与文献信息主题内容密切相关的信息，这些信息主要有题目、文摘以及各种形式的主题词和分类号等。文献的内容特征、外表特征是由信息处理人员运用一定的规则(主要使用检索语言)处理文献后得到的结果。

检索语言主要有以代码语言为特征的分类语言和以事物名称术语为特征的主题语言两大类。其中主题语言还分关键词语言和叙词语言两种。

2. 分类语言

(1) 分类语言的定义和特点。分类语言，也称分类法或分类表。所谓分类法就是按照文献信息的内容、形式、体裁和读者用途等，在一定的哲学思想指导下，根据科学学科之间的逻辑归属关系，采用层次型或树杈型结构，列举人类所有的知识类别，并对每一知识分别标以相对固定的类号，从而形成的类表。这种类表类似于“地图”，可以引导我们找到所需要的知识，而且因为基于学科体系，所以其查全率一般要优于其他检索语言。

目前国内通用的分类法有《中国图书馆图书分类法》(简称中图法)和《中国科学院图书分类法》(简称科图法)等，国外通用的分类法有《杜威十进分类法》(DDC)、《国际十进分类法》(UDC)和《美国国会图书馆图书分类法》(LCC)等。国际上通用的专业分类法有美国数学学会的《数学主题分类表》(MSC)、英国 INSPEC 的《国际物理学分类表》(PACC)等。另外还有为特殊文献对象制订的专用分类体系，例如，国际专利分类法和标准分类法等。除专用的分类体系以外，通用分类法和专业分类法在原理上是一样的，下面我们以《中图法》为例介绍分类法的一般概念和使用方法。

(2)《中图法》和分类表的认识。《中图法》将人类知识分为 22 个大类。图 2－2a 和图 2－2b 分别是《中图法》大类类目设置情况和具体类号类目展开情况的示例。

A	马克思主义、列宁主义、毛泽东思想	**N**	自然科学总论
B	哲学	**O**	数理科学和化学
C	社会科学总论	**P**	天文学、地球科学
D	政治、法律	**Q**	生物科学
E	军事	**R**	药学、卫生
F	经济	**S**	农业科学
G	文化、科学、教育、体育	**T**	工业技术
H	语言、文字	**U**	交通运输
I	文学	**V**	航空、航天
J	艺术	**X**	环境科学、劳动保护科学
K	历史、地理	**Z**	综合性图书

图 2－2a　中国图书馆图书分类法大类设置

在《中图法》以及任何类似的分类表中，被区分的类称为上位类。相对地说，区分出来的类就是下位类。上下位之间的关系反映了概念外延的包含与从属关系。处于同一上位类下的同一层次的下位类称为同位类。处于同位类关系的类目在概念上是排斥的。在图 2－2b 中，“O11 古典数学”，“O12 初等数学”，“O13 高等数学”和“O15 代数、数论、组合理论”等都是“O1 数学”的下位类，而且因处于同一级分类位置，它们之间存在着同位类关系。与这些下位类相对，“O1 数学”就是它们的上位类。

O1 数学

O11 古典数学

O12 初等数学

O13 高等数学

总论性著作入此；专论入以下有关类，例：微积分入 O172

O15 代数、数论、组合理论

151 代数方程式论、线性代数

.1 代数方程式论

.2 线性代数

参见 O241.6

.21 矩阵论

⋮

.26 线性代数的应用

152 群论

⋮

O3 力学

图 2-2b 中国图书馆图书分类法类号和类目示例

一般地说，为了反映学科之间属分关系，分类号每增加一位字母或数字代表增加一级分类。另外，在理解类目代表的含义时，下位类所包含的类目含义应该和它的上位类号所包含的含义结合起来。例如，P631.33 和 TG502.37 的类名都是仪器，但前者的上位类号 P631 是地球物理勘探，后者的上位类号 TG502 是金属切削加工和机床，因而它们分别代表地球物理勘探用仪器和金属切削加工机床仪器。

(3) 确定课题分类号的一般方法。确定课题的分类号是从分类途径检索文献的关键。下面分单概念课题和多概念课题两类介绍确定课题分类的一般方法。

所谓单概念课题是指课题涉及主题概念只有一个。例如，"函数"、"齿轮"等都属于单概念课题。使用分类表给单概念课题确定类号的方法，一是要了解分类表的体系结构，重点掌握大类的分布。例如，《中图法》科技方面大类是按照数、理、化、天、地、生、工业技术和综合这样的顺序排列的；二是在相关的大类中，由大而小，逐步查找最接近于课题要求的类号。例如，"编码理论"在《中图法》中属"数理科学和化学"大类，类号为"O157.1"。又如"半导体的电学性质"这个课题的类目也在这个大类中，类号应为"O472 半导体性质"类下的"O472.4 电学性质"；三是注意表中用于帮助确定类号的类目注释和类目指引。例如，如果要确定"潜科学"的《中图法》类号，可首先在《中图法》中找到"G301 科学学"，在其类下注释有"潜科学"。因此，"潜科学"可选用"G301"这个类号。

涉及两个或两个以上概念的课题即为多概念课题，例如，"计算机在机械工程方面的应用"(含"计算机"、"机械工程"两个概念)、"线性常微分方程"(含"线性方程"、"常微分方程"两个概念)等均属多概念课题。确定多概念课题的分类号，除了应用上述单概念课题分类方法以外，还应注意以下几点：

一是对含有并列概念的课题要区别两种情况。对于涉及同一研究对象的几个方面或者涉及几个并列研究对象的课题，凡是有主次者，应取其重点或主要研究对象归类。例如"非线性光谱学"这个课题是涉及激光技术和非线性光学两门知识的光谱分析技术，但考虑到它主要属于激光光谱学的范畴，因此可使用"O432.54 激光光谱"这个分类。如果涉及同一研究对象的几个方面都需要检索时，则应在所涉及的几个类中同时查找。例如，"精密合金"这个课题涉及"软磁合金"、"永磁合金"、"弹性合金"、"磁致伸缩合金和触点材料"等概念，如果这些材料都需要检索时，则应分别查找“TG132.2 特种电磁性质合金”、“TG135 特种机械性质合金”和“TM241 金属导电材料”等。

二是对应用性课题也要区别两种情况。研究一种理论、方法、工艺、材料、设备、产品等在某方面应用或对某方面影响的课题，应在所应用或受影响的类目中查找。研究一种理论、方法、工艺等在多方面应用或对多方面造成影响的课题则在该理论、方法、工艺等本身所属的类目中查找。例如，课题“计算机在机械工程方面的应用”应使用分类“TH-39 机电一体化”。又如磁光盘是一种新型的信息存储载体，当它应用于计算机信息存储时，可使用《中图法》分类“TP332.4 光存储器”；当它应用于视频信号处理时，可使用分类“TN946 录像系统”；应用于声频信号处理时，可使用分类“TN912.2 电声技术与设备”；当它用作情报载体时，可使用分类“G356.4 情报载体”等。再如，综合研究计算机在各个领域的应用，应使用分类“TP39 计算机的应用”。

除了上述分类方法外，上位类分类方法也是一种常用的分类方法。它是指课题在分类表中无符合要求的专指类目时，可以归入它的紧邻上位类。确定合适的上位类号是这种分类方法的关键。例如：“灰色系统理论”在《中图法》中没有现成的类号可用，经分析，“灰色系统理论”是在控制论、信息论、系统论基础上发展出来的一个理论，它是指既有确知信息，又有未知信息的系统，是介于白色系统与黑色系统之间的中介系统。因此，“灰色系统理论”的分类，可以用上位法选择“N94 系统论”。又如，“分子筛催化剂”因属于非金属催化剂，可以使用《中图法》“TQ426.7 非金属催化剂”这个上位类作为其分类。

(4) 确定课题分类号的实例。

例 2-1：查找“塑料吹塑成型”的《中国图书馆分类法》相关分类号。

解：第一步分析课题。塑料是一种化工产品，按其学科属性分析它属于工业技术中的化学工业大类，本课题属于塑料化工工艺。

第二步查《中图法》(网址 http://202.196.16.22/reaguide2/clc/#selNodeId)确定类号。可以按照由大而小逐步查找这样的思路确定分类号：T 工业技术→TQ 化学工业→TQ32 合成树脂与塑料工业→TQ320 塑料制品一般性问题→TQ320.6 塑料制品生产工艺→TQ320.66 成型加工→TQ320.664 中空吹塑成型。

据此，得到“塑料吹塑成型”的《中国图书馆分类法》相关分类号为“TQ320.664”。

例 2-2：确定有关“反射式位移光纤传感器”英国《科学文摘》的相关分类号。

解：第一步分析课题。位移光纤传感器是利用光纤中光传播对外界物理量变化的响应制成的传感器，属于光电自动化部件。

第二步确定分类号。确定《科学文摘》分类号可使用印刷本《科学文摘》的分类目次表(Classification and Contents)，也可使用主题指南(Subject Guide)。前者比较适用于较大学科的课题，后者比较适用于一些具体的课题。就本课题而言，我们使用主题指南确定类号。先选择主题词“optical fiber sensors”，查《科学文摘》(Science Abstracts) A 辑《物理文摘》(Physical Abstracts) 1997 年第一期(印刷本)的“主题指南”得“optical fibre sensors 4281p”，然后转查当期的分类目次表得到：

4281p Fibre optical sensors 191

其中“4281p”是类号，“Fibre optical sensors”是类名，“191”是该类在本期的起始页码。

据此，得到“反射式位移光纤传感器”英国《科学文摘》的相关分类号为“4281p”。

通过网络版《科学文摘主题词表》(INSPEC Thesaurus)也可以找到课题的相应类号。需要说明的是，英国《科学文摘》A 辑《物理文摘》采用的分类表和美国物理学会以及国际科技信息理事会制定的《物理和天文学分类表》(Physics and Astronomy Classification Scheme，缩写为 PACS)体系基本一致，后者可以通过网络(网址为 http://www.aip.org/pacs/pacs03/pacs03-toc.html)查找相关类号。

例 2-3：查找有关“一阶非线性双曲线偏微分方程的边界值问题”的美国《数学评论》分类法类号。

解：第一步分析课题，确定主题分类类目。根据学科归属关系分析，本课题属于偏微分方程范畴。

第二步查找分类号。使用印刷本美国《数学评论》年度主题索引后附属的主题分类表(Mathematics Subject Classification)，按照由大而小逐步查找所需类号。就本课题而言，由 30-xx Functions of a complex variable(30-xx 复变函数)入手，经 35-xx Partial differential equations(35-xx 偏微分方程)、35Lxx Partial differential equations of hyperbolic type(35Lxx 双曲线偏微分方程)，便得到 35L50 Boundary value problems for hyperbolic systems of first-order PDE(35L50 一阶双曲线偏微分方程的边界值)。

美国数学学会网站(http://www.ams.org/msc)提供美国《数学评论》分类法的网上查询。

3. 叙词语言

(1) 叙词语言的定义和特点。叙词语言是以规范化科学名词为基础的一种主题法检索语言。所谓叙词是从自然语言中优选出来的经过规范化的名词术语。例如，“铌基超导合金”这个课题不直接采用自然语言“铌基超导合金”，而采用规范主题词“铌基合金”和“超导合金”。从检索效果考察，叙词语言的查全率和查准率一般要优于其他检索语言。

和分类语言类似，叙词语言是人们在归纳人类知识基础上，将所涉及的各种概念，以规范的词或词组的形式固定下来，构成主题词表。比如“铌基合金”和“超导合金”就是《汉语主题词表》中的叙词。对基本的事物有正式的、规范的表达形式，这是叙词语言和分类语言相同之处。叙词语言和分类语言的不同之处，是主题词表中的正式主题词可以根据需要将它们组配起来，用以表达复杂的概念。例如，将“铌基合金”和“超导合金”组配起来就可以表达“铌基超导合金”这个课题的概念。

叙词语言的体现形式是叙词表。国内外常用的叙词表主要有我国的《汉语主题词表》，英国《科学文摘》使用的《INSPEC 叙词表》以及美国《工程索引》使用的《Ei 叙词表》等。大型叙词表由叙词字顺表(正表)、范畴索引、等级索引和附表(包括通用或专业术语等)构成。其中字顺表是最主要的部分。下面以《汉语主题词表》主表为例介绍叙词表的结构。

(2)《汉语主题词表》和叙词表的认识。《汉语主题词表》的主表称字顺表。所有主题词都按汉语拼音字顺排列，每一个主题词的著录都构成一条款目。图 2-3 是主表的示例。表 2-1 是参照项一览表。

Xian xiang guan①
显像管② [56CE]③
Kinescope④
Picture tube
D ⑤ 电视显像管
监视管
F ⑥ 彩色显像管
黑白显像管
S ⑦ 电子束管
Z ⑧ 电子管
C ⑨ 显示管
指示管

图 2-3 《汉语主题词表》主表的示例

著录格式注释：① 主题词汉语拼音 ② 主题词 ③ 范畴号 ④ 英文译名 ⑤ 代项(同义词) ⑥ 分项(下位词) ⑦ 属项(上位词) ⑧ 族首词 ⑨ 参项符号(相关词)

表 2-1 《汉语主题词表》参照项一览表

参照项	作 用	简 称	符 号	英文简称	英文全称
用 项	同义词(正式主题词)	用	Y	USE	Use
代 项	同义词(非正式主题词)	代	D	UF	Used For
分 项	狭义词	分	F	NT	Narrower Term
属 项	广义词	属	S	BT	Broader Term
族 项	族首词	族	Z	TT	Top Term
参 项	相关词	参	C	RT	Related Term

词表中列出的主题词及其相关词，除了“代项”(Used For)不能使用外，其余都可以根据需要，在检索中作为检索词使用。

(3) 确定课题叙词的一般方法。由概念分析和提取方法得到的检索词，都属于关键词范畴。如果需要确定课题的叙词，可以采用以下介绍的方法。

利用《汉语主题词表》等叙词表给课题选择(或者说标引)合适的主题词通常分为课题分析、查表选词和试查定词三步。进行课题主题分析时，切忌仅依据课题名称确定主题词。应根据课题涉及的主要对象，研究手段，使用的方法、材料、条件、设备，研究的目的、用途作深入的分析。分析中应特别注意提取课题研究的主要事物概念。查表选词实质上是经分析后已得概念的基础上对课题作的试标引。

标引主题词有两种情况，一是分析所得概念在主题词表中已有对应的主题词，二是主题词表中没有对应的主题词。这两种情况可以有直接、组配和上位三种标引方法。

直接标引是指当主题词表中已有和课题概念相同的主题词时，即应直接使用该主题词。这种标引方法多数适用于单概念课题。但是当主题词表中还列有更加具体的下位词时，应从中选取适当的主题词。例如，欲查“UNIX”时，因词表中已有“UNIX”，应直接使用该词作为检索主题词。又如，欲查找“software tools”，如果起初考虑“software engineering”，经查表发现“software engineering”下有下位词“software tools”，就应直接选用“software tools”作为检索主题词。

组配标引适用于多概念主题与复合主题课题的标引。所谓多概念课题是指主题要素由不相容的逻辑关系构成的课题。不相容逻辑关系包括矛盾关系（例如“有机物”与“无机物”）、反对关系（例如“导电体”与“绝缘体”）、并列关系（例如“红外线”与“紫外线”）。在对这些多主题课题作标引时，应分别选用主题词。

上位词标引是指当主题词表中没有课题对应的主题词时，又不能使用组配法标引时可采用最近一级的上位词标引。例如，1984 年以前的《INPEC 主题词表》中没有设立“optical disc storage”，又没有其他词可以组配，只能使用其紧邻上位词“optical storage”和“video and audio disc”作为检索主题词。

使用主题词表选择的主题词，都必须通过主题索引试查，由实际检索结果来确定究竟哪些词是可用的，哪些词不可用。

另外，在选词过程中，下列一些事项也需要注意。首先，要查的课题中包含有几个事物概念，就应选择几个主题词。只查其中一个主题词，是无法做到查全的。其次，不要选择那些缺乏主题意义的泛指性词作为检索主题词，比如：“研究”、“发展”、“分析”、“高性能”和“快速”等。再次，表示文献类型的名词，例如手册、报告、传记、书评等，除非当它们被当作探讨对象时才作为主题词使用，一般只作为辅助检索词使用。例如，要查找“Review of the computer structure”，应查的主题词是“computer structure”，“review”一词一般应在说明语、文摘或者全文中查找。又如，“14. 4 nm optical communication”，应使用“optical communication”作为主题词，“14. 4 nm”也应在说明语、文摘或者全文中查找。最后，特别要注意选择那些能代表课题实质意义的词作为主题词，不能从字面上选词。比如，要确定“运用计算机程序建立气候模式”这个课题的主题词，不能直接使用“计算机程序”和“气候模式”，而应使用“计算机模拟”和“气候模拟”。

（4）确定课题主题词的实例。

例 2-4：确定“手机专用集成电路”的美国《工程索引》主题词。

解：第一步分析课题概念。“手机专用集成电路”含“手机”和“专用集成电路”两个显见概念和“个人通信设备”隐含概念。将其译成英语，分别有“cellular telephone”，“application specific integrated circuits”和“personal communication devices”等。

第二步查找美国《工程索引》主题词表。使用美国《工程索引》（http://www. tsinghua. eivillage2. com. cn），在其主题词表（Thesaurus）的文本框中分别输入“application specific integrated circuits”，“cellular telephone”和“personal communication devices”，得到以下信息：

Application specific integrated circuits

Used for:

ASIC
Custom integrated circuits
Semicustom integrated circuits

Broader Terms

Monolithic integrated circuits

Related Terms

Design for testability
Digital integrated circuits
Logic design
VLSI circuits

Cellular telephone systems

Used for:

Personal communications

Prior Terms:

Telephone — Personal signaling

Broader Terms

Cellular radio systems

Telephone systems

Related Terms

Data privacy

Personal digital assistants

Telephone systems

Broader Terms

Telecommunication systems

Related Terms

Digital communication systems

Personal communication systems

Telephone

Telephone circuits

Telephone equipment

Video telephone equipment

Narrower Terms

Automatic telephone systems

Cellular telephone systems

Long distance telephone systems

Telephone exchanges

根据主题词表的定义，凡在取代词(Used for)和曾用词(Prior Terms)项下列出的词都不能使用。而上位词(Broader Terms)、下位词(Narrower Terms)和相关词(Related Terms)都属可选词范围。就“手机专用集成电路”这个课题而言，从以上给出的主题词信息，我们可以选择 Application specific integrated circuits, Cellular telephone systems 和 Personal communication systems 等作为本课题的主题词。

例 2-5：查找“应用激光感应荧光光谱测定水中有机污染物的成分”的美国《化学文摘》主题词。

解：第一步分析课题，拟定检索词。本课题涉及“激光感应”(laser-induced)，“荧光光谱”(fluorescence spectra)和“有机污染物”(organic pollutants)等概念。现选取“spectra”，“organic pollutant”和“fluorescence”作为检索词。

第二步使用索引指南(Index Guide)，核实主题词。经查后发现，“fluorescence”本身是正式的主题词，但是应用于化学分析还可参见“spectrochemical analysis, fluorometric”；“pollutants”可使用“water pollution”等具体形态的污染物；而“spectra”下的说明应使用特种光谱特定名称，故舍弃。

据此，“应用激光感应荧光光谱测定水中有机污染物的成分”的美国《化学文摘》主题词为“fluorescence”，“spectrochemical analysis, fluorometric”和“pollutants”。这些词都属于美国《化学文摘》的普通主题词。

例 2-6：查找“甲基间苯二酚”的美国《化学文摘》主题词。

解：第一步分析课题，甲基间苯二酚是一种试剂，英语俗名为“orcin”或“orcinol”。以“orcinol”查 www.chemfinder.com 网站，得其学名“1,3 - Dihydroxy - 5 - methylbenzene”，美国化学物质登记号[502 - 15 - 4]，同义词“3,5 - Dihydroxytoluene”，“3,5 - Toluenediol”，“5 - Methylresorcinol”，“5 - Methyl - 1,3 - benzenediol”和“Orcinol”，分子式为 $C_7H_8O_2$。

第二步确定主题词。利用美国《化学文摘》分子式索引，查 $C_7H_8O_2$，可得：

$C_7H_8O_2$

1,3 - benzenediol

—,5 - Methyl -[502 - 15 - 4]

据此，可得“甲基间苯二酚”的美国《化学文摘》主题词为“1,3 - benzenediol,5 - Methyl -”，化学物质登记号为[502 - 15 - 4]。这个词属于美国《化学文摘》的化学物质主题词。由第一步得到的其余同义词可以作为扩展概念的关键词使用。

4. 关键词语言的定义和特点

所谓关键词是指那些出现在文献的标题以及摘要、正文中，对表征文献主题内容有实质意义的语词。例如，有一篇文章的篇名是“关于碳纳米管理论的深层次研究”，其中“碳纳米管”、“理论”和“研究”可以描述这篇文献的主题，并且可以作为检索这篇文献的检索词，它们就属于关键词。而“关于”、“的”、“深层次”在描述文献主题和作为检索词时，基本上不起作用，它们不能作为关键词。

关键词是一种自然语言性质的主题语言。在文献数据库和网络搜索引擎中使用的关键词是由计算机通过统计词频自动产生的。我们在原文文献中看到的关键词是由著者指定的。这两类关键词的共同特点是词汇的自然性和随意性。自然性是关键词的优点，关键词直接以作者在文献中的用词作检索词，基本上不对词语加以规范处理(没有预先编制的词表)，能较快地反映科技的最新发展。随意性是关键词的缺点，关键词的随意性使得检索者难以考虑周全所有可使用的词语，容易造成漏查。

从课题出发确定关键词的方法涉及分析提取课题主要概念以及扩展检索概念的方法(见本章 2.2.2 节)。由此获得的词语，或者说凡不是通过查找主题词表得到的正式主题词，全部为关键词检索语言。根据统计，绝大多数人通过文献数据库或者搜索引擎查找信息，使用的都是关键词语言。而由于没有掌握分析提取课题主要概念以及扩展检索概念的方法，绝大多数人的检索效果普遍较差，这正是下面两节我们要介绍内容的原因。

2.1.3 检索系统

检索语言确定的是检索系统的“入口”，实现信息检索的必备条件是信息检索系统。信息检索系统是为满足各式各样的信息需求而建立的一整套文献信息的收集、加工、存储和检索使用的完整系统。这种系统可以是提供手工检索使用的书目、索引、辞典等印刷工具，也可以是计算机检索使用的数据库系统。本节重点讨论文献信息数据库。

1. 文献信息数据库的定义和构成

按照国际标准组织标准 ISO/DIS5127 规定，数据库是指至少由一种文档(file)组成，能满足特定目的或特定功能数据处理系统需要的数据集合。

根据数据库所含信息内容的不同，文献信息数据库可以分为文字型、数值型和多媒体型三类数据库。

文字型数据库是指以文字字符为主要记录内容的数据库，包括书目信息型、事实型、百科全书型、词库型和全文型数据库。这类数据库主要用于查找相关文献信息。

数值型数据库包括来自科学研究、原始文献或者调查研究的各种数值型或图表型数据库。这类数据库主要用于查找确定对象的特定数值信息。

多媒体型数据库是含有字符、声音、图像等信息的数据库。这种近年出现的数据库一般为超文本结构。它们既可以用于查找相关文献信息，也可以用于查找特定的数值、声音和图像等。

2. 文献信息数据库的构成

从使用者观点观察，文献信息数据库主要由“文档—记录—字段”三个层次构成。

(1) 文档。从数据库的内部结构来看，文档的概念是指数据库内容的组织形式。一般地说，一个数据库至少包括一个顺排文档和一个倒排文档。顺排文档是将数据库的全部记录按照记录号的大小排列而成的文献集合(示意图见图 2-4a)，它构成了数据库的主体内容。顺排文档因为系统开销过大而一般不直接用于检索。倒排文档正是为了解决顺排文档的这个问题而编制的。在倒排文档中，记录的特征标识作为排列依据，其后列出含有此标识的记录号，或者说按照文献的属性列出具有同一属性的所有记录(见图 2-4b)。使用倒排文档可以大大提高检索的效率。在实际运行的数据库中，倒排文档通常有好几个。这是因为不同性质的标识词需要分别建立不同的倒排文档。另外，按照检索习惯，人们首先想知道的是含有检索词的记录数而不是直接显示记录的具体内容。例如，数据库中的主题词索引词典倒排文档给出的是主题词以及含有这些词的记录个数(见图 2-4c)。

记录号	主题词
11	计算机，软件，安全
12	软件，网络
13	网络，安全，软件
⋮	⋮

图 2-4a　顺排文档的记录排列结构示意图

主题词	记录号
安全	11,13
计算机	11
软件	11,12,13
网络	12,13
⋮	⋮

图 2-4b　倒排文档的记录排列结构示意图

主题词	记录数
安全	2
计算机	1
软件	3
网络	2
⋮	⋮

图 2-4c　索引词典倒排文档排列示意图

(2) 记录。记录是文档的基本单元。它是对某一实体的全部属性进行描述的结果。在全文数据库中，一条记录相当于一篇完整的文献；在书目数据库中，一条记录相当于一条文摘或题录。比较典型的 INSPEC 数据库记录见图 2-5。

(3) 字段。字段是记录的基本单元。它是对实体的具体属性进行描述的结果。在书目数据库中，记录中含有题名、著者、出版年、主题词、文摘等字段。常见的字段名称和代码(也称段码)如表 2-2 所示。根据与文献内容相关与否，文献数据库的字段通常分为基本字段和辅助字段两类。基本字段包括题名、文摘、关键词等，是与文献内容密切相关的字段。辅助字段包括作者、作者单位和期刊名称等，是与文献内容基本无关的字段。整体上看，各种文献数据库所设的基本字段大致相仿，辅助字段则差别较大。

INSPEC	5966273 C9808 - 3390C - 134
Doc Type:	Journal Paper
Title:	A cooperative micro robot system playing soccer: Design and implementation
Authors:	Sung Ho Kim, Jong Suk Choi, Jae Kwon Kim and Byung Kook Kim
Affiliation:	Korea Advanced Institute of Science and Technology, 373 - 1 Kusng-dong, Yusng-Gu, Taejn 305 - 701, South Korea
Source	Robotics and Autonomous Systems, Volume 21, Issue 2, 10 September 1997, Pages 177 - 189
Publisher:	NORTH-HOLLAND
	ISSN: 0921 - 8890
Language:	English
Treatment:	Practical; Experimental
Abstract:	A cooperative multi-robot soccer team is designed and implemented. Three soccer playing robots are implemented within a cube (3 in. in each dimension), along with a host computer capable of coordination commanding using a new vision system. (7 Refs.)
Classification:	C3390C (Mobile robots); C3120C (Spatial variables control)
Thesaurus:	Learning [artificial intelligence]; Mobile robots; Motion control; Path planning
Free Terms:	Micro-robots; Soccer games; Path -planning; Behavior coordination; Learning; MIROSOT regulations

图 2-5 INSPEC 数据库记录

表 2-2 文献数据库中常见的字段和段码

基本字段			辅助字段		
中文段码名称	英文段码全称	英文段码简称	中文段码名称	英文段码全称	英文段码简称
题　目	Title	TI	作　　者	Author	AU
文　摘	Abstract	AB	作者单位	Author Affiliation	AF
叙　词	Descriptor	DE	期刊名称	Journal	JN
标识词	Identifier	ID	出版年份	Publishing year	PY
			出 版 国	Country	CO
			语　　种	Language	LA

2.1.4 检索效果评价

所谓检索效果(retrieval effectiveness)是指检索结果的有效程度。常用的检索效果评价指标有收录范围、查全率、查准率、响应时间、用户负担和输出形式等。其中主要的指标是查全率和查准率。

在检索过程中,检索系统中参加检索的全部文献可分成"有关"、"无关"和"查出"、"未查出"四个量,这四个量又可划分为"用户相关"和"系统相关"二类。它们之间的关系可用图 2-6 表示。

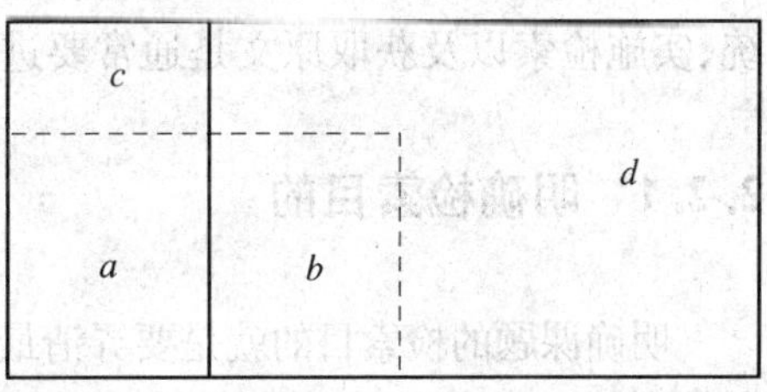

图 2-6 检索效果的示意图

图中,a 表示查出的"有关"文献,b 表示查出的"无关"文献,c 表示未查出的"有关"文献,d 表示未查出的"无关"文献。

有了这四个量，我们可以对查全率和查准率进行定义和计算推导。查全率（recall ratio）是指检出的相关文献数与库内相关文献总数之比。它又称为"检全率"、"命中率"，可用下式表示：

$$\text{查全率 } R=\frac{\text{检出的相关文献数 } a}{\text{文献库内相关文献总数}(a+c)}\times 100\%$$

查准率（precision ratio）是指检出的相关文献数与检出的文献总数之比。又称"检准率"、"相关率"，可用下式表示：

$$\text{查准率 } P=\frac{\text{检出的相关文献数 } a}{\text{检出的文献总数}(a+b)}\times 100\%$$

对查全率 R 和查准率 P 二式作图，可以看出两者之间存在互逆关系（见图 2－7）。

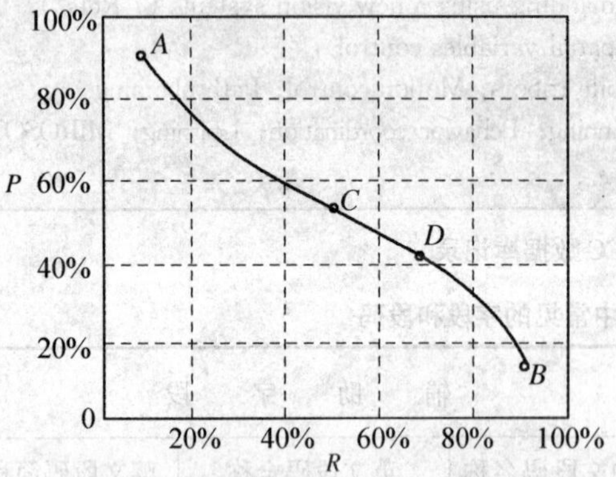

图 2－7 查全率和查准率关系曲线图

由图 2－7 可见，在检索效果 A 处，查准率高达 90%，而查全率不到 20%；在检索效果 B 处，查全率高达 90%，而查准率不到 20%。这两种情况对用户来说都不理想。前者漏检率高，丢失了大量的有关文献；后者查全率高，虽查出的文献量大，但误检的多。如果检索时所用检索语言的泛指性强，检出的文献多，那么查全率将会提高，但误检率也同时增大，因而查准率降低。如果检索语言的专指性强，查准的文献多，则查准率提高，但漏检率也同时增大，因而查全率降低。所以，欲达到较好的检索效果必须兼顾两者，不能单纯追求其中某一个。从理论上说，一般查全率在 50%～70%之间，即在 C 和 D 之间，是检索的最佳效果。

2.2 文献信息检索的基本步骤

科学合理的检索步骤是文献信息检索取得较好效果的保证。不同的课题可能需要不同的文献信息检索步骤。但是明确课题检索目的、分析课题涉及的概念、选择使用的检索系统、实施检索以及获取原文是通常要进行的 5 个步骤。

2.2.1 明确检索目的

明确课题的检索目的就是要弄清最终的检索结果是求新、求准还是求全，还要明确所需信息的类型是文献型、还是数值型、事实型；是全文型，还是文摘型；是专利文献，还是一般资料。

对研究性课题来说，不同性质的课题有着不同的信息需求。研究性课题通常有前沿探索研究性、调查研究性和面向应用研究性三类，它们的特点和信息要求分别为：

探索研究性课题以揭示某种事物或现象的本质，阐明某种事物的运动规律及其机理，实现技术创新和跨越为主要目标，它回答的是“为什么”的问题。例如，“生产过程制造执行系统”、“生物芯片的研究与开发”以及“碳纤维增强塑料”等课题都属于探索研究性课题。这类课题的文献信息要求是找到的相关文献不在于多，而在于精，也就是文献信息在时间跨度上没有要求，但专业问题针对性越强，价值越高。

调查研究性课题的目的为了弄清问题发生、发展以至归宿状况。带科学技术成果评价、发展述评、趋势预测性质的课题都属于这一类。它回答“水平如何”、“过去、目前或者将来怎么样”一类的问题。例如，“模糊仿真理论综述及探讨”、“介电超晶格研究进展”、“我国车用润滑油的发展与预测”、“中国、印度软件产业对比及我国软件产业发展对策研究”等都属于调查研究性课题。这类课题的文献信息要求是尽可能多地找到密切相关的文献，即在文献覆盖的时间上有一定的跨度，在专业范围上有一定的宽度，在数量上则表现为多多益善。

面向应用研究性课题适用于应用或检验理论，评价它在解决科学技术实际问题中的作用。应用研究具有直接的实际应用价值，解决某些特定的实际问题或提供直接有用的知识，回答“以什么解决什么”的问题。例如，“汽车用碳纤维增强塑料”、“计算机在智能仪器仪表中的应用”、“激光应用于冲模和铸模工业”等都属于面向应用研究性课题。这类课题的文献信息要求介于上面两种课题之间，既要有一定的数量，也要有一定的质量，才能有助于课题研究的进行。

2.2.2 归纳课题主题，提取和扩展检索概念

1. 了解课题的背景知识

分析课题是在课题背景知识的基础上，明确课题所涉及的核心问题，从而筛选出初步的检索概念。

了解课题的背景知识是进行课题检索的基础。课题的背景知识包括课题研究的对象，研究对象所属的学科，主要涉及内容研究方法、使用器材、主要研究单位和人员、历史沿革、水平动向等。这些背景知识可以用五个“W”(Who, Where, When, What, How)来概括。

获取背景知识方法，可以通过询问专业人员，也可以通过阅读一些入门的相关文献。询问专业人员直接而有效，但是实践中并不常有专业人员陪伴身旁，因而采用阅读相关印刷型文献和浏览网上相关信息更为通行。比如，可以通过图书馆的 iPAC 查找相关的手册或者教科书(参见 5.1 节)，或者通过网络期刊数据库查找相关的期刊论文(参见 5.3 节)，或者使用网络搜索引擎查找网上相关的资源(参见 3.2 节)。其中通过阅读相关的期刊论文和网络信息，相对较为快捷。

经过对课题背景知识的了解，应形成 200～300 字的表述材料，以有助于下一步分析课题概念。

2. 分析提取课题概念的方法

分析课题就是分析出课题所涉及的主要概念和辅助概念，并找出能代表这些概念的若干个词或词组。

主要概念，或称核心概念，其含义是课题研究的主要对象。课题研究的主要对象包括课题归属的专业学科名称，还包括课题涉及的具体原理、研究方法、材料工艺、应用领域等。例如，课题“甜味剂的过敏反应(allergic reactions to aspartame)”的主要概念是“甜味剂

(aspartame)”和“过敏反应(allergic reactions)”。

辅助概念,又称普通概念,其含义是指一些没有专业意义的概念。例如,课题“聚乙烯合成的理论(theory of polyethylene synthesis)”的主要概念是“聚乙烯(polyethylene)”和“合成(synthesis)”,辅助概念是“理论”(theory)。

在实际检索中,主要概念、辅助概念体现为主要检索词、辅助检索词。与这两类词共同出现的还有禁用词。所谓禁用词是指没有检索意义、检索过程中一般不使用的词,包括介词、冠词、助词和连词等虚词,也包括没有事物含义的普通名词、代词、动词和形容词等。

在分析提取课题概念的过程中,有些检索词中已经含有的某些概念,在概念分析中应予以排除。例如,课题“玻璃纤维增强石膏制品”,从字面上看,这个课题可划为三个概念:即“玻璃纤维”、“增强”、“石膏制品”。但石膏制品中加入玻璃纤维,其目的就是为了增强石膏制品,因此可将“增强”这一概念排除在外。又如,课题“内弹道高温高压高密度的气体状态方程”,如果把“内弹道”,“高温”,“高压”,“高密度”,“气体”,“状态方程”六个概念全部组配起来,会造成大量漏检。实际上,内弹道状态方程必然是高温高压高密度情况,而且,弹道状态方程也必然是针对气体而言的。因此,本课题只须采用“内弹道”和“状态方程”这两个主要概念即可。

如果所使用数据库已经体现了某些检索概念,这些概念也应该予以排除。例如,在使用陶瓷文摘数据库(Ceramic Abstracts)时,“陶瓷(ceramic)”这一概念一般可以排除。

3. 获取课题背景,分析课题概念的实例

例 2-7:试获取课题“生物芯片”的背景知识,并分析其主要概念。

通过中国学术期刊网络出版总库,在篇名字段查找“生物芯片”,得到多篇相关的背景材料。其中,许俊泉发表在《科学通报》1999 年 24 期上的“生物芯片技术的进展与应用”一文的相关内容为:

> 生物芯片(biochip)技术是 90 年代初期发展起来的一门新兴技术。通过微加工技术制作的生物芯片,可以把成千上万乃至几十万个生命信息集成在一个很小的芯片上,达到对基因、抗原和活体细胞等进行分析和检测的目的。用这些生物芯片制作的各种生化分析仪和传统仪器相比较具有体积小、重量轻、便于携带、无污染、分析过程自动化、分析速度快、所需样品和试剂少等诸多优点。这类仪器的出现将给生命科学研究、疾病诊断、新药开发、生物武器战争、司法鉴定、食品卫生监督、航空航天等领域带来一场革命。因此,生物芯片现已成为各国学术界和工业界所瞩目的一个研究热点。

池晓菲发表于《遗传》2001 年第 4 期上的“生物芯片技术的原理与应用”一文的相关内容为:

> 生物芯片是指将大量生物信息密码(寡核苷酸、cDNA、基因组 DNA、蛋白质等)以预先设计的方式固定在玻片、硅片等固相载体上组成的密集分子阵列,可分为核酸芯片、蛋白芯片、芯片实验室三类。生物芯片技术的本质是生物信号的平行分析,它利用核酸分子杂交、蛋白分子亲和原理,通过荧光标记技术检测杂交或亲和与否,可迅速获得所需信息。高效、快速的生物芯片技术以其无与伦比的优势,已在医学、分子生物学等领域显现出巨大的应用价值,具有非常广阔的发展前景。

整理上述内容后，本课题的主题内容可表述成：

> 生物芯片是便携式生物化学分析器的核心技术。这种技术利用核酸分子杂交、蛋白分子亲和原理，通过荧光标记技术检测杂交或亲和与否，迅速获得所需信息。技术的本质是生物信号的平行分析。生物芯片的制作方法是将大量生物信息密码（寡核苷酸、cDNA、基因组 DNA、蛋白质等）以预先设计的方式固定在玻片、硅片等固相载体上组成的密集分子阵列。生物芯片可分为核酸芯片、蛋白芯片、芯片实验室三类。采用生物芯片可进行生命科学和医学中所涉及的多种生物化学反应，从而达到对基因、抗原和活体细胞等进行测试分析的目的。

对上述主题内容作进一步归纳，本课题涉及的概念（或称可使用的检索词）有：

核心概念：生物芯片（biochip，genechip）

上位概念：便携式生物化学分析器

下位概念：生物信号平行分析，核酸芯片、蛋白芯片、芯片实验室（lab-on-chip）。

案例评价：从本例可见，不同的信息源有着补充知识背景的作用，两个不同来源的背景知识基本上回答了有关“生物芯片”的五个“W”。经过对背景知识的两次归纳，最后的结果给出一组包括核心概念及其相关的上下位概念。从检索的效果估计，归纳得到上位概念包含概念范围过宽，一般应舍弃。而核心概念和下位概念的关键词应属查找这个课题相关文献不错的选择。

例 2－8：试获取课题“汽车双离合器技术”的背景知识，并分析其主要概念。

通过“百度知道”检索“汽车双离合器”获得以下背景知识：

> 汽车双离合器又称双离合器自动变速器或者双离合器变速系统，英文全称是 Dual Clutch Transmission 或者 Direct Shift Gearbox，简称 DCT 或者 DSG，主要用于消除车辆换挡离合时的动力传递停滞现象。其原理是在汽车手动变速箱的基础上使用了分别控制奇数挡位和偶数挡位、各自单独运转的两个离合器。这两个离合器在工作时相互配合，分别负责一根输入轴的动力传递，从而实现动力无间断地输出。双离合器技术省略了传统手动变速器的离合器踏板，改由电子控制液压系统控制两个离合器，从而使手动的变速箱自动化，并使得整个换挡过程达到最高效率，降低了能量的损失，提高了车辆的加速性能和燃油经济性。汽车双离合器最先由 1939 年德国 Kegresse 提出专利申请，1985 年，大众公司在奥迪 Sport Quattro S1 赛车上采用了双离合器变速器技术，20 世纪 90 年代末随着电子技术的迅速发展，双离合器控制技术逐渐得以成熟，大众汽车公司和博格华纳首先携手合作生产将它放置在量产主流车型——奥迪车上。常见的国外品牌汽车双离合器有保时捷 PDK、宝马 M－DCT、三菱 SST、沃尔沃 Powershift、大众 DSG 等。

归纳上述背景知识，可以得到本课题涉及的概念（或称可使用的检索词）有：

核心概念：汽车，双离合器

案例评价：从背景知识中归纳概念的要点是根据课题目的抓住研究的事物对象。本例背景知识尽管包含的信息很多，但核心概念仍然是“汽车”和“双离合器”。注意本例中这两个核心概念的同义词以及汽车双离合器的品牌名称。

4. 扩展概念的方法

目前的计算机信息检索系统，多数还不具备智能扩展检索功能，因此，如果希望尽可能全地获得相关文献，必须在概念分析的基础上列出与概念有密切关系的词语，这就是检索概念的扩展方法问题。常用扩展概念的方法有基于同一概念、基于内容分析和基于检索结果三种方法。

(1) 同一概念的检索词的扩展。从不同的角度考虑，同一事物有着不同的名称，它们都可以作为检索词使用。具体的方法有：

寻找同一事物的学名、俗名、商品名和代号等。例如，乙酰水杨酸与阿斯匹林，氢氧化铵与氨水，计算机与电脑，乙醇与酒精、ethanol 以及 alcohol，氟利昂 22 与 Freon－22 以及 chlorodifluoromenethane，过氧化氢酶与 E. C. 1. 11. 1. 6 以及 catalase 等。

寻找同一事物的简称、全称、音译和意译等。例如，world wide web 与 WWW，电动机与马达，互联网与因特网，逻辑代数与布尔代数，激光器与镭射等。

寻找同一事物的反义词。如，光洁度与粗糙度，精度与误差，污水处理与水净化等。

如果是英语，寻找同一事物名词的单复数、不同词性、英美语的不同形式等。例如，computer 与 computers，design 与 designed，fibre 与 fiber，colour 和 color 等。

(2) 基于内容分析的概念扩展法。基于内容分析的概念扩展法包括上位概念、下位概念和隐含概念三种扩展方法。

上位概念扩展法是分析检索对象的学科归属。例如，白炽灯与电灯，硼氢化铝与液体燃料，钢铁与黑色金属，几何与数学等。

下位概念扩展法又称概念分析的树形展开法。例如，运用下位概念扩展法对课题“轻金属焊接”进行扩展，可以得到：

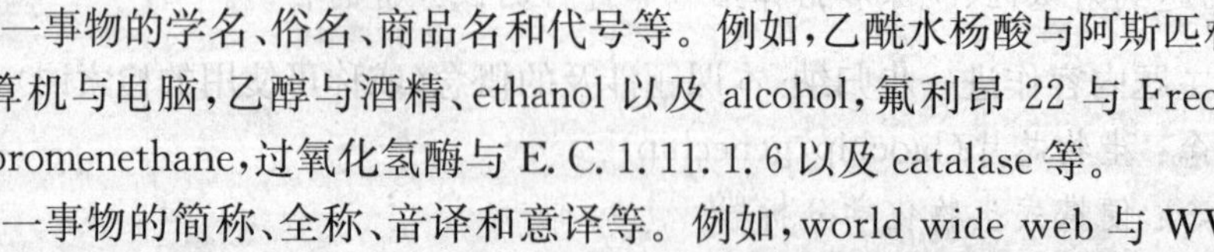

隐含概念扩展法。所谓隐含概念，是文献或课题中，未用显而易见的方式表达，因而需要认真进行“由表及里、由此及彼”的深入分析才能找出的概念。隐含概念大体有以下几种情况：

一是隐含概念是显见概念的更确切的表述。课题所隐含的概念和相关的内容需要从课题所属的专业角度作深入分析，才能提炼出能够确切反映课题内容的检索概念。例如，“大气环境容量的研究”中的“研究”一词，隐含着各种具体的研究方法，可能是蒙特卡洛模型方法或粒子模型方法。又如，“垃圾的处理”中的“处理”一词隐含着“回收”、“再生”等具体的处理方法。再如，“一个取代高残杀菌剂的理想品种”，如果把仅从字面上分析得到的“杀菌剂”和“品种”作为课题的检索词，是不够确切的。这个课题隐含了“高效低毒杀菌剂”或“高效低毒农药”这两个概念，它们就要比“杀菌剂”和“品种”确切得多。类似地，诸如“工艺”、“分析”、“应用”，以及诸如“有机物”、“无机物”、“重金属”、“轻金属”、“高分子材料”等外延十分宽的概念，如果转换成具体的方法或材料、化合物来表示，可以收到提高课题检索结果的专指度的效果。

二是隐含概念是显见概念的上位概念或下位概念。例如，“由于铂的存在而使反应加剧”的显见概念是参与反应的化学物质名称“铂”和“催化活性”。隐含概念是“催化剂”。又如，“F117A 潜隐战斗机”的显见概念是“隐身飞机”和“F117A 飞机”，隐含概念是“武器研制”。再如，“上海图书馆的书目数据库系统”的显见概念是“上海图书馆”和“书目数据库”，隐含概念是“公共图书馆”和“图书馆自动化系统”。

三是隐含概念是显见概念的衍生概念。例如，“加压素治疗休克引起的冠心病”，显见概念是“休克”、“药物治疗”、“加压素”、“临床应用”和“冠心病”，隐含概念是“化学诱导”和“副作用”。又如，“碳化电炉钢渣混凝土”的含义是以电炉还原渣为胶结材料，以沙石为骨料，通过二氧化碳气体养护制成的一种新型混凝土，它的生产完全利用废渣、废气、废液，所以其显见概念是“电炉还原渣”、“钢渣混凝土”和“二氧化碳”，隐含概念是“废物综合利用”。

对于多数课题，同时使用隐含概念及其上位概念、下位概念和衍生概念，可以提高检索的查全率。

需要指出的是，在使用基于内容分析方法扩展概念时，简单地增加限制词扩展出来的检索词，并不一定能增加检索所得。例如，检索“集成电路”，同时使用扩展出的“微波集成电路”和“大规模集成电路”等检索词，并不能显著地增加检索所得，因为后者的检索结果多为前者的子集。比较理想的方法是以不同的表达方式扩展下位词。例如，检索“集成电路”，同时使用“LSIC”、“ASIC”和“MOS 电路”等效果更好。

(3) 基于检索结果的概念扩展法。对初步检索结果进行分析，往往能够得到与课题相关的新的检索概念，将这些概念经过重新组合，就可以达到扩展检索结果的目的。例如，上述例 2－8 的背景知识中可以分别获得“汽车”、“双离合器”的多个同义词和产品品牌名(汽车，车辆，赛车，轿车；双离合器自动变速器，双离合器变速系统，Dual Clutch Transmission，Direct Shift Gearbox，DCT，DSG，PDK，PDK，M－DCT，SST，Powershift)，它们都可以作为扩展的检索概念使用。又如，针对课题“微细孔和微细狭缝的电火花成型加工技术”，第一次概念扩展得到的检索词有：

微细，微孔，细孔，狭孔，微缝，细缝，狭缝；

电火花；

成型，加工。

使用这些检索词检索后，得到密切相关文献 3 篇。阅读这些密切相关文献后，从中得到另外一些相关检索词：

微细，微孔，细孔，狭孔，微缝，细缝，狭缝，窄孔，窄缝，小孔，小缝，针孔，针缝；

电火花，放电；

成型，加工，钻。

使用扩展后的检索词检索，得到密切相关文献为 20 篇，有效地增加了检索所得。

2.2.3 选择检索系统

根据检索课题的主题及学科范围选择对口的检索系统，首先必须对各种检索系统所覆盖的学科范围有清楚的了解，然后从文献的类型、文种、出版的时间等方面来考虑选用哪种检索系统。

1. 按照功能和层次选择信息检索系统

按照功能和层次不同，信息检索系统有目录、题录、文摘和全文四种不同类型。

(1) 目录。目录是一批相关文献信息的著录集合，它以报道文献信息出版或收藏信息为主要功能的工具。目录通常以一个完整的出版单位或收藏单位为基本的著录单位，即以文献的"本"、"种" 或"件"为报道单位。它对文献信息的描述比较简单，每一个条目的著录项有：书(刊)名、卷(期)数、作者、出版年月、出版地及书(刊)收藏情况等。

按照编制目的和功能不同，书目主要可分登记书目和通报书目两类。登记书目是全面登记和反映一个时期、一定范围或某一类型文献信息的出版情况，如《全国新书目》、《全国总书目》等。通报书目是向读者提供新入藏的文献信息，如图书馆的期刊订购目录、图书联合目录等。

(2) 题录。题录是将图书、报刊等文献中论文的篇目按照一定的排检方法编排而成的，供人们查找篇目出处的工具。它按"篇"报道，具有"广"、"全"、"快"的特点。著录项通常包括篇名、著者(或含其所在单位)和来源出处。如我国的《全国报刊索引》等。

(3) 文摘。文摘是以精练的语言把文献信息的重要内容、学术观点、数据及结构准确地摘录下来，并按一定的著录规则与排列方式编排起来，供读者查阅使用的一种检索工具。如我国出版的《电工文摘》，美国的《化学文摘》等。

(4) 全文系统。全文系统的主体内容是文献的全文。检索过程中，全文系统通常先提供题录和文摘信息，同时给出全文链接，供检索者选择。如中国学术期刊网络出版总库等。

2. 按照出版地区不同选择信息检索系统

(1) 国内检索系统。国内编辑出版的大多数印刷版文献信息检索刊物创刊于 20 世纪的 80 年代，停刊于 20 世纪末。这些刊物中有一些目前以光盘数据库形式或者以网络数据库形式继续出版，是我们查找国内相关信息的重要工具。常用的部分综合性、专业性国内检索系统见表 2-3。

表 2-3 国内常用的部分综合性、专业性检索系统

相应网络数据库名称	相应检索刊物名称	编辑单位
中国学术期刊网络出版总库		清华同方公司
全国报刊索引(科技版)	全国报刊索引(科技版)	上海图书馆
中文科技期刊数据库		重庆维普资讯公司
中国科技引文索引		中科院文献信息中心
中国学术会议论文数据库	中国学术会议论文文摘	中国科技信息研究所
中国学位论文数据库	中国学位论文文摘	中国科技信息研究所
中国国家标准库	中国国家标准目录	中国技监所
中国专利数据库	专利公报	国家专利局
	中国数学文摘	中科院文献信息中心
	中国物理文摘	中科院物理网
	中国力学文摘	中科院力学研究所

续 表

相应网络数据库名称	相应检索刊物名称	编 辑 单 位
	中国化学化工文摘	中国化工信息中心
	中国生物学文摘	中科院上海文献信息中心
	电工文摘	北京电工综合研究所
	电子科技文摘	电子部信息研究所
	中国冶金文摘	冶金部信息标准研究院
	中国机械工程文摘	机械部信息院

(2) 国外检索系统。部分常用的国外检索系统见表 2-4。

目前使用的国外检索系统主要是国际联机数据库和网络数据库。在选择联机数据库时,不仅数据库不同,学科范围不同,检索指令不同,收费标准也不同。所以,应在检索之前阅读有关数据库的使用介绍,以便选择数据库时做到心中有数。在做联机检索时,还可以通过总索引文档(例如 DIALOG 系统的 411 文档)了解与检索课题有关的每一个文档中的文献篇数,以选取文献量较大的一个或数个文档作为检索文档。

表 2-4 国外部分常用的综合性、专业性检索系统

网络数据库名称	相应检索刊物名称	编 辑 单 位
SciSearch(ISI Web of Knowledge)	Science Citation Index	美国情报研究所(ISI)
PQDD(1997—)	Dissertation Abstract International	UMI(国际学位论文)
Derwent Innovation Index	World Patent Index	英国 Derwent 公司
CLAMS/US PATENT ABSTRACTS	Official Gazettee of US Patent	美国专利和商标局
NTIS(1962—)	GRA&I(美国政府报告)	NTIS
MATHSCI (1973—)	Mathematical Review	美国数学学会
INSPEC(1982—)	Science Abstracts	INSPEC
CA SEARCH(1963—)	Chemical Abstracts	美国化学文摘社
BIOSIS PREVIEW(1969—)	Biology Abstracts	美国生物学文摘社
Medline(1963—)	Medical Index	美国医学学会
COMPENDEX	The Engineering Index	美国工程索引公司
METADEX(1963—)	Metal Abstracts	美国金属文摘社

选择数据库,我们一般遵循以下几条原则:一是按照课题的检索要求和目的,选择收录文献种类、专业覆盖面、年代跨度对口的数据库;二是当需要查找最新文献信息时,选择数据更新周期短的数据库;三是当还需要获取原文时,选取原文获取较容易的数据库。

2.2.4 实施检索

1. 检索途径的概念

常见的文献检索途径主要有反映内容特征的分类、主题两个途径和反映外表特征的著者、号码两个途径。分类途径是按文献信息所属的学科类型来查找文献的一种方法。它利用分类号(或类目)及分类索引来查找文献信息。主题途径就是根据文献的主题特征,利用各类主题索引进行检索的途径。著者途径就是根据文献的外部特征,利用著者(个人或单位著者)索引进行检索的途径。号码途径根据文献的序号特征,如专利号、国际标准书号、电子元件型号等编辑而成的序号索引。除了这四种以外,还有引文途径、分子式途径、化学物质途径等。它们分别适用于某些特殊的场合。使用时应根据课题的性质和需要,选用相应的检索途径,以求获得理想的检索结果。

2. 检索方法的概念

实施检索的方法与查找课题的性质、目的和信息源的类型密切相关,与可供利用的检索工具条件也是分不开的。归纳起来,一般常用的检索方法有直接检索法和间接检索法两种。

直接检索法即直接从报刊杂志等文献中通过浏览获取所需信息的一种方法。直接浏览新到的报刊杂志等文献是一种获得最新信息的方法。但直接检索不能适应现代社会信息数量庞大、高度分散的特点,因而就很难快、准、全地查获所需的信息。

间接检索法即通过检索工具的指引进行查找,获取所需信息的一种方法。这种检索方法能以较少的时间、较好的途径获得需要的检索效果。检索时所采用方法通常有下列三种:

(1) 追溯法。追溯法又称回溯法,它是从已有的文献后面所附的参考文献入手,逐一追查原文,再从这些原文后面所列的参考文献逐一追查,不断扩大检索的线索,从而获得一批相关文献信息的查找方法。其优点是在没有检索工具或检查工具不齐全的情况下,借助此种方法,也可以查得一批有关文献信息。其缺点是原文作者引用的参考文献数量有限,而且有的引用文献又与原文关系较小,参考价值不大。因此用此法查找文献比较费时,漏检和误检的可能性较大。

美国的《科学引文索引》(Science Citation Index,简称 SCI)是按照这一原理而编制的一种专门的检索工具,它是以作者姓名和所发表的文献,即被引用人和被引用文献作为出发点,查找引用该作者及其文献的有关文献。SCI 是追溯以往课题的历史发展足迹的重要工具,其使用方法的介绍见 5.2.1 节。

(2) 常用法。它是利用文摘、题录或索引等各种检索工具来查找文献的方法,也称工具法。由于这种方法是目前查找文献中最常用的一种方法,所以叫常用法。按照所查文献时间的顺序,常用法可分为顺查法、倒查法和抽查法三种。顺查法是一种以检索课题的起始年代为起点,按时间顺序由远而近地查找文献的方法。倒查法是一种逆时间顺序,由近而远地查找文献的方法。此法多用于新课题,或老技术新发展的课题。抽查法是根据研究课题的特点和需要,选择该课题研究发展较快,出版文献较多的年代,抽取其中若干年,再进行查找的一种方法。

(3) 综合法。综合法因综合使用追溯法和常用法两种方法而得名,也称为循环法或交替法。具体方法是:先利用检索工具查出一定时期内的一批有用文献。然后利用这些文献后面所列的参考文献，再以追溯法查出前一时期内的文献，如此循环交替地使用上述两种查找方法，直到满足要求为止。这种方法兼有上述两种方法的优点，全面而准确。适用于查阅那些过去年代内文献量较少的专业，并可弥补因检索工具不全而造成漏检。

以上各种方法各有特长和短处，实际课题的检索选用哪一种方法，要根据课题研究的需要以及所能利用的检索工具和检索手段。在检索工具比较丰富的条件下，可以利用常用法；在已获得文献针对性很强的条件下可利用追溯法获得相关性较强的文献；获悉研究课题出版文献较多的年代即可利用抽查法。

2.2.5 获取原文

获取原始文献是信息检索的最后一步。在全文数据库中，获取原文点击“下载全文”超链接即可轻易做到。除此之外，当手头仅有目标文献书目信息时，即仅包含作者、题名、来源文献和出版年份信息时，如何取得原始文献就是必须要解决的问题。这里重点介绍图书和期刊原文的获取方法，其余类型文献，包括专利、标准和学位论文的原文获取方法请分别参见 6.1 节，6.2 节和 6.3 节。另外 5.1 节中有关 iPAC 的使用方法，3.2 节中有关 Google Print 的叙述与图书的原文获取也有关系，也请加以注意。

1. 获取书刊原文的思路

目标书刊文献有可能是电子版，或者是纸质版，也有可能两种形式同时存在。判断一下目标文献书目信息属于什么载体，有助于我们确定获取全文的主攻方向。一般地说，对于某些由著名国外学会或者出版商（例如美国化学学会（ACS），国际电气电子学工程师协会（IEEE），国际光学工程学会（SPIE）以及 Elsevier 等）主办的专业期刊一般需要通过有使用权限的相应全文数据库才能得到其电子版原文，而不属此列的期刊或者出版年代较早、非核心期刊的期刊，则可能只能获取其纸质版原文。纸质版期刊文献要通过 iPAC 查找图书馆馆藏或者通过文献传递获取原文。

在手中已有文献书目信息的前提下获取其原文，一般崇尚“省力原则”，即能通过手边现成网络数据库、搜索引擎解决电子版全文的，不会再通过 iPAC 去找纸质版；能通过 iPAC 找到本单位纸质版，也不会再动用其他手段。这种通行的做法提示我们，如果认定某篇文献确实重要，应该多尝试几种途径，不要轻言放弃。特别是当电子版没有找到的时候，千万不要忘记还应找找纸质版。这种做法还提示我们，要仔细分析目标文献的书目信息，不要匆忙从事。例如，作者、题名和文献来源有否缺项，文献来源名（期刊名等）是否完整、倒置，文献的出版年、卷期数是否完整、正确等。其中如发现有缺项问题，可以通过 Altavista（http://www.altavista.com）等搜索引擎予以补漏，发现有期刊名称问题可以使用 Genamics JournalSeek（http://www.journalseek.net）予以解决。

例 2－9：已知书目信息 J Karpinski，E Kaldis，S Rusiecki，et al. Journal of the Less-Common Metals，150(1989) 129－137，希望获取其原文。

解：本例已知信息中缺少题名。通过 Altavista，使用“Journal of the Less-Common Metals，150(1989) 129－137”作为检索词查找，得到该刊属于 Elsevier 系统，点击第一个结果，即可得到这篇论文的题名“Two new bulk superconducting phases in the Y-Ba-Cu-O system：$YBa_2Cu_{3.5}O_7+x$ (Tc ≈ 40 K) and $YBa_2Cu_4O_8+x$ (Tc ≈ 80 K)”。

例 2-10：目标文献出自期刊"IEEE J Robot Autom"，希望从刊名缩写给出期刊全称并获得期刊主页网址。

解：直接使用该刊名缩写作为检索词查找 Google，因结果过多不易确认。改用 Genamics JournalSeek，查到其全称为 IEEE Journal of Robotics and Automation，点击 Further information 下的 IEEE Journal of Robotics and Automation website，得到期刊的主页网址：http://ieeexplore.ieee.org/xpl/RecentIssue.jsp? punumber=70。进入这个网址，可以得到文章的详细信息甚至全文链接。

2. 电子版文献的获取步骤

(1) 首选有使用权限的全文数据库。前提是查清楚目标书刊属于什么全文数据库系统，这个全文数据库系统自己所在单位是否有馆藏。当本单位有直接的馆藏导航链接时，直接键入书刊名称查找，即可确认所在单位是否有馆藏。如果没有这样的导航链接，则需借助一些工具，例如 Gold Rush(http://goldrush.coalliance.org/)，检索期刊属于什么全文数据库，然后再查自己所在单位有没有这个数据库。各种期刊数据库的全文下载方法可见相关的用户培训资料，这里介绍从略。

(2) 次选免费获取电子文献的相关网站和工具。这个途径中 Google 的效果通常不错。方法是直接取文献题名或者题名加作者名作为检索词查找，检索词还可以加上"pdf"、"doc"、"inurl: txt"、"filetype: pdf"，以便更准确地找到全文。Google Scholar 是 Google 专门面向学术研究提供文献帮助的搜索引擎，它与 Google 的文献来源和使用方法上都有差别，利用 Google Scholar 查找原文的方法可以参见 3.2.2 节中的叙述。

(3) 直接联系作者。上述方法无法奏效，可以尝试直接向作者去信函索原文，多数作者也乐于有人引用文献，因而这种方法的预期效果是不错的。函索文献要求有作者的通信地址。获取作者地址可利用二次文献数据库，如 Ei Village2，Web of Science，Scifinder(CA)等，通过作者加上篇名复查，通常找到目标文献，即可获得作者地址。获取作者 e-mail 要难于作者地址，因二次文献数据库并不一定提供作者的 e-mail。通过查找这位作者的其他文献原文，是一条获得其 e-mail 的途径。向国外作者函索原文的请求信网上有很多模板，稍加改造即可使用。这里介绍从略。

(4) 利用论坛。网上许多学术论坛的检索知识与求助区，是广大网友自发组织而成的交流文献检索经验、实现资源共享的平台。注册成功并满足一定的条件后，就可在求助区内发布一个求助请求，结果常常会得到很多人的帮助，获得满意的原文。常用文献求助论坛有网上读书园地(http://www.readfree.net/bbs/index.php)和小木虫(http://emuch.net)等。

3. 纸质版书刊文献的获取步骤

(1) 从已知信息中，提取查找馆藏的检索项，比如著者姓名、书刊名等，使用书目信息数据库(例如本单位或者其他图书馆的 iPAC 系统)，确定其馆藏地点(参见 5.1.3 节中的叙述)。

查找期刊馆藏特别要注意使用网上期刊联合目录。目前使用最多的、专门用于查找期刊收藏情况的网上期刊联合目录是中国科学院文献信息中心编辑的《全国中西日俄期刊联合目录数据库》。该数据库收集全国中科院系统、社科院系统、解放军生物医学系统、科研系统、高校系统和公共图书馆系统的 400 余家图书馆的中外期刊信息，包括西文期刊 3.9 万余种，中文期刊 4.5 万种，日文期刊 0.5 万种，俄文期刊 0.5 万种，数据库可从多个途径进行检索。

(2) 通过馆际互借和文献传递方式借阅或复制所需的原始文献。馆际互借是解决纸质书刊的一条有效途径。所谓馆际互借是以资源共享为目的,根据馆际互借协议,各成员图书馆之间可以相互为读者借阅对方馆藏文献这样一种服务模式。馆际互借的主要文献类型是图书。如果检索某种图书本单位图书馆无果,又使用了当地图书馆、全国图书馆和国外图书馆的公共联机书目信息系统,或者使用印刷型图书目录,确认只有外单位的大型图书馆才拥有,那么向本单位图书馆递交馆际互借申请手续,一般就可以借到所需要的这种图书。

文献传递也是图书馆为我们解决原文问题的一项十分有效的服务。图书馆工作人员根据读者的需求,通过传真、复印邮寄或 e-mail 电子文本等形式,为读者获取成员馆收藏的期刊论文、学位论文、会议论文、科技报告、专利文献的服务。

文献传递的手续和馆际互借相仿,也需要向提供服务的图书馆递交服务申请,最后获得的多数为扫描产生的或者直接从数据库下载的电子版文献。国内常用的文献传递系统有 CALIS 和 NSTL 两家。

CALIS (China Academic Library & Information System,中国高等教育文献保障系统)设置全国中心、地区中心和成员馆,并赋予 3 级结构相应的权利义务来保障读者的文献信息需求。该系统面向读者或文献服务机构提供馆际互借与文献传递服务,读者可以获取 CALIS 文献传递网各成员馆的文献收藏。个人独立使用需要向系统认可的用户馆注册,经过该馆馆际互借员批准,才可以直接向系统提交文献申请。

NSTL (National Science and Technology Library,国家科技图书文献中心)涵盖理、工、农、医等学科领域。该系统全天开放,免费提供文献查询和参考咨询服务,全文传递服务收费但处理及时。该系统接受个人用户,经过注册、交费可申请成为普通用户。

2.3 数据库检索策略的构建方法

2.3.1 检索策略中常用的运算符

检索策略,又称提问逻辑,就是对多个检索词之间的相互关系和检索顺序作出的某种安排。构成检索策略就是运用计算机信息检索系统可以接受的方法,包括逻辑算符、位置算符、截词算符、词组算符、优先算符和字段算符等,表达课题检索要求的过程。

1. 逻辑算符

规定检索词之间逻辑关系的算符,称为逻辑算符。逻辑算符包括逻辑“或(OR)”、“与(AND)”和“非(NOT)”。

(1) 逻辑或(OR)运算符。OR 也有用“+”代替,主要用来组配具有同义或同族概念的词,如同义词、相关词等。其含义是,检出的记录中,至少含有两个检索词中的一个。OR 算符的基本作用是扩大检索范围,增加命中文献量,提高检索结果的查全率。OR 运算符还有一个去重的功能。在实际检索中,同一组面中含义相同的词,相互之间都使用 OR 运算符。另外,在使用截词方法检索具有相同词干的检索词时,这些词之间也自动地隐含了逻辑“或”的关系。例如:如果以提问式“PIPE OR TUBE”检索 COMPENDEX(1998)文档,所得结果为:

S1　1 834　PIPE
S2　2 022　TUBE
S3　3 647　PIPE　OR　TUBE

这个实例说明，数据库中含有 pipe 这个词的记录数为 1 834 篇，含有 tube 的记录数为 2 022篇。经过 OR 逻辑运算后，最后检出的记录中或者含有 pipe，或者含有 tube，或者同时含有这两个词的命中记录的总数为 3 647 篇。

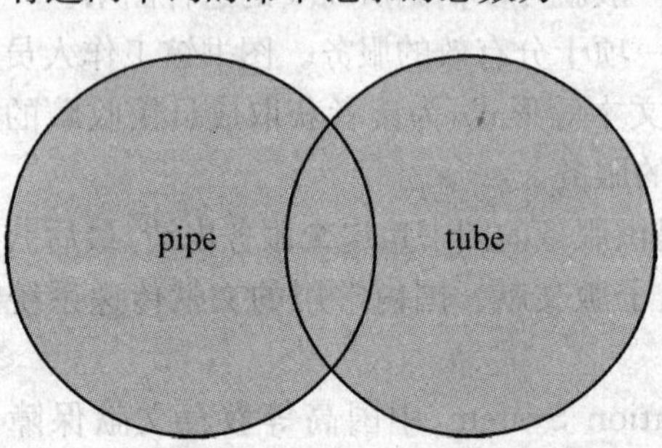

图 2－8　逻辑“或”示意图

图 2－8 是这个实例的示意图，图中的阴影部分反映了“pipe”、“tube”两词间使用 OR 算符后的运算结果。

(2) 逻辑与(AND)运算符。AND 也有用“*”代替，用来组配不同检索概念。其含义是检出的记录中必须同时含有算符前后的两个检索词。AND 算符的基本作用是缩小检索范围，减少命中文献量，提高检索结果的查准率。在实际检索中，不同概念组面之间以及同一组面内的不同含义的词之间通常使用 AND 算符。例如：以提问式“COMMUNICATION AND SATELLITE”检索 COMPENDEX(1998)文档，所得结果为：

S1　12 940　COMMUNICATION
S2　2 173　SATELLITE
S3　842　COMMUNICATION AND SATELLITE

这个实例说明，数据库中含有 communication 的记录数为 12 940 篇，含有 satellite 的记录数为 2 173 篇。经过 AND 逻辑运算后，最后检出的记录中同时含有 communication 和 satellite 的命中记录总数为 842 篇。

图 2－9 是这个实例的示意图，图中的阴影部分反映了“communication”和“satellite”两词间使用 AND 算符后的运算结果。

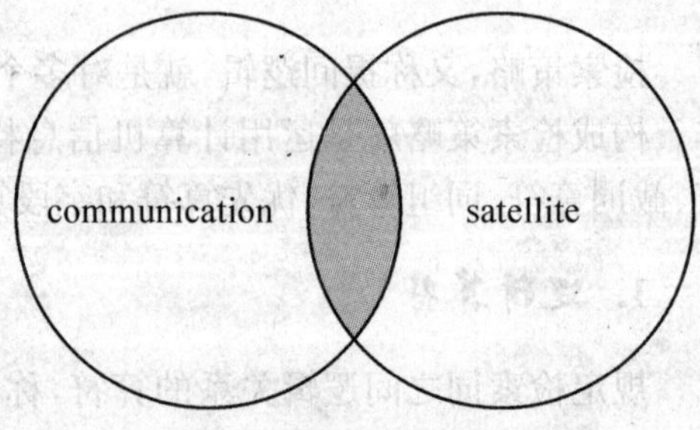

图 2－9　逻辑“与”示意图

(3) 逻辑非(NOT)运算符。NOT 也有用“-”代替。NOT 算符是排除含有某些词的记录的，即检出的记录中只能含有 NOT 算符前的检索词，但不能同时含有其后的词。NOT 算符的基本作用是缩小检索范围，提高检索结果的查准率。例如：以“PATENT NOT GERMAN”检索 COMPENDEX(1998)文档，所得结果为：

S1　110　PATENT
S2　325　GERMAN
S3　108　PATENT NOT GERMAN

这个实例说明，数据库中含有 patent 的记录数为 110 篇，含有 German 的记录数为 325 篇，经过 NOT 逻辑运算后，最后的检出结果中含有 patent、但不含 German 的记录数为 108 篇。需要指出的是，由于 NOT 算符有排除掉相关文献的危险，在实际检索中应慎重使用。

图 2－10 是这个实例的示意图，图中的阴影部分反映了“patent”和“German”两词间使用 NOT 算符后的运算结果。

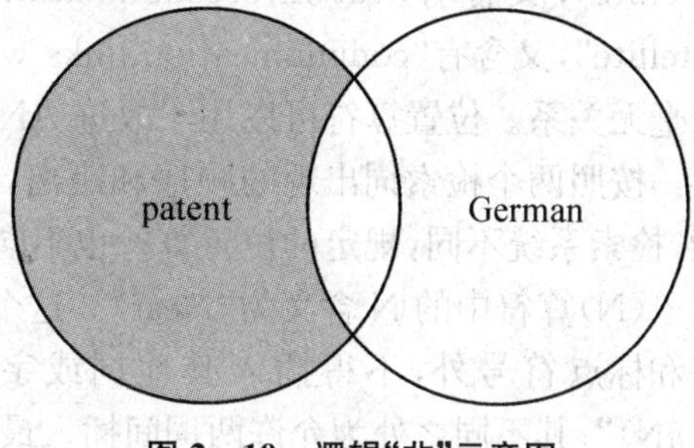

图 2－10　逻辑“非”示意图

2. 优先算符

当需要同时使用逻辑算符 OR 和 AND 时，就需要使用优先算符“( )”。在使用了优先算符的检索策略中，放在优先算符“( )”中的策略将被优先进行处理，所得结果再和算符外面的策略进行运算。例如，课题“纳米晶钕铁硼”的检索策略中使用优先算符：

纳米晶 AND (钕铁硼 OR NdFeB)

系统将优先处理“(钕铁硼 OR NdFeB)”，然后，再把结果和“纳米晶”进行逻辑与运算。又如，课题“化学传感器检测杀虫剂残留”的检索策略：

(pesticide OR insecticide) AND residue AND chemical AND (sensor OR transduser)

也使用了优先算符。

从上面两个例子可见，放在优先算符中的策略通常应该是逻辑 OR 运算。需要注意，单个汉语词组或者英语单词，以及只有多个逻辑与(AND)而没有逻辑(OR)的检索策略中一般不得使用优先算符“( )”。下面的三个检索策略在使用优先算符方面是错误的。

(纳米晶) AND (钕铁硼 OR NdFeB)
(pesticide AND residue) AND (chemical AND sensor)
(world wide web) and information

3. 位置算符

位置算符又称邻接算符(adjacent operators)，适用于两个检索词按指定的间隔距离或者按指定的顺序出现的场合。例如，要求以类似于词组形式表达的概念，彼此相邻的两个或两个以上的词，含有被禁用词或特殊符号分隔的词以及化学分子式等。

位置算符是特殊的逻辑与运算。和逻辑与算符相同的是，位置算符前后两个检索词也必须同时出现。与逻辑与不同的是，位置算符增加了对前后两个检索词间隔距离和出现顺序的要求。逻辑与算符并不限制两个检索词的词间距离和出现顺序。仍以上面的“communication and satellite”这个策略为例，命中的文献中可能既含有“communication satellite”，又含有“satellite communication”；也可能既含有“communication devices for satellite”，又含有“communication links without satellites”，显然其中的有些记录与课题要求毫无关系。位置算符可以用于改进 AND 运算符这种不足之处。

按照两个检索词出现的顺序和距离，可以有多种位置算符，而且对同一种位置算符功能，检索系统不同，规定的位置算符也不同。下面介绍的是常见的位置算符(N)和(W)。

(N)算符中的 N 含义为“Near”。这个算符表示其两侧的检索词必须紧密相连，除开空格和标点符号外，不得插入其他词或字母，两词的词序可以颠倒。(N)算符的变形是“(*n*N)”，其不同之处为允许两词间插入最多为 *n* 个其他词，包括实词和系统禁用词。例如：检索策略为“communication (N) satellite”时，系统将检索含有 communication satellite 或者 satellite communication 的记录。又如，检索策略为“communication (2N) satellite”时，系统将检索含有以下词组的记录：

communication satellite
satellite communication
satellite with communication
communication links for satellite
satellite devices with communication

(W)算符中的 W 含义为“With”。这个算符表示其两侧的检索词必须紧密相连，除开空格和标点符号外，不得插入其他词或字母，两词的词序不可以颠倒。(W)算符还可以用“( )”(左右括号紧连)和“(*n*W)”表示。“( )”是“(W)”的简略形式，但“(*n*W)”中的“W”的含义为“Word”，它允许两词间插入最多为 *n* 个其他词，包括实词和系统禁用词，词序不变。例如：检索策略为“communication (W) satellite”(或者“communication ( ) satellite”)时，系统将只检索含有 communication satellite 词组的记录。又如，检索策略为“communication (2W) satellite”时，系统将只检索含有 communication satellite，communication through satellite，communication on the satellite 等词组或短语的记录。

位置算符也可以应用于专用术语和名词的场合，例如希望查找 Thomas Alva Edison (有时也用 T. A. Edsion，Thomas A. Edison)发表的论著，起先考虑使用词组方法构成策略：“Thomas Alva Edison” OR “Thomas A. Edison” OR “Thomas Edison” OR “T. A. Edison”。也可以使用位置算符构成策略：Thomas (N) Edison OR TA (N) Edison。

4. 字段限制

字段限制也是调整检索策略的一种重要的手段。多数检索系统对不指定字段的检索词，通常在所有基本字段中进行搜索，如果想指定在题目等字段中查找所希望的检索词，就需要使用字段限制。字段限制适用于在已有一定数量输出记录的基础上，通过指定字段的方法，减少输出篇数，提高检索结果的查准率的场合。检索系统不同，规定的字段限制算符也不同。以下介绍的字段限制以 DIALOG 联机系统的为例。

基本字段限制的用法是在需要指定字段的检索词后加上后缀运算符“/”和段码。例如：检索策略“OPTICAL/TI AND FIBER/TI”的含义是指定在题目字段中查找含有“optical”和“fiber”两词的所有记录。字段段码可以多个连用，段码之间加“,”即可。例如：检索策略

"FIB? /TI,DE"的含义是指定在题目和叙词字段中查找以"fib"为词干的所有记录。

辅助字段限制是在需要指定字段的检索词(有时检索词须放在双引号内)之前加上段码和前缀运算符"="。例如,检索策略 AU="Robert, S."的含义是在作者字段中查找含有"Robert, S."的所有记录。又如,指定在著者单位字段中查找"上海大学"的策略为: AF="SHANGHAI UNIVERSITY"。指定在刊物名称字段中查找"APPLIED MATHEMATICS"的策略为: JN="APPLIED MATHEMATICS"。

5. 截词算符

截词算符用于组合多个词干相同,词义相近,但词尾或词中间有变化的检索词,可起到扩大检索范围,简化检索策略的作用。

截词算符有"?"、"*"、"$"和"%"等几种形式。具体采用什么形式,每个检索系统都有明确的规定,但"*"是多数文献信息数据库和搜索引擎所采用的截词算符。

按照功能,截词算符有右截断(又称前方一致)、左截断(又称后方一致,这个算符不常用)、有限截断(截词算符只代替一个字符)和无限截断(截词算符可代替多个字符)算符等四种。例如,右截断 comput*表示 computer, computers 或 computing 等;左截断 *computer 表示 minicomputer, microcomputers 或 supercomputer 等;中间截断 computeri*ation 表示 computerization 或 computerisation 等。在实际使用中,右截断算符通常具有无限截断的功能,是最常用的截词算符。

使用右截断算符时需注意四个问题:一是截词符要紧接在词干后面,截词符和词干之间不能有空格;二是避免将检索词的词干截得过短,一般应在三个字母以上。截词过短,不仅结果不相关的比例大,而且系统开销也大;三是截词应该使用得合理。一般不可能出现词尾变化的单词,例如 management, protection 等,其后不必再使用截词;四是从希望出现的单词中取尽可能多的公共字母作为词干,以提高查准率,比如在对 manage、managing、managed、management 和 manager 作截词运算时,词干应使用"manag*",而不应使用"man*"。

6. 词组算符

所谓词组检索,是指由两个或者两个以上、带有专用术语或者名词性质、词序位置固定的检索策略。词组检索是缩小检索范围,提高检索查准率的手段。

词组算符为双引号。例如,下面的检索策略中使用了词组算符:

"William, B." (人名)
"optical telecommunication" (术语)
"1,2-Benzenedimethanethiol" (术语)
"Institute of Theoretical Physics" (机构名)
"Transactions of Modern Materials" (期刊名)
nano(2w)crystalline and ("neodymium iron boron" or NdFeB) (术语与其他语词混用)

在使用双引号进行词组检索中,要注意三点:一是只有一个单个单词没有必要使用双引号;二是一般不要把超过三个单词又不是术语或者专有名词作为词组进行检索;三是双引号中,通常不使用截词算符。

2.3.2 检索策略的构成和调整方法

1. 概念组面和检索策略的构成方法

运用各种方法得到的检索词，首先应加以选择，即注意选用本专业的通用术语(应避免使用冷僻词和根据中文术语自译生造的词)，然后以概念为单位，分成不同的组面(facets)。例如：课题“玻璃纤维增强石膏制品的力学性能研究”的概念组面和检索词为：

概念组面 1:“玻璃纤维”polycarbafil, fiberglass, glass-fiber, glass-fibre
概念组面 2:“石膏”oulopholite, maria glass, gyp, gypsum
概念组面 3:“力学”mechanism, mechanical

运用各种检索算符的检索策略完整地表述检索要求的检索策略可以有两种方法，一种是一步写出的检索策略，又称综合式检索策略，另一种是按照组面分步写出，又称分步式检索策略。仍以课题“玻璃纤维增强石膏制品的力学性能研究”为例，在上面组面分析的基础上，构成综合式检索策略为：

(polycarbafil or fiberglass or glass(w)fib*) and (oulopholite or maria(w) glass or gyp*) and mechani*

构成的分步式检索策略为：

S1	polycarbafil or fiberglass or glass(w)fib*
S2	oulopholite or maria(w) glass or gyp*
S3	mechani*
S4	S1 AND S2
S5	S4 AND S3

这两种检索策略可以根据文献数据库提供的检索界面分别选用。比较而言，分步式检索策略因可以观察中间结果，如果需要进一步调整，使用更加灵活一些。

2. 检索策略的调整方法

检索策略输入检索系统后，系统响应的检索结果有时不一定能满足课题的要求，例如：或者检出的篇数过多，而且不相关文献所占比例很大，或者检出的文献数量太少，有时甚至为零，这时就需要调整检索策略。

调整检索策略之前，首先要分析造成检索结果不理想的原因。对于输出篇数过多的情况，应分析是否是如下原因造成：① 选用了多义性的检索词；② 截词截得过短；③ 输入的检索词太少；④ 应该使用逻辑与的使用了逻辑或；⑤ 优先运算符“( )”使用错误。针对这些情况，需要减少检索结果，提高查准率的策略调整方法有：① 减少同义词或同族相关词；② 增加限制概念，用逻辑与(AND)将它们连接起来；③ 使用字段限制，或者限制检索词在指定的基本字段出现，或者指定辅助字段，限制结果的文献类型、语种或出版国家；④ 使用适当的位置算符；⑤ 使用"非(NOT)"算符，排除无关概念等。

对于输出篇数过少的情况，应分析是否由如下原因造成：① 检索词拼写错误；② 遗漏重要的同义词或隐含概念；③ 检索词过于冷僻具体；④ 没有使用截词算符；⑤ 位置算符和字段算符使用的过多；⑥ 使用过多的"与(AND)"算符。针对这些情况，需要扩大检索范围，提高查全率的策略调整方法有：① 减少"与(AND)"算符，增加同义词或同族相关词，用逻辑或(OR)将它们连接起来；② 在词干相同的单词后使用截词符；③ 去除已有的字段限制、位置算符限制(或者改用限制程度较小的位置算符)等。

2.3.3 输出格式和方式的选择

所谓输出格式的选择是对记录字段的选择。所谓输出方式的选择是指对屏幕显示、打印和存盘的选择。例如：在 COMPENDEX 光盘数据库系统中，有全记录格式(Complete Record)、书目格式(Bibliographic Reference)、含关键词格式(Key Word in Context)、题目(Title List)和用户自定义格式(User-Defined Format)等多种格式供用户选择。

选择输出方式要注意的问题是，数据库是否只允许打印、存盘选中的记录。在选定打印、存盘后，是否还须进一步选择"当前记录"、"全部记录"或"选中记录"。另外如果是存盘，是否还有文件扩展名的限制。如为全文数据库，在阅读全文前，可能还应安装浏览器。

习　题

1. 判断下述课题属于调查研究型、探索研究型还是面向应用型；并从中选择一项，运用百度知道或者中国学术期刊网络出版总库查找其背景知识材料。

1) 醌胺聚合反应研究(Studies on quinone-amine polymeric reaction)

2) 硫化锶薄膜电致发光器件的研究(Study on strontium sulfide thin film electroluminscent (TFEL) device)

3) 一类线性系统的自适应滤波方法(Adaptive filtering method for a class of linear system)

4) 自动化立体仓库的库存管理系统(The stocking managing system for stereoscopic automatic warehouse)

5) 带钢温度模型优化(Model optimization of final rolling steel strip temperature)

6) 亚微米级 X—Y 工作台的设计(Design of sub-micrometer stage X - Y worktable)

2. 以下是课题"空气中挥发性有机化合物的采样及分析方法"的背景材料，请整理成100～200 字的背景知识，并归纳主要概念。

挥发性有机化合物 (以下简称 VOCS)是指沸点范围在 50～260℃的化合物，这类化合物普遍存在于室内外空气中，且室内空气中的浓度明显高于室外。由于人们每天的大多数时间是在室内度过的，因此 VOCS 对室内空气质量及人体健康的影响，已成为国内外研究的焦点。

全量空气采样分析方法广泛应用于中、低分子量的碳氢化合物和卤代烃的测定。该方法消除了由于采样效率或现场测定采样体积引起的不确定度，尤其适用于对准确度和重现性要求较高的分析。全量空气采样常用的方法有：聚合物袋（聚四氟乙烯、Tedlar或衬铝箔的Tedlar），玻璃容器和不锈钢采样罐。

吸附采样分析方法以固体吸附剂作为吸附介质，对于不同的化合物应根据其物理和化学性质，选择合适的吸附剂。

综上所述，VOCS的测定方法已基本成熟，主要是利用GC/MS进行定性和定量分析，VOCS的采样方法是目前研究的热点。从对采样方法的研究中可以看出，吸附采样更适合室内外空气中低浓度VOCS的测定，其中主动式采样已由利用单一吸附剂发展到多级层吸附剂，极大地扩展了其应用范围，但因需要采样动力，不适用于长期个体暴露监测及偏远地区多点采样；而被动式采样可弥补这一缺点，具有巨大的应用潜力，但被动式采样易受环境条件变化的影响，还有待于进一步研究。

3. 如果需要给"计算机在机械设计中应用"这个课题标引《中图法》类号，应该使用"TP339 计算机技术在其他方面的应用"，还是使用"TH122 机械设计"？

4. 利用 http://202.196.16.22/reaguide2/clc/#selNodeId 提供的《中图法》简表，试给出练习1中给出课题的类号。

5. 从练习1中选取其一，试运用三种概念扩展方法扩展其核心概念。

6. 试利用Ei Village2提供的《美国工程索引主题词表》或者《INSPEC主题词表》，给出练习1中课题的主题词。

7. 针对课题"温度对陶瓷衬底的影响"，下面的布尔逻辑算符的运用是否合理？

1)（陶瓷 OR 衬底） AND 温度

2) 陶瓷 OR 衬底 AND 温度

3

互联网信息利用原理

本章知识要点

- ◆ 互联网信息资源的构成、类型和特点
- ◆ 学术网站、开放获取资源的概念和利用
- ◆ 主题、目录、多元三类搜索引擎的概念
- ◆ 百度引擎的使用方法及检索策略的优化
- ◆ 网上资源的评价

本章能力目标

- ◆ 认识网上学术资源和学术网站的类型
- ◆ 认识和利用开放获取资源
- ◆ 掌握典型的主题搜索引擎
- ◆ 以定性方法评价网上理工类资源

3.1 互联网及网上资源

3.1.1 互联网的基本概念

1. 互联网

互联网，或称因特网，是指多个网络通过路由器、通信线路等通信设备互联，并基于一个共同的 TCP/IP 协议实现通信的世界性计算机网络。互联网诞生于 20 世纪的下半叶，由于其强大的功能，在短短的几十年时间内已发展为当代主要的信息源和通信工具。

从信息利用的角度考察，互联网信息资源主要由连接在网上计算机中的无数信息、网上的各种信息工具以及网络通信渠道三方面构成。网上信息包括计算机中的数据库、电子出版物、网页信息、软件以及各种格式的文件等，信息工具包括 WWW 浏览器、FTP、e-mail、搜索引擎等，网络通信渠道是指网络提供的信息交流渠道。本章所讨论的网上信息的利用问题将针对网络信息(尤其是网上理工类学术资源)、信息工具(尤其是有典型意义的搜索引擎)以及网络信息评价(尤其定性定量相结合的评价方法)这三方面的内容。

2. WWW浏览器和统一资源定位器

浏览器是WWW用来浏览网站和页面信息的客户程序。通过浏览器,用户可以十分方便地在Internet上获取所需要的信息。目前使用最为普遍的浏览器有Microsoft公司开发的Internet Explorer和Netscape公司开发的Netscape Navigator。这两种浏览器都支持绝大多数的WWW资源和访问方式,都具有打开主页、页面浏览和文档管理功能。此外,浏览器还可以访问FTP、Gopher、Telnet等过去要用不同的应用程序才能访问的信息资源。

统一资源定位器(Uniform Resource Locator,简称URL),又称网址,是由域名加文件地址构成的。例如,全国报刊索引数据库的一个网址是http://202.120.121.193/fuwuzhinan/全国报刊索引.htm。网址规定服务器所有上网信息资源的地址。这个地址不仅指明信息资源所在的目录和文件名,还指明信息文件存在于网络的哪个计算机上,以及可以访问的方式等等。访问者只需输入网址的格式内容,便可以获取由其指示的主机的相关数据。网址代表了互联网上一切资源,包括上网计算机及其各种文件的地址。

3. 互联网协议地址和域名

互联网协议(Internet Protocol,简称IP)地址,一般为四段数字,中间用圆点隔开,例如上海大学图书馆主页的IP地址202.120.121.193。IP地址是互联网信息定位所必需的,每台上网计算机都有一个惟一的IP地址,它的作用类似于计算机在信息高速公路上的门牌号码。

域名(Domain Name,简称DN)一般由代表通信协议、主机名、机构性质域名(见表3-1)和国家地区域名(见表3-2)四段字母构成。例如,上海大学的WWW服务器的域名为www.shu.edu.cn。通信协议(Protocol)是获取数据的方式。互联网上常见的通信协议有http,ftp,telnet和e-mail等多个。主机(host)名又称服务器名,通常是使用机构的简称。域名并非每台上网计算机所必需,只有作为服务器的计算机才需要。互联网通过域名服务器(DNS)将域名自动转换为IP。因此,域名的作用类似于服务器在信息高速公路上的门牌号码。

表3-1 常见机构性质域名一览表

域 名	含 义	域 名	含 义
.ac	academic	.gov	governmental
.co	commercial	.mil	military
.com	commercial	.net	Internet Service Providers
.edu	educational	.org	non-profit making organizations

表3-2 部分国家、地区域名一览表

域 名	国家、地区名	域 名	国家、地区名	域 名	国家、地区名
.ca	Canada	.gb	Great Britain	.tw	Taiwan
.cn	China	.int	International	.uk	United Kingdom
.de	Germany	.jp	Japan		
.fr	France	.ru	Russian Federation		

4. 网页、网站和主页

网页是用 HTML 或 DHTML、XML 等语言写成的文本文件。而网站则是有独立的域名，并由若干相关网页组成的一个站点。每一个网站都有一个被称作主页（homepage）的页面。主页的作用是引导访问者浏览网站，或者说主页是用户通过超链接访问其他 web 页或服务器的起始点。用户也可以在浏览器中把某一感兴趣或常用的 web 页设置为自己的主页。按照微软公司的比喻，如果把 WWW 当作是 Internet 上的大型图书馆，则每个 web 站点就是一本书，每个 web 页面就是书的一页，主页则是书的封面和目录。用户可以从主页开始，通过 web 链接访问信息资源，漫游 WWW 世界。

3.1.2 网上信息资源及网上学术资源

1. 网上信息资源的特点

（1）数量庞大，增长迅速。互联网上的信息数量极其庞大。有人估计，互联网目前拥有数百亿网页，是全球最大的信息资源基地。这个数量还在不断增长，据统计，2000 年互联网每天增加 200 万张网页，今天增长的速度更快。

（2）整体无序，局部有序。数量庞大的互联网并没有一个统一的管理机构，网上信息在整体上是无序的。但是，各搜索引擎和站点目录都收集大量的站点和网页，并按照专业和信息类型分类，因而，局部的网上信息是有序的。由于网上信息的急剧膨胀，仍有大量信息被淹没在信息的海洋中，无序性是网上信息的主要特征。

（3）更新频繁，变化无常。网上存在着大量的即时信息，内容十分新颖。这是利用了网上信息制作技术的方便性。抵消内容新颖性的是网上信息的不稳定性。据统计，2001 年网页的平均寿命仅 44 天，今天网页的寿命更短。有的网站昨天工作得非常出色，今天就会突然销声匿迹。这种状况给网上信息的利用带来许多不便。

（4）多维显示，交互方便。由于现代信息技术的发展，在载体类型上，网上信息早已突破文本、图片等传统信息的限制，包含图像、声音、电影等在内的大量多媒体、流媒体和各种通过程序产生的多维信息给我们展现了丰富多彩的世界。在通信方式上，网上这些内容以及大量的即时信息是以双向甚至多向交互的形式传递着，信息接受方有了选择的主动权和话语权。

（5）良莠混杂，参差不一。互联网上的资源，一部分是人类知识的精粹：有科学技术领域的各种专业信息，也有与大众日常生活息息相关的信息；有严肃的学科专业信息，也有体育、娱乐、旅游、消遣和奇闻趣事；有历史档案信息，也有现实世界的信息；有知识性和教育性的信息，也有消息和新闻的传媒信息；有学术、教育、产业和文化方面的信息，也有经济、金融和商业信息。除了这些人类知识的巨大财富之外，互联网上还有相当一部分是出于某种目的的信息或者是未经任何审核的数据信息，包括一些黄色、反动内容。对于这一点，我们必须要有清醒的认识。网上信息的政治性、正确性和可靠性是我们随时都应注意加以鉴别的。

2. 网上学术资源的类型

从专业学习和学术研究的角度，我们可以这样认识网上信息资源的构成：

按照出版类型区分，网上信息资源有着和印刷型出版物类似的对应关系。比如，印刷型的期刊有网络期刊与其对应，印刷型的图书有网络图书与其对应，印刷型的报告有网络报告与其对应等等。这种对应关系，仅限于我们对网络文献信息类型的认识，不能应用于具体的文献，例如，早期的印刷型科技文献一般不会有网络形式，当前印刷型学术文献也不一定能找到对应的网上电子版本。

按照是否具有原创性，网上信息资源有一次资源和二次资源的区分。它们的定义类似于按照加工深度区分的印刷型文献。一次资源是指首次发表的原创性信息，二次资源是转载已有的信息或者是从原创信息中提取的部分信息。判断网络信息是否原创的方法，我们将在本章的第 3.3.2 节中予以介绍。

按照有否经过审核，网上信息资源可分为正式出版物和非正式出版物两种。正式出版物学术价值相对较高，它们或者标有 ISBN，或者标有 ISSN，或者是权威学术机构的出版物，例如，通过网络发行的期刊、图书、报告、会议录、标准、专利等。除专利等少数类型的文献外，网上正式出版物可以免费使用的很少。网上的非正式出版物具有明显的个人行为性质，其学术价值变化较大，例如，个人主页、讨论组文章和公告版上的文章等，它们基本上可以免费利用。网上的正式、非正式出版物存在着大量的交叉关系。例如，个人网页上的文章属于非正式出版物，然而有一些个人网页公布已经发表的期刊论文或专著，是货真价实的正式出版物。这种交叉关系给我们查找某些学术论文全文提供了渠道。

按照是否属于搜索引擎检索范围，网上信息资源可分为可见资源和不可见资源两类。可见资源是搜索引擎可搜索到的资源。这种资源要满足这样一些条件：一是必须含有 HTML 超链接，二是没有设置口令或者 IP 限制，三是不属于动态产生的网页。与其对应的不可见资源，是指一切没有超链接的资源、数据库产生的检索结果以及局域网范围内或者按照指定口令才能访问的所有资源。网上的不可见资源的数量远远超过可见资源。有人估计，网上的不可见资源与可见资源之比超过 400∶1。

图 3-1 是网上学术信息资源的构成示意图。

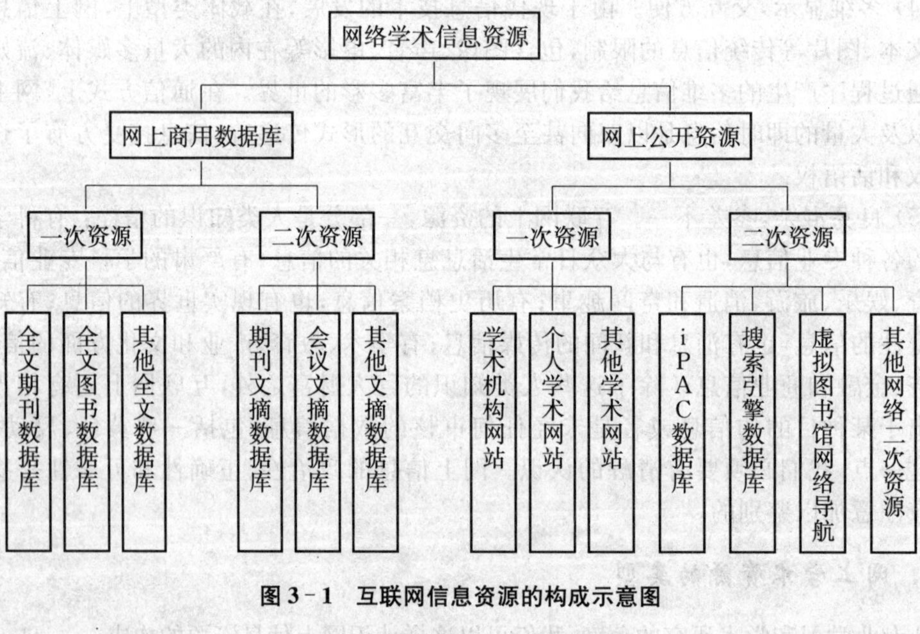

图 3-1　互联网信息资源的构成示意图

3.1.3 学术网站

1. 学术网站的定义和类型

以学科领域的专业研究人员为主要服务对象，以学术研究内容为主要内容，以满足学术信息交流为主要目的的网站称为学术网站。学术网站包括学科门户网站、学科资源网站、学术机构网站、学科专家网站以及学科论坛网站等。与这类网站形成对照的商业网站、公司网站、娱乐网站等，则属于非学术网站。

识别网站属于什么类型，主要依据网站首页上的栏目设置以及"关于本站"(about this site)、"关于我们"(about us)中的介绍。例如，中国电子材料网(http://www.c-e-m.com/)的主要栏目为行业协会、调研报告、行业新闻、期刊杂志、企业介绍、产品展示、咨询服务、商贸热线、资讯刊物、展览会讯、专家介绍。点开这个网站主页的"关于我们"，首段文字为"中国电子材料网是由北京万胜博讯高科技发展有限公司、中国电子材料行业协会共同组织创办的行业性专业网站。"据此，即可认定其为行业协会网站。

2. 学科门户网站

学科门户网站集研究机构、研究课题、专著论文、会议消息等内容之大成，主要宗旨为提供信息交流平台。中国国家科学数字图书馆(China Science Digital Library)包含数理学科、化学学科、资源环境、生命科学和图书情报等多个信息门户网站(表 3-3)。这些学科信息门户网站主要包含中科院系统的文献数据库、购买的大型专业数据库以及经过筛选的网上各种类型的高质量信息资源等。

表 3-3 中国国家科学数字图书馆各学科信息门户网站

门户网站名称	网 址	创 建 单 位
国家科学数字图书馆中心门户网站	http://new. las. ac. cn/	中国科学院文献情报中心
数理科学学科信息门户	http://phymath. csdl. ac. cn/	中国科学院文献情报中心
化学学科信息门户	http://chin. csdl. ac. cn/	中国科学院过程研究所
生命科学学科信息门户	http://biomed. csdl. ac. cn/	中国科学院上海文献情报中心
环境与生态科学知识积累平台	http://seekspace. resip. ac. cn/	
资源环境门户网站	http://www. resip. ac. cn/	中国科学院资源环境信息中心

3. 学术机构网站

学术机构网站包括行业专业学会网站和教育研究网站等。

行业专业学会是为了发展和促进行业专业技术发展所组成的学术团体。这类网站是以协会的专家为依托，内容以行业专业信息为特点，目的以行业专业信息交流为主。例如，中国电子材料网网站(http:// www. c-e-m. com/)是一个行业学会网站，国际光学工程学会

(SPIE)是一个专业学会网站。归纳起来,学会网站上信息包括:学会介绍,最新消息(What's New),征文启事(Call for Papers),联机出版物和电子期刊,可连接的相关站点(Related Web Links),自由论坛(Forums),热门话题(Hot Topics),专业培训,技术上的常见问题(FAQs),标准信息以及可检索的数据库(Online Search)等。其中,联机出版物、电子期刊、标准信息和可检索的数据库是我们经常使用的信息源。从中我们不仅可以了解最近的出版动态,甚至可以获得原文。例如,国际光学工程学会(SPIE)的 InCite 数据库(http://www.spie.org)收集了 1991 年到当前 SPIE(包括期刊、会议两部分)的文摘,数据量超过 26 万条。这个数据库提供免费文摘信息服务。

表 3-4 给出的是一些常用的科技领域学会网站。

表 3-4 一些常用的科技领域学会网站

学 会 名 称	学会缩写	网 址
美国数学学会	MAA	http://www.maa.org/
工业和应用数学学会	SIAM	http://www.siam.org
美国物理学会	APS	http://www.aps.org/
国际光学工程学会	SPIE	http://www.spie.org/
美国光学学会	OSA	http://www.osa.org
美国化学工程师学会	AIChE	http://www.aiche.org
美国化学学会	ACS	http://portal.acs.org/
日本化学工学会	ACEJ	http://www.base.nacsis.ac.jp/-acej/
美国生物化学学会		http://www.biochemj.org/
美国计算机器学会	ACM	http://www.acm.org
国际工程技术学会	IET	http://www.theiet.org
美国电气电子工程师学会	IEEE	http://www.ieee.org/
美国机器人协会	IFR	http://www.ifr.org/
美国机械工程师学会	ASME	http://www.asme.org/
美国真空学会		http://www.vacuum.org
美国陶瓷学会		Http://ceramics.org/
美国材料与测试学会	ASTM	http://www.astm.org
美国环境保护协会	EDF	http://www.edf.org/
欧洲化学学会	ECS	http://ecs.tu_bs.de/ecs

学 会 名 称	学会缩写	网 址
德国化学学会	GDCN	http://www.gdcn.de
国际自动化学会	ISA	http://www.isa.org
图像科学和技术学会	IS&T	http://www.imaging.org
国际材料研究联合会	IUMRS	http://165.124.3.26
美国材料研究学会	MRS	http://www.mrs.org
制造工程师学会	SME	http:/www.sme.org

高等院校网站的内容多数包括教务信息、科研信息、教学日程、教材信息和教师人员信息等。例如，美国田纳西州大学数学系网站(http://archives.math.utk.edu/)主页以电子表格形式给出 8 个栏目：数学课题(Topics in Mathematics)，软件(Software)，教学资料(Teaching Materials)，其他数学资料(Other Math Archives Features)等信息。在每一个栏目下，分别给出使用说明和链接点。例如在"数学课题"栏目下，给出的是教学资料、软件、WWW 链接和可检索的数据库。在其他数学资料下面，给出的是一个电子会议录的链接点。又如美国 Arizona 大学天文学系网站(http://www.as.arizona.edu)直接提供了 Steward 天文台镜像实验室等 5 个链接点，而英国 Edinburgh 大学地理系网站(http://www.geos.ed.as/uk/geography)给出了数以百计的网上地理信息系统链接点。

4. 学科专家网站

学科专家网站以依附在机构网站的网页形式为主，少数是独立的网站。比较其他学术网站，这类网站的特点在于其提供的科研成果、论文著作、硕博士生培养情况及其反映的学术观点。从资源获取角度来说，也是获取文献信息的一个重要渠道。表 3-5 是国内外部分理工科专家个人网站或网页。

表 3-5 国内外部分理工科专家个人网站或网页

姓 名	职称	单 位	专 业	网 址
Kevin Warwick	教授	University of Reading	人工智能	http://www.kevinwarwick.com/
李德毅	院士	清华大学	软件	http://www.thss.tsinghua.edu.cn/ldy/introduce.html
何炎祥	教授	武汉大学	软件工程	http://www.jaist.ac.jp/%7Ejxiang/yxhe/
苏小卒	教授	同济大学	力 学	http://xiaozusu.51.net/myindex.html
杨晓光	教授	同济大学	交 通	http://web.tongji.edu.cn/~yangxg/
陈保东	教授	中国石油大学	机 械	http://www.lnpu.edu.cn/gerenzhuye/teacher/chenbaodong/

续 表

姓 名	职称	单 位	专 业	网 址
高 文	教授	北京大学	计算机	http://www.jdl.ac.cn/htm-gaowen/
赵文谦	教授	成都工学院	水力学	http://teacher.scu.edu.cn/ftp_teacher0/zwq/
李建保	教授	海南大学	陶 瓷	http://www.mse.tsinghua.edu.cn/faculty/lijb/LIJB/ljb0.htm
李铜忠	教授	上海交通大学	物 理	http://www.physics.sjtu.edu.cn/～tzli/
徐立中	教授	河海大学	遥测遥控	http://cies.hhu.edu.cn/pweb/xulzh/xulzh.htm#top
张万金	教授	吉林大学	化 学	http://agm.jlu.edu.cn/wjzhang/index.htm
杨德仁	教授	浙江大学	半导体	http://silab.zju.edu.cn/yangdr/chinese/resume.htm
王永骥	教授	华中科技大学	自动控制	http://cse.hust.edu.cn/Faculty/wangyongji/index.htm
王玉忠	教授	四川大学	材料学	http://chem.scu.edu.cn/polymer/yzwang/index.htm

5. 学科论坛网站

学科论坛网站以提供BBS和博客信息交流工具、组织热点话题、筛选学科新闻、评点学术动态和推荐优秀论著等为主要服务内容，是以网络为工具发表专业见解的重要渠道，也是当前最重要的即时交互性学术资源。理工类综合性的网上论坛讨论组有 frostcloud（http://www.frostcloud.com/forum/forumdisplay.php?f=3）和 scienceblog（http://www.scienceblog.com/cms/index.php）等，数学类的有 mathforum（http://mathforum.org/），物理学类的有 physicsforums 论坛（http://www.physicsforums.com/），化学类博客的索引有 chemicalforums（http://www.chemicalforums.com/），工程类的有 eng-tips（http://www.eng-tips.com/）和 ABBS 建筑论坛（http://www.abbs.com.cn/report/）等。

更为全面快速地获取博客信息的工具是使用专门的博客搜索引擎，例如，有学科类别选择的 Board Tracker（http://www.boardtracker.com/）和检索结果数量多的 Board Reader（http://boardreader.com/）等。

6. 学科资源网站

学科资源网站集中学科领域内的历史知识、术语、学会组织、出版刊物、会议消息、数据库等相关内容，以方便专业人员日常学习和工作为主要目的，以汇总资料为主要特征，例如，中国数学资源网（http://www.maths.net/）和中国微生物资源网（http://www.micro.csdb.cn/）就是其中的两个例子。这类网站以提供或者转载二次资源为主。

3.1.4 网上理工科免费学术资源

网上免费理工科学术资源提供一次资源，主要有开放获取资源和部分大型文献数据库两种形式。

1. 开放获取资源

开放获取资源(open access),简称OA资源,是论文作者支付出版费用,读者可以免费使用的网上学术资源。这种资源,特别是OA期刊文献,大多经同行评审(peer-reviewed),质量较有保证,是我们获取最新学术信息和补充正式出版物的重要渠道。常用的开放获取资源如下:

(1) arXiv. org(http://www. arxiv. org)。一个专门收集物理学、数学、计算机科学、生物学学术论文电子预印本的开放访问典藏资源。

(2) CiteSeer(http://citeseer. ist. psu. edu)。一个自主开发的关于计算机、信息科学学术论文和预印论文引文索引。

(3) HighWire Press(http:// highwire. stanford. edu)。收录的期刊覆盖了生命科学、医学、物理学、社会科学等学科,部分文献可以获取其全文。

(4) Directory of Open Access Journals(DOAJ. http://www. doaj. org)。免费提供篇目检索和部分自然科学、人文科学及社会科学期刊的全文检索。

(5) 科学公共图书馆(http://www. plos. org)。致力于使全球范围的科技和医学领域文献成为可以免费获取的公共资源。

(6) 中国预印本服务系统(http://prep. istic. ac. cn/eprint/index. jsp)。由国内预印本服务子系统和国外预印本门户(SINDAP)子系统构成。国内预印本服务子系统分为自然科学、工业、农业、医药等。

(7) 奇迹文库(http://www. qiji. cn/eprint)。主要收录中文原创科研文章、综述、学位论文、讲义及专著(或其章节)的预印本,同时也收录作者以英文或其他语言写作的资料。目前学科范围主要包括物理学、数学、力学、计算机科学、生命科学、材料科学、信号处理等。

(8) 中国科技论文在线(http://www. paper. edu. cn)。可检索数学、物理、化学等42类自然科学技术类的论文。

(9) 开放获取期刊门户Open J-Gate(http://www. openj-gate. com)。印度Informatics公司于2006年创建的英文类OA学术期刊门户,提供基于开放存取期刊的免费检索和全文链接,目前收录约5 900余种OA学术期刊,有3 400余种期刊是经同行评议的学术性期刊,每年有超过100万篇新发表的文章被收录,并提供全文检索。使用时需要先进行注册。

(10) OA资源一站式服务平台Socolar(http://www. socolar. com/)中国教育图书进出口公司历时近4年时间开发成功的开放存取资源集成检索系统。该平台整合了社会科学、自然科学和工业技术科学等21个分支学科的10 000多种开放存取期刊,此外还收录了900多个机构仓储(或称机构库)中的文献,合计收录将近1 880万篇。

2. 网上免费理工类专业数据库

网上免费理工类专业数据库多数为题录型数据库,少数为全文型数据库。这类数据库中有三种数据库值得重视,一是包含海量题录信息的综合性数据,例如SCIRUS(见3.2.2节)、Science和Ingenta等,可用来快速普查专题文献,免去一般商业数据库IP限制的烦恼;二是含有数值型、图像型、软件工具型数据库,例如第4章中的部分免费工具性数据库,它们是纸质工具书极为重要的补充;三是含有全文的数据库,例如FindArticle、Project

Guenberg 是获取专业信息的重要工具。表 3-6 是本书其他章节中未涉及的一些理工类大型免费数据库的简要信息。

表 3-6　网上部分理工类大型免费数据库

数　据　库	网　址	特　点
Ingenta 数据库	http://www.ingentaconnect.com/	文摘，460 万条记录，文理各科
FindArticles	http://findarticles.com	300 余种期刊,1998—,全文
GPO Access	http://www.access.gpo.gov	美国政府报告文摘,1976—
National Academy Press	http://www.nationalacademies.org/publications/	美国科学院等报告,文摘
Science.gov	http://www.science.gov	美国政府科技门户,集合 40 个库
Project Gutenberg	http://promo.net/pg/	6 000 余种全文电子图书
日本科技文献数据库	http://www.jstage.jst.go.jp/browse/	570 种全文期刊,27 万条文摘
NASA 空间物理数据	http://adswww.harvard.edu/	780 万条文摘,天体物理学
高能物理文献库	http://www.slac.stanford.edu/spires/hep/	斯坦福大学主办,50 万条记录
民用工程数据库	http://cedb.asce.org/	文摘，10 万条记录,1970—
计算机文献数据库	http://liinwww.ira.uka.de/bibliography/index.html	文摘，200 万条记录

此外,还可以使用搜索引擎查找理工类数据库。检索策略的形式可采用:“学科名词 database”。例如,查找“毒物化学品数据库”的策略可以用:toxic chemicals database。也可利用专门的目录搜索引擎,例如,不可见资源目录(The Invisible Web Directory,http://www.invisible-web.net)和 Direct Search(http://www.freepint.com/gary/direct.htm)等。

3.2　网络信息检索工具

网上信息数量极其庞大,很多人因此认为查找科技信息应是易如反掌之事。而事实却恰恰与这些人的想法相反,究其原因,主要有三:一是查找网上信息不象纸质文献那样可以直接浏览,而是必须需要通过搜索引擎等工具才能进行。二是主宰互联网信息生存的基本原则之一是信息访问量,访问次数很少的网站将因为缺乏生命力而难以生存。在这方面,科技类信息与商业、生活和休闲类信息相比显然处于劣势。三是网上科技信息很多以不可见资源形式存在,比如动态信息资源等,它们不是搜索引擎可搜索的对象,因此查找网上科技信息的难度更大一些。由此可见,获取网上科技信息的前提是掌握一些必要的工具和方法。下面分搜索引擎、虚拟图书馆和 RSS 三方面介绍网络信息的检索工具。

3.2.1 搜索引擎的基本概念

1. 搜索引擎的定义

搜索引擎(Search Engines)是网上信息搜索工具的通称。搜索引擎可以是一个独立的门户网站,例如国外的Google、Yahoo和我国的新浪网等,也可以是附在其他类型网站或主页上的一个搜索工具,例如上海热线上所附的搜索引擎。

2. 搜索引擎的类型

目前互联网上的搜索引擎数以千计,它们可以按照工作方式、工作语种和检索内容分成若干类型。

(1) 按工作方式区分。可分为主题引擎、目录引擎和多元引擎。

1) 主题引擎。主题引擎的特点是信息的收集、处理和提供过程完全由程序自动完成,处理信息的层次是网页,检索所得结果的网页中通常含有检索词。它们的工作原理如图 3-2 所示。

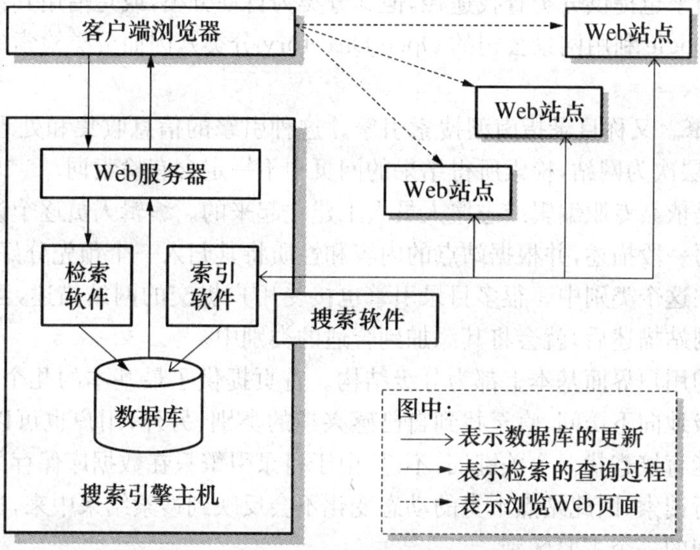

图 3-2 主题搜索引擎工作原理的示意图

主题引擎一般由搜索软件、索引软件和检索软件三部分组成。搜索引擎的检索软件和文献数据库的类似,不同的是搜索软件和索引软件。

搜索软件,又称为蜘蛛(spider)、机器人(robot)或者爬虫(crawler),其任务是定期访问网页,收集信息。常规搜索软件的运行周期一般为 2 至 4 星期。它们通常以一个站点列表为起点,沿着各 Web 页面里的所有链接(link),不断地从一个页面转到另一个页面,发掘网上的各种文献信息资源,并将采集到的文献信息送回搜索引擎。即时搜索软件则随时运行,取回一个 Web 页面的时间一般不超过 1 秒钟。例如:Google News 每天在网上要追踪数百万个页面,新闻可在发表后数分钟内即被索引并可提供阅览。

索引(index) 软件的任务是建立索引。在建立索引时,一般会给网页中每个关键词赋予一个等级值,表示该网页与关键词之间的符合程度。当用户查询一个关键词时,检索软件将搜索 Index,找出所有与关键词相符合的网页。有时候这些网页可能有成千上万,等级值的用途就是作为一种排序的依据,检索软件将按照等级值从高到低的顺序把检索结果包括网页标题、说明语和网址等送回到用户的浏览器中。

不同的主题引擎在计算等级值时使用了不同的方法,但它们都以关键词在网页中出现的位置和频率为基本依据,例如,关键词出现在标题中的网页可能比只出现在其他地方的网页更符合要求,关键词出现在网页的前面可能比只出现在网页的后面更符合要求,同一个关键词出现多次的网页又可能比只出现一两次的网页更符合要求,把这些因素综合起来考虑便可得出一个计算等级值的公式。实际运用中的等级计算公式还考虑了其他因素,例如,有的主题引擎能检查是否有很多链接指向同一个网页,如果是的话,它就把这个网页的等级值稍微提高一些,理由是这样的网页一般都具有更大的访问量。

主题引擎的优点是信息量大、更新及时、无需人工干预,缺点是返回信息过多,有很多无关信息,甚至有一定比例的死链接,用户必须从结果中进行筛选。国内主题引擎的代表是百度(http://www.baidu.com),国外主题引擎的代表是 Google(http://www.google.com)、Ask Geeves(http://www.ask.com)、Excite(http://www.excite.com)和 Lycos(http://www.lycos.com)等。

主题搜索引擎也提供分类查找途径,但其分类为自动分类,或是借用其他目录引擎的分类数据(例如 Google 利用网景公司的 Open Directory 分类),因而分类检索效果可能不如目录引擎。

2) 目录引擎。又称目录指南型搜索引擎。这种引擎的信息收集和处理有人工干预过程,信息处理的层次为网站,检索所得结果的网页中不一定含有检索词。

目录引擎是依靠专职编辑或志愿人员人工建立起来的。编辑人员逐个访问 Web 站点,对每个站点撰写一段描述,并根据站点的内容和性质将其归入一个预先分好的类别,把描述站点的信息放在这个类别中。很多目录引擎也接受用户提交的网站描述,当目录引擎的编辑人员认可该网站描述后,就会将其添加到合适的类别中。

目录引擎的用户界面基本上都为分级结构。首页提供了最基本的几个大类的入口,用户可以一级一级地向下访问,直至找到自己感兴趣的类别,另外,用户也可以利用目录引擎提供的搜索功能直接查找一个关键词,不过,由于目录引擎只在数据库保存的编辑人员对站点的描述中进行搜索,因此站点本身的动态变化不会反映到搜索结果中来,这也是目录引擎与主题引擎之间的一个主要区别。

商业性质的目录引擎一般都是依靠一群专职编辑来建立和维护的,不少学术或研究性质的目录引擎则是依靠志愿者来建立和维护的。这些志愿者可能是普通的互联网用户,也可能是一群大学生,也可能是专家学者。1998 年成立的 Open Directory 采取了开放管理模式,所有互联网用户都可以申请成为它的志愿编辑。2001 年时 Open Directory 的编辑人员已超过了 14 000 人。志愿者组成的编辑队伍扩大了目录引擎数据库的规模,改善了内容的及时性,但也造成了分类质量参差不齐的问题。

目录引擎的国内代表是搜狐(http://www.sohu.com),国外代表是 Yahoo Directory http://dir.yahoo.com(网站数量约 200 万个),Google Directory(http://directory.google.com,网站数量约 400 万个),适用于学术研究和专业学习参考的 Librarian's Index to the Internet(网址 http://lii.org,含 1.6 万个网站),About.com(网址 http://www.about.com,含 200 万个网站),适用于理工科类的目录引擎 SciSeek(http://www.sciseek.

com/)，适用于化学信息的目录引擎 Chemie(http://www. chemie. de)以及具有检索结果联机聚类功能的 Search4Science(http://www. search4science. as/)。

归纳上述，主题引擎和目录引擎两者最主要区别在于有无人工处理信息过程。目录引擎的信息因为有人工处理过程，所以死链接较少、信息准确、导航质量高，缺点是需要人工介入，维护量大，信息量少，信息更新不及时。而主题引擎的信息的收集和处理完全由程序软件自动进行，其特点正好和目录引擎相反，信息量大，更新速度略快，但死链接比例相对略高。因而主题引擎适用于专指度较高、内容要求比较新的课题。目录引擎适用于学科调研的场合。

3) 多元引擎。多元引擎又称元搜索引擎。多元引擎本身没有存放网页信息的数据库。当用户查询一个关键词时，它把查询请求转换成其他数个搜索引擎能够接受的命令格式，并行地或者有选择性地访问这些搜索引擎并查询这个关键词，处理这些搜索引擎返回的结果，然后再返回给用户。多元引擎的服务方式为面向网页的全文检索。

从严格意义上来讲，多元搜索引擎只能算是一种用户代理，而不是真正的搜索引擎。多数多元搜索引擎在处理其他搜索引擎的返回结果时，只提取出每个搜索引擎结果中的一小部分，并将这些条目合并在一起，去除重复后返回给用户。少而精是多元引擎检索结果的特点，这是很多互联网用户更喜欢使用这种引擎来查找信息的原因。

多元搜索引擎的缺点是：多数多元搜索引擎都只能访问少数几个搜索引擎，而且不支持这些搜索引擎的高级搜索功能，在处理逻辑查询时也常常会出现错误。

多元搜索引擎的国内代表是万纬搜索引擎(http://www. widewaysearch. com/)等，国外代表是 metacrawler(http://www. metacrawler. com)，Dogpile(http://www. dogpile. com)和 search (http://www. search. com)等。

(2) 按工作语种区分的搜索引擎。按工作语种区分各种搜索引擎可分为中文搜索引擎和外文搜索引擎。

中文搜索引擎是指以汉语为主要工作语言的搜索引擎。在中文搜索引擎中，大陆地区常用搜索引擎有百度(http://www. baidu. com)，搜狐(http://www. sohu. com)，悠游网(http://www. goyoyo. com. cn)，网易(http://www. yeah. net)，常青藤(http://www. inet. cn)等。港台地区常用的中文搜索引擎有添达香港(http://www. hksrch. com)和悦氏国际 (http://yes. tw)等。外文搜索引擎品种远比中文的要多。需要说明的是中文引擎可以使用英语等外文查找信息，外文引擎也可以使用中文，因而这两种引擎的区别不在于检索时使用的语言，而在于收集和处理信息的侧重点的不同，中文引擎主要收集和处理的信息是中文网页，查找中文资料的效果通常胜过外文引擎。反之，如果需要查找英文信息，直接使用境外英文引擎效果更好。

(3) 按检索内容区分的搜索引擎。按检索内容区分，搜索引擎可分为门户搜索引擎和垂直搜索引擎。

以提供综合性信息服务包括大型数据库服务于用户的搜索引擎称之为门户搜索引擎。例如，国内的新浪和搜狐等，国外的 yahoo(http://www. yahoo. com)，infoseek (http://www. infoseek. com)，excite(http://www. excite. com)，snap(http://www. snap. com)，lycos(http://www. lycos. com)等都属于门户搜索引擎。以某一专门信息，比如专业信息，或者人名信息为目的的搜索引擎称之为垂直搜索引擎。例如，MathSearch(http://www. maths. usyd. edu. au/MathSearch. html)是悉尼大学数学和统计学院提供的一个数学专业的垂直引擎，ChemEngine(http://www. chemonline. net/ChemEngine/)是化学专业的一个

垂直引擎，whowhere(http://www.whowhere.com)和 anywho (http://www.anywho.com)是两个常用的人名垂直引擎。

门户引擎和垂直引擎两者的区别有三点，一是门户引擎内容信息范围要比垂直引擎的来得广；二是门户网站信息内容的时效性相对要新一些；三是垂直引擎在信息的深度上往往比门户引擎优越。

3.2.2 几个重要引擎的使用方法

下面介绍的百度、Google 是目前最为常用的主题引擎，Yahoo 和 Scirus 分别是最为常用的目录引擎和科技领域搜索引擎。

1. 百度

百度(http://www.baidu.com)是目前功能最强的中文主题搜索引擎，其主页见图 3-3。

图 3-3　百度的首页

(1) 输入的检索词。输入百度搜索框中的检索词可以是研究的主题、网站、新闻等任何内容，形式可以是中文、英文、数字或中文英文数字的混合体。例如，可以搜索“windows”，“cn103546”，或者“O269 应用化学”。输入百度的检索词，可以是一个，也可以是多个，甚至可以输入一句话。例如，可以搜索“电脑”、“We want to have a recent overview of computer architecture studies”。

百度不区分英文字母大小写。所有的字母均作为小写处理。例如，输入“oicq”，或“OICQ”，结果都是一样的。

百度搜索引擎没有模糊检索和截词检索功能。例如：分别输入“卫星通信”和“通信卫星”，搜索结果是不同的。

(2) 使用两个以上检索词的逻辑算符。百度的逻辑与使用词间空格，即在检索词之间留一个空格。其含义为要求空格前后的两个检索词在同一个网页中出现。例如，搜索“数字图像处理”可以输入“数字 图像 处理”作为检索策略。逻辑或使用“|”，但“|”的前后

必须各留一个空格。例如：要查询“图片”或“写真”相关资料，检索策略为“图片 | 写真”。百度的逻辑非使用“-”，但减号之前也必须留一空格，语法是“A -B”。例如，要搜寻关于“光学处理方法”，但不含“紫外光光学处理方法”的资料，可使用“光学处理 -紫外”作为检索策略。

(3) 字段检索。百度的字段检索算符主要有在指定网站、标题和网址中查找几种。

1) 在指定网站中查找。在一个网址前加“site:”，可以限制只搜索某个具体网站名或某域名内的网页。例如，“电话 site: www. baidu. com”表示在“www. baidu. com”网站内搜索和“电话”相关的资料。“intel site: com. cn”表示在域名以“com. cn”结尾的网站内搜索包含“intel”一词的网页。“门户 site: cn”表示在域名以“cn”结尾的网站内搜索包含“门户”的网页。

使用“site”时应注意搜索检索词在前，“site:”指令及其指定网址在后；检索词与“site:”之间须留一空格隔开；“site”后的冒号“:”可以是半角“:”，也可以是全角“：”，百度会自动辨认。“site:”后不能有“http://”前缀或“/”后缀。

2) 在标题中搜索。搜索引擎规定的标题字段包括隐含超链接的网页题目以及紧随的网页说明语。使用标题字段检索，可以在一个或几个检索词前加“intitle:”。例如，“intitle: 程序”表示搜索标题及其说明语中含有“程序”的网页；“intitle: 互联网 协议”表示搜索标题中含有检索词“互联网”和“协议”的网页。

3) 在网址中搜索。在“inurl:”后加网址中出现的文字，可以限制只搜索网址中含有这些文字的网页。例如，“inurl: pdf”表示搜索网址中含有“pdf”的网页；“inurl: article”表示搜索网址中含有“article”的网页；“inurl: china”表示搜索网址中含有“china”的网页。

(4) 百度的特色功能。这里介绍的百度特色功能包括百度快照和相关检索。

百度快照用以解决找不到网页的问题。出现找不到网页的原因有网站服务器暂时中断或者网站已经更改链接等。点击百度快照，可以调取保存在服务器缓存中的原网页记录。在快照中，检索词均已用不同颜色在网页中标明，一目了然。点击快照中的检索词，还可以直接跳到它在文中首次出现的位置，使浏览网页更方便。

相关检索解决无法确定输入什么检索词的情况。先输入一个简单词语搜索，在检索结果中，系统会提供“其他用户搜索过的相关搜索词”作为参考。点击任何一个相关搜索词，都能得到那个相关搜索词的搜索结果。

2. Google

Google(http://www. google. cn)目前是网上功能最强的主题搜索引擎。这个引擎的优点是网址数量大，检索语种多，响应速度快，尤其是它所设置专门功能引擎 Scholar Google 等特别适合于查找自然科学技术方面的学术信息资源。

(1) Google 的常用检索方法。Google 的检索界面(见图 3 - 4)只有一个。检索对象类型选择设置在检索文本框的上和下方，分网页、图片、视频、地图、资讯、音乐、翻译和 265 导航等。系统默认为网页搜索。

在检索文本框中可以任意输入中、英文检索词。Google 不支持截词符，只能做精确查询。如果检索词是英语，Google 有自动单复数功能，也可以在检索词前加词根算符“～”，系统可以把含有相同词根的单词的网页全部查找出来(带“～”的检索词应该单独使用)。Google 不区分英文字符大小写。如果要检索词组，可以使用双引号。在检索多个检索词时，相互间为逻辑与关系的，应直接使用空格。注意 Google 不允许使用 AND，但可在检索

图 3－4　Google 的检索界面

词前加“＋”。相互间为逻辑或关系的需使用大写英语字母的“OR”。相互间为逻辑非关系的使用减号“-”。在混合使用这些逻辑算符时，搜索引擎按照从左往右的顺序进行运算。也可以使用优先算符“( )”改变运算顺序。常用的 Google 字段检索方法见表 3－7。

表 3－7　常用的 Google 字段检索方法

字段算符	功能说明	注意事项	用法举例
Site：	限于某个具体网站或者网站频道	网站域名不能有“http”以及“www”前缀，也不能含“/”的目录后缀	搜索包含“冶金”的中文新浪网站页面，检索策略可用“冶金 site：sina. com. cn”
Link：	返回所有链接到某 URL 地址网页	“link”不能与其他算符混合使用，“link：”后面不能有空格	搜索所有含指向 Google 链接的网页，检索策略可用“link：www. google. com”
Inurl：	返回的网页链接中包含检索词	“inurl：”后面不能有空格	搜索网址中含有“article”的网页，检索策略可用“inurl：article”
Filetype：	查找专门格式的文献	文件格式可以是以下任意一个 pdf，txt，xml，ps，gif，jpg，bmp	搜索所有含有 fiber 检索词的 pdf 文件，检索策略可用“fiber filetype：pdf”
Intitle：	要求在标题中出现检索词	“intitle：”后面不能有空格	搜索在网页标题或说明语中出现检索词 computer 检索策略可用“intitle：computer”

Google 搜索结果以链接次数为第一排列顺序，这和其他主题引擎有所不同。和其他主题引擎一样，Google 的缺点是它只负责自动地收集整理提供信息，而不负责信息的内容是什么，是典型的信息“吸尘器”。另外，Google 的信息更新周期平均为 28 天，所以用它来搜索最新的信息有时候是不合适的。我们在利用 Google 时，这三点应加以注意。

（2）Google 的专门功能引擎。Google 的专门功能引擎包括学术引擎和图书引擎等。

学术谷歌(http：//scholar. google. com)可以查找包含 Science Direct 等在内的 200 余个数据库的文献信息，中文版学术谷歌涵盖维普资讯和万方数据，但不包括中国知网(CNKI)的资源。所得结果以文摘为主，部分文献也有全文和引文信息，学科分布以科技类为主。需要注意的是,Google 这项服务目前仍为 beta 版,或者说它所收录的文献并不全面,因而比较适用于预检索、跨学科检索或者补充检索,不适于对查全率和查准率要求较高的课题。

学术谷歌和普通网页谷歌使用相同的检索方法,但学术谷歌的作者字段命令(author:,作者:)是独有的。以著名物理学家史蒂芬·威廉·霍金(Stephen William Hawking)为例,可以"author:Hawking SW"或者"author:Stephen William Hawking"作为策略检索相关文献。

学术谷歌给出的检索结果按照被引用的次数、是否有全文、作者姓名以及期刊名称字母顺序排列。检索结果的题名项后面如果有[txt]、[pdf]、[doc]等标志,或者说明语下有"所有…个版本"的链接,表明该文章可获取其全文。

如果需要将学术谷歌的检索结果导入 EndNote,应该首先在"学术搜索设置"中选中"显示导入 EndNote 的链接",点击"保存设置",然后在检索结果顺次点击"导入 EndNote"→"打开",即可将学术谷歌的题录或者文摘信息导入 EndNote。

图书引擎 Google Print(print. google. com)是我们查找网上科技专业领域电子图书的主要工具。不过,由这个引擎提供的检索结果中,每本书约有 10%～15%内容被限制而无法浏览。使用 Google Print 时,点击给出结果左侧图书封面页的下面的目录超链接(table of content),可以帮助浏览图书的内容。在"本书中查找"(Search within this book)文本框中可以输入关键词,有时也可以输入页码,查找到书中没被限制的页面。

3. Yahoo Directory

Yahoo 是互联网目录引擎的"元老",也是目前最常用的工具。不过,Yahoo 中国改版后已经成为主题引擎,而国外的 Yahoo Directory 仍属于目录引擎。

Yahoo Directory (http://dir. yahoo. com/)大类共 14 个,其中科学大类又分为生物学、工程学、天文学、地球科学、农业、物理学、数学、电脑与信息技术、化学、地理学、能源、航空学、太空、科学家与科技人物、生命科学和组织等。Yahoo 的分类类名后有的有"@"标志,表示这个类目会同时出现在多个不同分类类目下面。只要点击这个含有"@"的类目,就会链接至 Yahoo 的其他相关类目。图 3-5 给出的是 Yahoo Directory 工程技术分类导航界面。

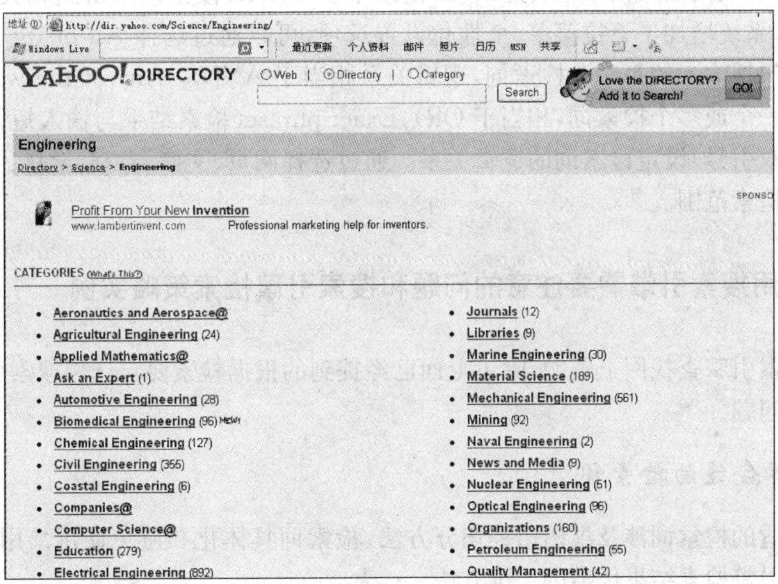

图 3-5 Yahoo Directory 的工程技术分类导航界面

从 Yahoo 这些分类，可以看出网络信息的分类有些根据学科进行区分，更多的是根据网上信息的数量和访问的具体情况设置的，所以利用 Yahoo 检索网上信息的方法是先浏览分类的大致情况，从中选出并逐层点击希望查找的分类类名，就可以获得所需要的信息。

Yahoo 有自动截词(Complete Words)功能，即把检索词看做子字符串(Substrings)，字符串前后可以任意变化。例如，输入检索词 do，Yahoo 将搜索 undo、doing 等，这在 Google 中是难以做到的。词组加双引号即可实现 Yahoo 的词组检索功能。Yahoo 常用的字段检索方法有两个。一是指定在网站名称字段中检索，可在检索词前加"t:"。二是指定在网址(URL)字段中检索，可在检索词前加"u:"。

4. Scirus

Scirus(http://www.scirus.com)是目前互联网上综合性比较强的一个科技领域搜索引擎。Scirus 引擎的信息源主要是两部分：网页和期刊。这种搜索引擎网站的出现为我们在网络上和专有数据库中快速查找所需的信息打开了一道便捷之门。

目前 Scirus 已将数以亿计的与科学有关的网页编入索引中。除此之外，它还包括 MEDLINE 文摘、Science Direct 全文、美国专利、Beilstein 文摘、ArXiv 全文、NASA 技术报告、CogPrints、Mathematics Preprint Server 的预印本、BioMed Central 的全文以及 Chemistry Preprint Server 等。

Scirus 覆盖的学科范围包括：农业与生物学、天文学、生物科学、化学与化工、计算机科学、地球与行星科学、工程、能源与技术、环境科学、语言学、法学、生命科学、材料科学、数学、医药学、物理学等。

Scirus 是专为科研人员设计的，它的特点有：过滤非科学方面的信息；收录同行评审(peer reviewed)的文章；可同时查询学科相关的会议、摘要及专利资料。

Scirus 的检索界面有基本检索和高级检索两种。在基本检索界面，选择检索范围为期刊或网络，将检索词输入文本框，按 Enter 键或单击 Search 按钮即可得到相关资料。在高级检索界面，系统增加了下拉菜单、个性化设置选项，可以通过选择 All of the words(检索结果中必须包括输入的每一个检索词，逻辑关系相当于 AND)，Any of the words(检索结果中可包括一个或多个检索词，相当于 OR)，Exact phrase(检索结果与输入短语严格匹配，相当于使用双引号)设定检索词的逻辑关系。通过选择网页、文摘、专利、学科、主题范围、检索年限设置检索范围。

3.2.3 使用搜索引擎需要注意的问题和搜索引擎检索策略实例

使用搜索引擎查找网上资源，除了上面已经提到的根据检索要求选用搜索引擎以外，还应注意以下问题。

1. 选择合适的检索词

选择合适的检索词涉及汉语语词切分方法、检索词具体化和避免使用禁用词等。它们是决定搜索引擎检索结果优劣的关键方法。

正确切分汉语语词十分重要。与期刊数据库一样，使用汉语检索搜索引擎时同样需要对课题进行词语切分。在众多的搜索引擎中，只有少数引擎（例如 Google 和百度）可以对中文句子作智能化切分处理。实际上，检索者自己把检索主题切分成适当的词语，检索效果会更好。

检索提问具体化是指检索提问越具体，就越容易找到所需要的资料。比如，如果想找一些有关"Excel 的数学函数的使用方法"的资料，以"Excel 数学函数"（Excel 和数学函数之间用空格隔开）作为检索策略查找 Google，系统返回 64 项搜索结果；如果仅以"Excel"作为检索策略，系统将返回 3 100 000 项搜索结果。显然输入较具体的提问可以过滤掉大量的无用信息。

另外要避免使用禁用词作为检索词。禁用词是指本身缺乏实际意义或者使用过于广泛的普通名词、代词、动词、介词、连词等。如果使用禁用词检索，系统会返回大量的无用的搜索结果甚至导致搜索引擎错误，因此，搜索引擎已经屏蔽这些词，检索过程中一般也不要使用为宜。

另外，还应该考虑一些同义词、缩写词等，以备查找更多相关网页之用。如果所检索的概念本身是专门术语或者是专有名词，应该考虑使用词组检索方法。

2. 消失网页和网站信息的获取方法

点击检索结果，不能进一步得到网页，却得到"404 – Not Found"错误信息。这种问题有时是由于网站整理，文件被重新命名引起的，有时是由于更换服务器引起的。获取消失网页和网站信息的方法有两个，一是网址回溯法，将光标移到地址栏内网址的末尾，由右向左，逐节（每一个"/"为一节）删除文件名，并打回车观察结果。使用这个方法时，应该特别留意首页上的本站搜索工具和网站地图（site map），它们可以帮助确认文件存在与否。二是服务器缓存法，例如，利用百度或 Google 等引擎提供的网页快照。

3. 检索策略的调整

如果系统没有给出任何结果，或者检索结果数以万计，检索策略就需要作适当的调整。

如果出现"没有找到任何网页"，可使用逻辑或方法，通过增加检索同义词、近义词等扩大检索结果。

如果找到的网页过多，原因可能是检索词输入的过少，或是搜索的内容太常见了。增加使用逻辑与和字段限制可以有效地减少检出网页数量。

不同于文献数据库，搜索引擎对含有先键入的检索词的网页往往放在检索结果的前面几个网页。利用这个规律，可以有意识地把希望检索的概念先行键入。

4. 搜索引擎策略实例分析

下面是使用百度引擎情况下，几种不同检索策略及其效果的实例和分析。

(1) 通过搜索引擎查找网上免费全文的策略。

网上文献全文的网址中常含有 txt，pdf，article，report，paper，text，preprint，postprint 或者 lecture 等词。利用这个规律，通过百度和 Google 等搜索引擎，以"检索词 inurl：表示文献全文的单词"作为检索策略，就可能获得相关文献的网址及其原文。例如，需要通过 Google 查找"光传感器(optical sensors)"这个课题的网上全文文献，检索策略可以使用：

optical (sensor OR sensors) (inurl: paper OR inurl: article OR inurl: pdf OR inurl: text)

搜索引擎法查找网上全文文献，特点是获得的文献数量较大，但因为是非正式文献，内容可能不太可靠，而且全文文献的变化快，搜索引擎的数据库常常不能及时更新，造成所得结果的死链接比例很大，也使得筛选比较费时费力，是这个方法的缺点。

(2) 混合使用逻辑与和词组算符的策略。课题"互联网资源"可以有以下两种检索策略：

"internet resource"|"web resource"

(internet|web) resource

这两种策略及其检索结果的区别是：前一种策略在词组运算的基础上做逻辑或，概念相对确切，因而查准率较高。后一种策略先做逻辑或，再应用逻辑与，概念相对模糊，因而查全率要好于前一种策略。

(3) 混合使用逻辑与和标题字段算符的策略。在网页标题和说明语中查找含有"nano powder"(纳米粉末) 可以有以下两种检索策略：

intitle: nano intitle: powder

intitle: nano powder

这两种策略都使用了将检索词限制在标题和说明语中的字段检索，但前一种策略将两个检索词分别使用字段限制，然后使用逻辑与，检索范围相对较窄，因而所得结果查准率相对较好。后一种策略只对前一个检索词使用字段算符，检索范围相对较宽，因而所得结果查全率相对较好。

(4) 混合使用词组、逻辑与和网址字段算符的策略。课题"在教育机构网站中查找含流体力学内容的网页"的检索策略可用：

"fluid mechanism" inurl: edu

这个策略以词组算符检索"流体力学"，合并使用网址字段算符，基本上可以达到课题目的。但实际得到的检索结果要超出教育机构的范围，因为"inurl: edu"的确切含义是网址中含有"edu"字符的所有网页，当"edu"不在域名位置时，网页就不一定属于教育机构。

3.2.4 虚拟图书馆和网络资源导航

搜索引擎的出现，一定程度上缓解了网络信息检索的矛盾。然而，从学术研究需求角度观察，搜索引擎给出的查询结果中含有大量非学术性信息，增加了信息选择的难度。虚拟图书馆正是针对这个问题应运而生的一种网络信息利用工具。

虚拟图书馆在国外被称为 Virtual Library, Internet navigation, information gateway, information portal, resource guides 和 web directories 等，国内更多地称为网络资源导航和学科导航等。在专业领域覆盖范围上，虚拟图书馆和网络资源要比学科导航宽泛一些。但从实质上说，它们都属于网络信息指南工具，功能是相仿的，都是针对某一领域或学科的研究者的需要，将各种网上资源线索，包括研究机构、实验室、电子书籍、学术期刊、会议论坛、专家学者等的网址，进行系统地收集、核实并加以组织，以静态、网页或数据库形式提供给用户浏览或者检索。

虚拟图书馆的信息组织方式有两种：一是分类方法，或称主题树方法，就是将所选定的学科领域所有信息按照事先确定的概念体系结构，分门别类逐层加以组织，用户通过浏览方式逐层加以选择，直到找到所需要的信息为止。二是数据库方法，就是将已获得的信息以固定的记录格式存储起来，并提供一些检索入口。分类方法组织信息的虚拟图书馆基本上以静态网页形式提供服务，数据库方法组织的则要求使用者查找才能得到所需的信息。目前的虚拟图书馆以静态网页形式提供服务的要远远多于数据库形式的。

国内的网上学科导航中，由高校承建的 CALIS 重点学科导航系统覆盖了主要学科，是我们检索网上信息的重要入口。表 3-8 是部分 CALIS 学科导航网页及其网址。

表 3-8　部分 CALIS 学科导航网页及其网址

学科或专业名称	创 建 单 位	网　　址
材料科学与工程	清华大学	http://infoweb.lib.tsinghua.edu.cn/cailiao/
材料工程	大连理工大学	http://www2.lib.dlut.edu.cn/
电子信息材料及元器件	电子科技大学	http://202.117.121.3/calis/dhk.htm
功能材料科学技术	山东大学	http://202.194.11.138/daohang/index.htm
先进复合材料及结构学科	哈尔滨工业大学	http://hitlas2.hit.edu.cn/materialnext.htm
冶金科学与工程	东北大学	http://202.118.8.200/aspsamp/asp/daohang.asp
电子学与通信	东南大学	http://www.lib.seu.edu.cn/xkdh/ww/submain0.html
高效洁净化工新工艺	天津大学	http://202.113.3.246/web/xkdh/chemical/index.htm
精细化工科学与技术	大连理工大学	http://www2.lib.dlut.edu.cn/
高分子化学与物理	中山大学	http://library.zsu.edu.cn/chemguide/chemguide.html
化学	深圳大学	http://www.lib.szu.edu.cn/szulibhtm/newweb1/xkzt.htm
理论化学	吉林大学	http://www.lib.jlu.edu.cn/calis_web/guide/guide_1.htm
无机合成化学与材料化学	吉林大学	http://www.lib.jlu.edu.cn/calis_web/guide_2/guide_2.htm
物理化学与分析化学	厦门大学	http://210.34.14.15/keylab/navigation/main.html

续 表

学科或专业名称	创 建 单 位	网 址
环境工程	华中理工大学	http://www. lib. hust. edu. cn/dzzy/dhk/dh. htm
先进机械制造技术	上海交通大学	http://www. lib. sjtu. edu. cn/chinese/network _ navigation/cims/cims. htm
先进制造	清华大学	http://infoweb. lib. tsinghua. edu. cn/zhizao/
计算机软件与系统集成	北京航空航天大学	http://202. 112. 143. 13/electry/daohang/computer/computer01. htm
建筑材料	同济大学	http://www. lib. tongji. edu. cn/wuji. htm
建筑学与工程	东南大学	http://www. lib. seu. edu. cn/xkdh/lixp/jianzhu/main3. html
复杂系统的控制及自动化	东南大学	http://www. lib. seu. edu. cn/xkdh/panwei/自动控制/submain2. html
固体力学	清华大学	http://infoweb. lib. tsinghua. edu. cn/lixue/
生物医学工程	华中理工大学	http://www. lib. hust. edu. cn/dzzy/dhk/dh. htm
遗传学	复旦大学	http://202. 120. 227. 59/navigtor/index. htm
食品科学与生化工程	华南理工大学	http://202. 38. 232. 1/dhk/ztfn. htm
数学	复旦大学	http://202. 120. 227. 59/navigtor/index. htm
数学	北京大学	http://www. lib. pku. edu. cn/is/Navigation/index. htm(总网址)
高速信息网工程	上海交通大学	http://www. lib. sjtu. edu. cn/chinese/network _ navigation/info/info. htm
数字通信与计算机应用	中山大学	http://library. zsu. edu. cn/pcguide/pcguide. html
现代通信与信息工程技术	电子科技大学	http://202. 117. 121. 3/calis/dhk. htm
光物理与离子束物理	复旦大学	http://202. 120. 227. 59/navigtor/index. htm
光学工程	北京理工大学	http://lib. bit. edu. cn
信息科学	哈尔滨工业大学	http://hitlas2. hit. edu. cn/calis. htm
信息科学与技术	清华大学	http://infoweb. lib. tsinghua. edu. cn/xinxi/
信息系统集成与电子材料	复旦大学	http://202. 120. 227. 59/navigtor/index. htm

表 3－9 是常用的部分国外科技领域虚拟图书馆。

表 3-9　国外科技领域常用的部分虚拟图书馆

专　业	虚拟图书馆名称	主 办 单 位	网　　址
科技综合	intute	英国 Heriot Watt 大学等	http://www.intute.ac.uk/
科技综合	Infomine	美国加州大学	http://infomine.ucr.edu/
科技综合	BUBL Information Service	英国 Strathclyde 大学	http://bubl.ac.uk/
数学	Mathematics VL	美国 Florida 州立大学	http://www.math.fsu.edu/Science/math.html
物理	Physical VL	德国物理学会	http:/vifaphys.tib.unihannover.de
化学	Chemistry VL	英国 Liverpool 大学	http://liv.ac.uk/chemistry/links/links.htm
生物学	Biology Links	美国 New Jersey 工程资源集团	http://mcb.harvard.edu/BioLinks.html
工程技术	Engineering resource	英国 Heriot Watt 大学等	http://www.intute.ac.uk/
材料	Materials Science Resources	美国 Iowa 州立大学	http://www.istl.org/02-spring/internet.html

使用虚拟图书馆查找信息的场合为：当时间短促，无法浏览由搜索引擎查得的海量信息时；当希望看到比较可靠的网上信息；当希望对某个领域有个整体的、较全面的了解时。用户在访问某一学科的虚拟图书馆网页时，通过浏览选择所需要的分类，点击相关的超级链接，就可以浏览到大量相关资料。

3.2.5　RSS 网上信息订阅

RSS (Rich Site Summary)一般理解成“网上信息订阅”或者“信息聚合”。它是网景(Netscape)通讯公司推出的一种通过信息推送实现在线资源共享的技术方式。从用户角度看，RSS 是聚合站点内容、跟踪共享网上资源，更新个人资源较为有效的信息利用工具。

RSS 的工作原理是网站向用户提供以 XML 编写的文件，以记录该网站有关栏目的更新信息，内容包括最新更新文章的标题、摘要，以及网络链接地址等。用户可以根据需要订阅这些文件，在不访问网站的情况下，通过 RSS 客户端工具(RSS 阅读器)阅读所收到的文件，就可以及时高效地获取想要了解的最新信息。目前可供订阅的主要有文献数据库检索专题、新闻门户的专栏新闻以及主题博客内容等。在可供 RSS 订阅的文件中，如果计算机已经安装了相应软件(或采取了相应方法)，点击标识后就可以订阅了。如需订阅 CNKI 上的船舶设计通讯，可在 CNKI 期刊导航中查到“船舶设计通讯”，点击该刊旁边的 RSS 订阅按钮，该 RSS 频道地址就自动粘贴到新浪点点通阅读器添加频道的对话框当中，点击“下一步”即完成订阅。

获得RSS阅读器，可以通过访问搜狐、新浪、百度等搜索引擎，从中下载专用的阅读器，可以在网站阅读器上添加URL订阅，可以把网站的阅读器直接加到所使用的浏览器的相应位置（如工具栏中），然后就可以像已经下载的浏览器一样使用了。在使用浏览器阅读网页文件时，如果发现有可供订阅的资源，就会自动发出订阅提示，点击按钮后就可以完成订阅。

3.3 网上学术网站资源的评价方法

学术网站资源对于学术研究是非常重要的，然而，网站资源无以计数而且参差不齐，如何评价这些网站资源已经成为利用网上信息过程中十分实际的问题。

目前人们已经对网站优选和评价提出了一些工具和方法。这些方法归纳起来，有客观和主观两类。所谓客观方法是利用网上现成的工具或者评价结果，主观方法就是评价者自己根据某种标准进行的评价。

3.3.1 评价学术网站的客观方法

根据人工干预的程度，以客观方法对网站进行优选的方法，可以分成ROBOT法、专家评价法和软件实时测试法三种。

1. ROBOT法

所谓ROBOT法是利用自动搜集和整理网站信息的搜索引擎所提供的结果来评价网站。有些搜索引擎的搜索软件能记录网页上的所有文本内容，并统计检索词的出现频率。有些搜索引擎能自动通过测定该站点的链接数量，分析数据库中的地址，以判别哪些站点最受欢迎。有些搜索引擎能自动统计网站的访问量，由访问量决定热门网站。例如，Megaspider(http://www.megaspider.com)和excite (http://www.excite.com) 就是根据访问量统计网站的搜索引擎。

专业领域网站和网页数量比较多时，可以通过ROBOT法进行的初步比较和选择。

2. 专家法

所谓专家法是指利用网站组织的专家或者自愿人员对网站做出的人工评价结果来评价网站。提供这类服务的网站有 The WWW Virtual Library（http://vlib.org/）和 Librarians' Internet Index (http://lii.org/)等。

3. 软件实时测试法

软件实时测试法是通过搜索引擎的专设指令或者通过下载软件由评价者自己对选择的网站进行评价。

搜索引擎中，Google或AltaVista的link指令可以用来观察哪些网站连接到某个站点。访问这些网站，分析它们如何评价这个主页，可以达到评价网站的目的。

网站测试软件很多。有些网站（例如 softwareqatest，http://www.softwareqatest.

com)上集中了许多对网站结构、JAVA、HTML、链接点等各项性能进行测试的软件。在这些软件中 OpenSTA (http://www. opensta. org/)性能比较优良,十分值得一试。

3.3.2 评价学术网站的主观方法

对学术网站内容质量的评价主要由浏览者自己进行,这就是学术网站优选和评价的主观方法。主观评价标准因专业领域、学术水平和课题的专门需求等的不同而因人而异,无法强求一致,但在使用的方法上,内容评价法、网址评价法、形式评价法和稳定性评价法等已经实践证明比较行之有效。

1. 内容评价法

从内容角度对网站提供的信息进行的判断,主要考虑的标准有可靠性、权威性、惟一性、完整性和全面性五个方面。

(1) 可靠性。确定网站可靠性的方法是看其有没有信息来源的说明,是否已经由第三方作过评价,也可以考察网站是否还有其他形式的出版物,比如是否还有图书和 CD-ROM 等形式。

(2) 权威性。确定网站权威性的方法可以通过主页的"关于我们"(about us),"联系我们"(contact us)等超链接上提供的内容来考察谁是网站的作者以及网站作者和发布者的权威性如何。

(3) 惟一性。惟一性或称原创性。确定惟一性的方法是检查网站是否含有第一手的文献信息以及导航链接是否有评价信息。具体可以检查网站的超链接,看其是指向内部网页还是外部网页,主页上的"关于我们"或者"关于本站"(About this site)链接经常有表明网站含有的第一手信息的有关内容。

(4) 完整性。观察网站的内容是否完整,首先可检查网站上有没有"建设中"(under construction)这样的说明,其次可以看看网站信息给出的是摘要还是全文,检查有无死链接或者空的文件,具体可以检查网站的范围说明,目录页以及是否有灰色链接点。

(5) 全面性。确定全面性的方法是检查是否有遗漏的信息。可以通过阅读其目录页面,索引或者网站内容指南以及所附的文献目录等来实现。

2. 网址评价法

从网址角度估计网站质量的方法有网址上溯法和网址成分分析法两种。网址上溯法将网址中的"/",由右向左逐个删除,逐层评价网站的质量。网址成分分析法主要通过分析网址的构成,判断网站的属性。

网址中的域名是判断网站性质的一个依据。来自教育机构的网站(它们的域名中含有"edu",学术性上往往高于来自公司的网站(它们的域名中含有"com"),来自政府机构的网站(它们的域名中含有"gov")可靠性上相对高于来自公司或个人的网站。

许多网上服务器规定,网址中的波折号"～"标志个人主页或文件的子目录。例如 http://www. ilrt. bris. ac. uk/～cmpac/是建立在英国 Bristol 大学服务器上的一个个人主页。当然,个人网站也不都是质量差的网站,有些科技领域的专家网站是非常优秀的科技站点。

如果网址中含有“PURL”(Persistent Uniform Resource Locator)，表示网址相当稳定。凡是网址中含有PURL的网站，如果改变地址，PURL服务提供者将自动地把用户转向新的网址。因此PURL一般不会成为死链接。例如，网址http://purl.org/metadata/dublin_core中就有PURL。

3. 形式评价法

从形式角度考察网站，主要是从网站的界面和结构方面，包括对网站可访问性、帮助信息的质量和使用技术的恰当性三个方面的考察。

确定可访问性的方法是观察界面是否由标示清楚的模块组成，对一组页面有没有统一的下载链接，网站中有没有提供搜索工具。具体的方法可检查有没有目录页面，为浏览方便的前后翻页“back”，“forward”，“home”等按钮设置与否，导航链接是否清楚。

确定帮助信息质量的方法是观察网站是否提供了清楚的帮助，有没有设置联机帮助或者提供帮助的e-mail或者电话联系以及有没有培训材料等。

确定使用技术的恰当性的方法是观察网站是否要求用户使用专门的软件，使用的HTML是否为通用的版本，使用的多媒体是否为标准的格式，有没有设置使用该网站所必须的软件的下载链接点等。

4. 稳定性评价法

稳定性评价法主要涉及网站资源在互联网上的生存时间。互联网是一个动态的社会，网站资源随时在创建、移动和消失之中，任何资源都不能长期保存，有一些信息将永远地消失。稳定性标准关心以下三个问题：

(1) 信息的稳定性。观察网站的信息是否一直存在，网站的内容是否不断在维护。具体的方法可以有检查网站的创建日期、最后一次更新的日期以及更新周期。也可以看看网站的存档信息。

(2) 网站稳定性。检查网站内容是否可以访问，网站是否已经证明或者预计在性能上是稳定的，网站的管理和维护是否良好。可测试链接是否可用，最后的更新日期以及版本号。

(3) 系统稳定性。确定系统稳定性的方法是观察网站技术性能的可接受性，系统稳定与否，有没有保持系统稳定的措施，具体方法可以看网站当前是否可以访问，不可以访问次数是否很少，链接点是否稳定，有否镜像站等。

3.3.3 学术网站评价案例

例3-1：评价NIST化学手册网站(http://webbook.nist.gov/chemistry/)。

解：1. 解题思路

在客观方法评价方面，运用Google的link命令查找网站的链接量并通过Alexa查找其基本情况和访问量信息，判断其影响力。

在主观方法评价方面，通过点击各个链接，判断其完整性；通过“关于我们”或“使用指南”等，获取其主办单位，判断其可靠性；通过主办人员的学术论文信息，推论网站的学术性；通过其他网站的引用数据，判断网站数据的原创性；通过链接的学术网站获取的第三方评论，判断网站的权威性。

2. 网站性能的客观评价

(1) 通过 Google 的 link 命令，获取链接量。

使用 Google，通过检索策略“link：webbook. nist. gov/chemistry/”，获得约有 699 项链接到该网站。链接的网站中有大量化学化工专业高等院校和研究所网站。

(2) 通过 Alexa. com 获取网站基本情况和日访问量统计等信息。

通过 Alexa. COM(http://www. alexa. com/)，在 Site Info 栏目下的 Site Lookup 文本框中键入网址 webbook. nist. gov/chemistry，得到以下与 NIST 网站相关的信息：

网站的流量名次(Traffic Rank)：12 742
网站链接数量(Sites Links)：6 837
网站运行起始时间(Online Since)：No data
日平均访问时间(Average Time on Site)：2. 4 min/day

网站的日访问量统计图见图 3－6。

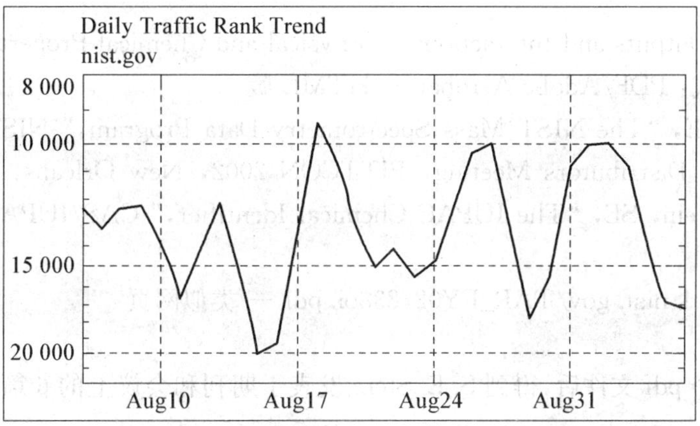

图 3－6　网站的日访问量统计图

3. 网络性能的主观评价

(1) 通过点击网站各个链接，检查有无死链接，评价其完整性。

逐一点击 NIST 化学手册网站上的各个超接：Formula，Name，CAS registry number，Reaction，Author，Structure，Ion energetics properties，Vibrational and electronic energies，Molecular weight 等，全部为可用链接。

(2) 通过网站本身提供的“关于我们”等链接，获取该网站的主办单位、办站主旨和服务对象信息，评价其可靠性。

从该网站的“使用指南(A Guide to the NIST Chemistry WebBook)”中得到以下内容：

NIST 化学手册网站由美国商业部下属单位美国国家标准和技术研究所(NIST)主办，其主要任务是通过互联网，向广大民众和公司企业，提供主要来自 NIST 研究结果的物理化学数据。

(3) 通过印刷型出版物评价网站的学术性。

选取 NIST 化学手册网站中的质谱数据中心主任(NIST Mass Spectrometry Data Center)的 S. E. Stein 为对象,通过文献数据库和 Scholar Google 两种工具,查找其发表的文献。

A. 通过 Ei Village2 的 CompendexWeb,INSPEC,NTIS 三个数据库,以"Stein, S. E."为检索词,在作者字段,查得他发表的相关文献 67 篇,下面是其中的一篇:

Comparative evaluations of mass spectral databases

Stein, S. E. (Div. of Chem. Kinetics & Thermodynamics, Nat. Inst. of Stand. & Technol., Gaithersburg, MD, USA); Ausloos, P.; Lias, S. G. Source: Journal of the American Society for Mass Spectrometry, v. 2, n. 5, Sept. - Oct. 1991, p 441 - 443

Database: Inspec

B. 通过 Scholar. Google. com,以 "Stein SE" NIST 为检索策略,对其发表的学术文献进行查找。结果得到以下一篇 pdf 文件:

• [PDF] Outputs and Interactions - Physical and Chemical Properties Division
文件格式: PDF/Adobe Acrobat — HTML 版
Stein, SE, "The NIST Mass Spectrometry Data Program," NIST Mass Spectral Library. Distributors Meeting, PITTCON 2002, New Orleans, LA, March 19, 2002. Stein, SE, "The IUPAC Chemical Identifier," CAS/IUPAC Conference on Chemical ...
www. cstl. nist. gov/TAR_FY02/838oi. pdf — 类似网页

下载并打开这个 pdf 文件后,得到 S. E. Stein 发表于期刊和会议上的 6 篇相关论文。下面是其中的一篇:

Stein, S. E., "The NIST Mass Spectrometry Data Program," NIST Mass Spectral Library Distributors Meeting, PITTCON 2002, New Orleans, LA, March 19, 2002.

(4) 通过其他网站引用其数据,评价其原创性。

从上面客观评价的网站链接中得知, www. chemfinder. com 直接引用 NIST 化学手册数据。现选用任意一个化合物名称,予以验证。

取"甲烷(methane)"作为检索词,在系统显示的有关 Methane [74 - 82 - 8]各种数据中,物理性能数据(physical properties)为直接指向 NIST 化学手册的链接点。

(5) 通过链接的学术网站获取第三方评论,评价其权威性。

从上面客观评价获得的学术网站链接中,美国 Oral Roberts 大学图书馆对 NIST 化学手册有如下评价:

由专家提供相关数据,权威性强。内容包含 5 000 种化合物的热力学数据,3 000 种反应焓，5 000 种化合物的红外光谱，8 000 种化合物的质谱，14 000 种化合物的离子能数据等。(http://www.oru.edu/university/library/guides/chemIntRes.html，2006 年 1 月 16 日访问)

4. 结论

(1) 根据 Google 给出的链接量以及 Alexa 给出的网站基本情况和访问量统计数据等信息，认为 NIST 化学手册网站是一个影响力较大的网站。(为了与此网站比较，另外随机选取 chemfinder.com，通过 Alexa 查得其平均流量名次为 48 000。)

(2) 通过点击各个链接，证明该网站内容具有完整性。

(3) 通过"使用指南"中得到的信息，该网站由美国商业部下属单位美国国家标准和技术研究所(NIST)主办，数据主要来源为 NIST 的研究结果，因而，认为网站内容是可靠的。

(4) 通过主办人员的学术论文信息，证明其为专业研究人员，进而推论该网站具有学术性。

(5) 通过其他网站引用其数据，证明该网站的数据具有其原创性。

(6) 通过链接的学术网站获取的第三方评论，证明该网站内容的权威性。

3.4 互联网信息检索案例

例 3-2：通过互联网调研监控用微型飞行器国内外研究机构以及研究项目的相关信息。

解：

1. 分析课题，了解课题背景知识，确定检索词

(1) 课题背景知识。微型飞行器是充分利用微机电系统、微电子、智能控制和导航等高技术的微型智能系统，可装置通讯、微型摄像和生化取样等工作载荷，进行自主飞行，完成通讯、摄像和监测等任务。其尺寸小于 20 厘米、巡航范围不小于 5 公里，飞行时间不小于 15 分钟。微型飞行器是微机电系统(MEMS)集成技术的产物。微型飞行器中的发动机、能源、地平仪、高度计、磁场传感器、加速度计、陀螺仪、空速计、舵机、摄像机、通讯系统等，都需要 MEMS 技术的支持，以减少体积和重量，改善飞行器的性能。微型飞行器的重要应用是军事侦察，在非军事领域，可用来搜寻灾难幸存者、有毒气体或化学物质源，消灭农作物害虫等。

(2) 确定检索词。

微型飞行器，Micro Air Vehicle，MAV

微型飞行机器人，flying insect robots，micro-mechanical flying insect

(如何了解课题背景知识，分析课题概念？请参见 2.2 节)

2. 选择工具，实施检索，选择相关检索结果

(1) 主题引擎 Google。使用检索词"微型飞行器"，得到 15 900 项信息，以下是其中的一项：

中国公众科技网……具有特殊用途的微型飞行器。2002-01-07 10:03:06 lch。微型飞行器被认为是未来战场上的重要侦察和攻击武器，能以可接受的成本执行某一有价值的

任务。这种飞行器必须能够传输实时图像或执行其他功能，有足够小的尺寸……database. cpst. net. cn/popul/guard/ artic/20107100306. html。

使用检索词“micro air vehicle”“flying insect”得到749项信息，以下是其中的一项：

Robot Insects... Flapping-Wing Propulsion Using Electrostrictive Polymer Artificial ... complement the development of micro air vehicle ... Berkeley A Micro-mechanical Flying Insect ... www. cis. plym. ac. uk/cis/InsectRobotics/Wings. htm。
（常用的主题引擎有哪些？如何使用？请参见3.2节）

（2）目录引擎 Yahoo Directory。使用分类 Science→Engineering→Mechanical engineering→Microelectromechanical system（MEMS）→Institute for Defense Analyses MEMS Technology Transition→IDA MEMS Technology Transition→DARPA→Projects Summary→Current Project Summaries 得到：

University of California at BerkeleySmart
http://www. darpa. mil/mto/mems/summaries/Projects/University_44. html
http://robotics. eecs. berkeley. edu/~pister/SmartDust(Mr. Roy Peters) The Smart Dust project is creating massively distributed sensor networks. The sensor networks will consist of hundreds to many thousands of sensor nodes, and one or more interrogators to query the network and read out sensor data. The sensor nodes will be completely autonomous, and quite small. Each node will contain a sensor, electronics, power supply, and communication hardware, all in a cubic millimeter volume! Goal: Develop 1 mm cubed mote. Deliver motes from MAV. Interrogate from >1 km.
（常用的目录引擎有哪些？如何使用？请参见3.2节）

（3）多元引擎Dogpile。使用检索词 micro air vehicle，得到一批信息。下面是其中两个引擎的各一项信息：

1）overture About Robert C. Michelson's Micro Air Vehicle “Entomopter”
Project A multimode (flying/crawling) insect is being developed by Robert Michelson and his design team from the Georgia Tech Research Institute（GTRI）, University of Cambridge (England), and ETS Labs. The project has received initial IRAD funding from the http://avdil. gtri. gatech. edu

2）fast8. DefenseLINK News: DARPA SELECTS MICRO AIR VEHICLE CONTRACTOR The Defense Advanced Research Projects Agency（DARPA）has selected for negotiation six proposals to develop flight-enabling micro air vehicle technologies as part of the Micro Air Vehicle（MAV）program. A total of approximately $12 million has been...

http://www.defenselink.mil/news/Dec1997/b12121997_bt676-97.html

（常用的多元引擎有哪些？如何使用？请参见 3.2 节）

（4）虚拟图书馆。

http://www.physics.ohio-state.edu/~wilkins/writing/Assign/topics/fly/dudley.html 以下是这个虚拟图书馆的部分内容：

1）An article titled "It's a fly! It's a bug! It's a microplane!" by M. Dwortzan appeared in the October 1997 issue of Technology Review; links to related Web resources are included.

2）Discovery Channel Online offers a feature by D. Pescovitz on micro air vehicles, which includes a discussion of how they fly.

3）The January-March 1998 issue of High Technology Careers Magazine featured an article by D. Page titled "Micro air vehicles: Learning from the birds and bees."

4）The Micro Air Vehicle Web site at the U.S. Defense Advanced Research Projects Agency makes available an article by J. McMichael and J. Francis titled "Micro air vehicles — Toward a new dimension in flight."

5）The Robotics and Intelligent Machines Laboratory, Department of Electrical Engineering and Computer Sciences, University of California, Berkeley, provides a Web page about its Micromechanical Flying Insect (MFI) Project.

（常用的虚拟图书馆有哪些？如何使用？请参见 3.2.4 节）

3. 归纳整理检索结果

（1）南京航空航天大学：超小型飞机 1999

（http://news.fm365.com/guonei/20000826/129129.htm）速度达每小时 80 km，遥控半径 1 000 m，翼展 45 cm，重量仅 350 g。

（2）北京航空航天大学：微型飞行器仿生力学

（http://www.buaa.edu.cn/szdw/tpjs.htm）研究昆虫产生升力的机理与微型飞行器仿生力学、非定常流与旋涡运动、流动控制、旋翼复杂流动等。

（3）上海大学：微型旋翼飞行器飞行控制系统设计

（http://www.ciom.ac.cn/xxzx/Publication/gxjmgc/2001/200106/20010615.htm）双旋翼式 MAV，根据其飞行动力学特点，以微直流电机锂电池驱动为动力，单片机为控制核心，采用遥控加脉宽调制控制方式，实现了微风条件下微型飞行器的起飞、悬停、前后飞行和降落整个过程的飞行。

（4）美国 Lutronix 公司：垂直起降旋翼式无人机

（http://www.kepu.com.cn/gb/technology/robot/army/arm404.html，http://www.infowar.com/mil_c4i/99/mil_c4i_082599d_j.shtml）直径 10 cm，重 316 g，负载重量 100 g，微型柴油机重 37 g，燃料重 132 g，占整个无人机重量的一半以上。

（5）加利福尼亚工学院与 Aero Vironment 公司等：微型蝙蝠(Microbat)扑翼式无人机

（http://www.kepu.com.cn/gb/technology/robot/army/arm405.html，http://

www. infowar. com/mil_c4i/99/mil_c4i_082599d_j. shtml)翼展为 15 cm，重 10 g，具有像蜻蜓一样的 MEMS 驱动的翅膀，扑翼频率为 20 Hz。该机可携带一台微型摄像机，上下行链路或音响传感器。在试飞中它无控制地飞行了 18 min，46 m 远，后因镍镉电池用完而坠地。

(6) 加州大学伯克利分校：机器苍蝇

(http://www. kepu. com. cn/gb/technology/robot/army/arm405. html，http://www. airspacemag. com/asm/mag/supp/am00/uSPY. html)机器苍蝇大小为普通苍蝇，有 4 只翅膀和一个玻璃眼睛。重约 43 g，直径 5～10 mm。它的身体用像纸一样薄的不锈钢制成，翅膀用聚酯树脂做成。机器苍蝇由太阳能电池驱动，一个微型压电石英驱动器以每秒 180 次的频率扇动它的 4 只小翅膀。驱动器的质量远小于一只绿头苍蝇的质量，但它比肌肉产生的能量密度大得多。

习 题

1. 互联网信息以及利用工具

(1) 学术网站有哪些种类？

(2) 利用 IE 浏览器，访问本专业的国际著名网站，浏览和保存其中的文件或页面。

(3) 网址(URL)由哪几个部分组成？

2. 搜索引擎和网上学术资源利用

(1) 简要说明百度、搜狐和万维三种搜索引擎的异同之处。

(2) 如何调整检索策略，使从搜索引擎中得到的检索结果较为切题？

(3) 如何获取专业学会网站和研究机构网站的网址，这些网站各有哪些特点？

3. 网站优选和评价

(1) 判断下列网站是否属于学术网站，请简要说明理由。

1) http://www. robotschina. com/experts/experts/liuhaibo. htm

2) http://www. 8617. cn/buy_class. php? classid=2

(2) 判断下列网站的属于什么类型的学术网站

1) http://www. zidonghua. com. cn/zdh/index. asp

2) http://www. amt. ac. cn

3) http://www. iteonline. net/zhuanjiaxuzhe/hekk. files/hekekang. htm

4) http://www. sinoaec. com/tech/jiegou. asp

(3) 简述从内容途径、形式途径和稳定性途径判断网站质量的方法。

(4) 试利用本书介绍的方法评价具体的网站，并就评价结果进行讨论。

4

事实与数据检索原理

本章知识要点

- 事实数据性课题的一般解题思路
- 概念释义型课题数据源的选择和使用方法
- 事实型课题数据源的选择和使用方法
- 数据型课题数据源的选择和使用方法

本章能力目标

- 通过主流工具和交互工具获得概念释义
- 通过主题词典获得概念体系
- 掌握事实型和数据型两类课题的解题资源和解题思路

4.1 事实与数据检索的基本概念

4.1.1 事实与数据检索与参考性工具

人们在从事生产、学习、科学实验或其他日常工作或各项经济活动中，会遇见各种各样的事实和数据问题，比如，某个专业词汇表示什么含义，某个计量单位怎么换算，某种材料、器件的性能数据如何，某个事件的发生原因、过程和结果如何，如此等等，所有这些都属于事实和数据问题。从有关参考性工具或者数据库中查找这些问题答案的过程，就是事实与数据检索。

事实与数据检索使用的主要工具是参考工具书或者事实数据性数据库，它们可以统称为参考性工具。其中，参考工具书是指以解释事实与数据为目的，以经过组织的知识要点或数据图表为内容的印刷出版物。事实数据性数据库是指与书本式参考工具书内容相仿的网络数据库或者光盘数据库。

与普通的图书和文献数据库相比，参考性工具具有明显的特点：一是科学性。参考性工具通常按学科的知识概念体系组织内容。例如，专业辞典特别强调学科的系统性，全面系统地收录专业术语，并不限于常用的名词。二是规范性。参考性工具通常要给读者以正确的知识,因此无论是手册、百科全书,还是字词典,收录的内容都具有相当的规范性。三是实用性。从内容到形式都着眼于生产科研和教学的实际需要,以体现其实用价值。除了这些优点之外,参考性工具由于加工周期较长,通常都有内容跟不上形势的缺点。

4.1.2 参考性工具的类型

参考性工具可分为字词典、百科全书(年鉴)和资料性工具三种类型。

1. 字典、词典

字典和词典是解释字和词的工具。按照编写形式,字典和词典可分为语言性字词典和学科术语性字词典两类。语言性词典又可分为详解字词典、双语种或多语种对照字词典和缩略语字词典三种。在科技领域,双语种或多语种对照词典和缩略语词典经常用于不同语种的翻译和理解。学科术语性词典汇集各学科名词和术语,进行科学的解释。它们常用于理解概念的内涵。

2. 百科全书和年鉴

百科全书又称大全,是系统地汇集某一领域全部知识的大型参考性工具。它将收集到的专门术语、重要名词分列条目,加以详细的叙述和说明,并附有参考文献。百科全书通常分为综合性百科全书和专业性或专题性百科全书两种。综合性百科全书的内容广泛,包括哲学、社会科学、自然科学的所有知识门类。专业性或专题性百科全书包括一个或几个学科或专题的知识。

年鉴是收录某年内发生的事情和其他动向性问题的年度出版物。年鉴常常是某种百科全书的补充,内容包含年内发生的各种事实、数据、统计资料、图表、图片以及近期的发展动向等。年鉴也可按专业不同,有综合性和专科性之分。

3. 资料性工具

资料性工具是汇集某一范围内的基本知识和数据的参考性工具,具有较强的实用性。按照内容和编排形式的不同,资料性工具可分为名录、数据汇编、图表汇编和产品资料汇编四类。

名录有机构名录和人名录之分。机构名录收录的是机构名称及其概况介绍,包括机构的宗旨、组织结构、权限、业务或研究工作范围、地址、职能、人员、资信等。人名录收录的是各学科领域知名人士的个人资料,包括姓名、生卒年月、学历、职称、所在国别、民族、工作单位、从事的专业、论文和著作、主要科研活动和成就等。

数据汇编包括各种数据表。这类汇编常通过表格形式列出大量的数据,也包含简要的文字说明。它们常用来查找各种元素、材料、器件、设备的物理、化学和各种性能数据。

图表汇编有图册和图表之分。图册包括各种设计图、线路图、产品装配图、流程图、曲线图、光谱图和相图等。表册是指以公式、数据、计量单位换算以及其他数据为主要内容的出版物。

产品资料汇编是公司或厂商用作宣传推销产品的资料。产品资料汇编有产品样本、产品目录和产品说明书三类。产品样本和产品目录是公司或厂商用作宣传推销产品的资料,内容包括产品名称、型号、外观造型、外部尺寸、主要性能、参考价格及其他说明。产品说明书是公司和厂商用来说明产品性能和实验方法的技术资料,内容包括产品的性能、规格、用途、结构、工作原理、操作方法、安装维修方法、零部件目录等,有的产品说明书还附有产品的照片以及部分技术数据。

4.1.3 查找事实数据的一般步骤

使用参考性工具通常可以遵循查找准备、实施查找和归纳查找结果三个步骤。

1. 查找准备

在使用参考性工具之前,首先要做好一些必要的准备工作。这种准备工作主要包括分析问题和选择查找工具两方面。分析问题是指弄清问题的主要内容及涉及的学科范围,找出问题的关键所在,明确解决问题的基本要求,即明确对资料或数据的数量、水平、语种、时限和解答方式的要求等。一般地说,分析问题至少要弄清课题所涉及的主要对象,以便确定要使用的参考性工具。选择查找的工具要了解课题相关的印刷型和网络型工具有哪些。

2. 实施查找

根据不同的课题要求,事实数据课题的实施查找可以分为两种类型,一种是仅使用某种参考性工具,另一种是综合使用多种参考性工具和书刊资料,包括相关学科、边缘学科的文献和最新发表的文献等。前者通常用于解决较为简单的课题,例如材料的性能数据等,后者通常用于解决一些相对复杂的课题,特别是当使用普通参考性工具得不到满意答案的场合。

3. 归纳查找结果

对查找参考性工具所得的结果,应予以系统整理和认真审核,着重分析选用的参考性工具的内容是否全面、系统、及时以及所得结果是否具有一定的权威性。经过这样分析和归纳,如果认定查找结果合乎要求,即可结束查找。否则,应在此基础上再行查找。

4.2 概念释义型课题数据源及其使用方法

概念释义型课题是指需要理解其含义的课题。在实际研究工作中,多数课题无论是开题初期,还是已在研究,概念理解都有不时之需,因而,这类问题十分普遍而且重要。

这类课题经常使用的数据源是字词典、百科全书,也使用相关的教科书、期刊文献和会议文献。这里介绍的是常用的字词典,其余的教科书、期刊和会议文献见本书相关的章节。

4.2.1 字词典

1. 以用词和对译为主要功能的字词典

(1)《汉典》(http://www.zdic.net/),网络版常用汉语词典,囊括了 Unicode 等标准编码 70 000 余个汉字,查字方法完备,但查全 70 000 余汉字要求使用海峰五笔输入法。查询结果提供字词的音韵、释义、例句、用法,内容详尽。

(2)《韦氏第3版新国际英语大词典》(Webster's Third New International Dictionary)。这本由戈夫(P. B. Gove)主编,G. Merriam 公司出版的英语词典是最负盛名的单卷本纸质版英语大词典。每年印行时,加有补遗。这本词典共收录 45 万条英语单词,且解释详尽。利用它可以找到其他词典中找不到的解释。

(3) Your Dictionary(http://www.yourdictionary.com/),查找多种语言的门户网站。美国宾州 Bucknell 大学 1999 年起设立,提供 300 种语言的 2 500 种字词典。与其类似的还有 Onelook(http://www.onelook.com/),可以同时在 500 种网上字典中查找,词汇量达到 900 余万个。

(4) Synonym 网站(www.synonym.com/synonym/),查找英语同义词的网站。这个网站的特色是分名词、动词两种形式给出所查单词的同义词。类似的网站还有法国 Agence Universitaire de la Francophonie 大学的英语同义词网站(http://dico.isc.cnrs.fr/dico/en/search)等。

2. 以释义为主要功能的科技词典和术语辞典

(1)《麦格劳-希尔科技名词词典》(McGraw-Hill Dictionary of Scientific and Technological Terms)。1984 年第3版。这是一本标准的科技词典,收录 98 500 个名词,有 115 000 条释文。为了便于专业读者使用,麦格劳-希尔出版公司还出版了系列性专业词典。例如,《麦格劳-希尔物理与数学词典》(McGraw-Hill Dictionary of Physics & Mathematics),《麦格劳-希尔化学词典》(McGraw-Hill Dictionary of Chemistry),《麦格劳-希尔科学和工程词典》(McGraw-Hill Dictionary of Science and Engineering),《麦格劳-希尔电气与电子学词典》(McGraw-Hill Dictionary of Electrical and Electronic Engineering)和《麦格劳-希尔电子学与计算机技术词典》(McGraw-Hill Dictionary of Electronics and Computer technology)等。

(2) 有机化学和生物化学术语辞典(http://www.chem.qmw.ac.uk/iupac/)。国际纯化学和应用化学联合会推荐,50 余种有机化学和生物化学术语辞典。

(3) 生命科学辞典(http://biotech.icmb.utexas.edu)。8 300 余条生物化学、生物技术、植物学、基因学方面的术语词典。

(4) 酶命名数据库(http://cn.expasy.org/enzyme/)。由国际生物化学和分子生物学委员会(IUBMB)提供,主网站设在北京大学。可以从 EC 编码、分类、命名和化合物等多种途径查找与酶相关的内容,含 4 500 余条记录。

3. 以展示概念关系和选词为主要功能的主题词典

以上介绍的字词典都以字词为单位解释内容,并不展示概念关系。如果需要弄清楚概念关系，选择使用什么词汇，应该使用主题词典。主题词典的原理请参见第2.2节，美国《工程索引》的SHE主题词表见5.2节。这里给出的是除此之外的网上免费主题词表。

（1）联合国教科文组织（UNESCO）主题词表（http://databases. unesco. org/thesaurus/），含7 000余个主题词，覆盖文理各个专业。

（2）美国国家医学主题词表MeSH（http://www. ncbi. nlm. nih. gov/mesh? itool=sidebar），含80万个概念，为医学权威主题词表。

4.2.2 概念类课题求解实例

例4-1：要求查找Korreweg-de Vries微分方程的定义和概念类属。

解：1. 利用《数学百科辞典》查找

本课题要求查找指定数学方程的定义和类属，可以使用的参考性工具有各种数学百科辞典、有关的数学手册或教科书等。这里选用的工具书是日本数学学会编辑、科学出版社1983年出版的《数学百科辞典》。

《数学百科辞典》按照分类方法组织内容，书末附有中文主题索引和英文主题索引。

Korreweg-de Vries微分方程又称KdV微分方程，选“微分方程”作为查找中文主题索引的检索款目词，查得：

微分方程
　KdV方程　957

进一步查957页，得到如下解释

KdV方程（Korreweg-de Vries differential equation）

$$\mu_t + \mu\mu_{xx} + \mu_{xxx} = 0$$

在水波理论和等离子体物理中都有应用。最近，P. D. Lax和其他人给出了存在孤立子解的证明。

2. 利用网上MathWorld工具查找

在MathWorld（http://mathworld. wolfram. com）主页的检索文本框中输入Korteweg-de Vries Equation，得到一篇结果，其相关内容和网址如下：

Korteweg-de Vries Equation — Wolfram MathWorld

The partial differential equation u_t+u_(xxx)-6uu_x==0 (Lamb 1980; Zwillinger 1997, p. 175), often abbreviated “KdV”. This is a nondimensionalized version of the equation (partialeta)

http://mathworld. wolfram. com/Korteweg-deVriesEquation. html

3. 使用网上数学分类主题表(Zentralblatt MATH)查概念关系

这个表依据美国2000年版数学分类表(MSC)改编，网址为http://www. zentralblattmath. org/msc/en。进入主页后，在检索文本框中输入"KdV"，得到如图 4－1 所示的结果。由图 4－1 可见，KdV 方程的概念关系已经十分清楚。

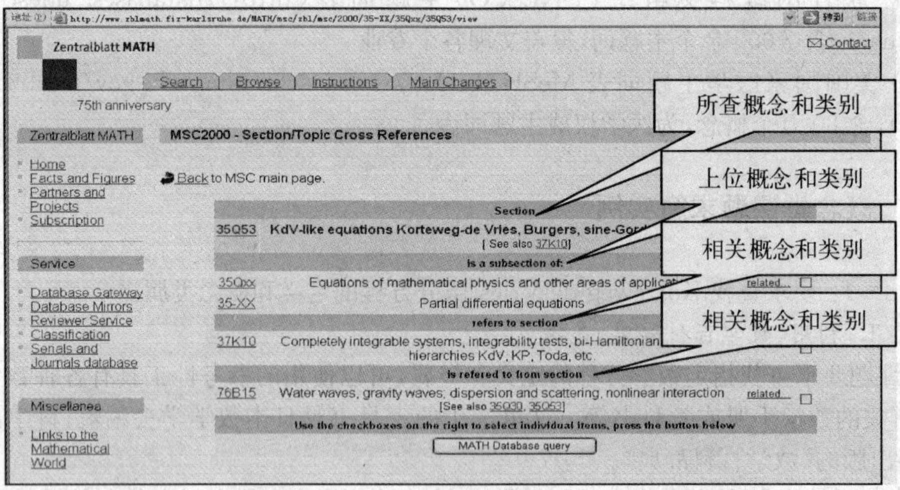

图 4－1　使用网上数学分类主题表检索 KdV 得到的概念关系

4.3　事实型课题数据源及其使用方法

事实型课题是指需要了解事件沿革或内涵的课题。和上一节课题相比较，这类课题所要求的知识要深入一个层次，通常要涉及事物性质、人物及其事件、地点和结果。因此，需要了解背景知识、物质性质、人物传记、机构介绍等内容的多数课题都可以归入这一类。

这类课题经常使用的数据源是印刷型和网络版的手册、百科全书、年鉴、机构名录、人名录以及相应的数据库。这里重点介绍的是常用的印刷型和网络型百科全书、手册、年鉴、机构名录和人名录。

4.3.1　百科全书

1. 以理解主流知识为主的权威百科全书

(1)《中国大百科全书网络版》。网址 http://202.112.118.40：918/web/index.htm，主页见图 4－2。这是一部使用面广、方便实用的大型综合性电子工具书，涵盖了印刷本《中国大百科全书》全部 74 卷的内容，涉及自然科学、工程技术和哲学、社会科学等 66 个学科领域。它以《中国大百科全书》和中国百科术语数据库为基础，共收条目 78 203 条，计 1.2 亿字，图表 5 万余幅。条目内容包括条目的标题、所在卷名、释文、插图及图注、参考书目、作者等。此外还提供了 49 个学科的大事年表，每个大事年表分别收录了各领域从古至今发生的具有历史意义的重大事件。数据库可通过条目顺序检索、分卷检索、全文检索、组合检索等方式进行浏览和检索。在条目正文中提供了打印、下载、复制的功能。

(2) 英文版综合性百科全书 A、B、C。《美国百科全书》(Encyclopedia Americana)、《不列颠百科全书》(Encyclopaedia Britannica)和科里尔百科全书 (Collier's Encyclopedia) 是

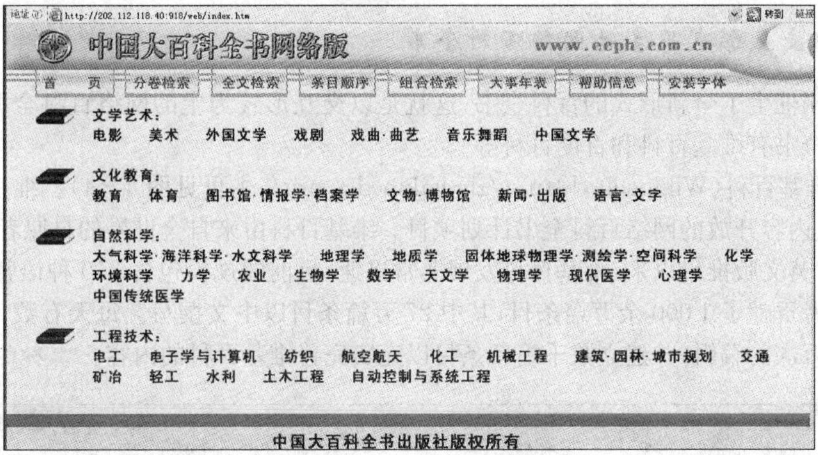

图 4-2 《中国大百科全书网络版》首页

世界著名的英文版综合性百科全书 A、B、C，发行形式有纸质版和网络版两种，网络版需注册付费使用。其中，《美国百科全书》全 30 卷，是标准型的综合百科全书。人物条目和科技内容条目篇幅较大，本书有中文版；《不列颠百科全书》是一本以学术性强、权威性高而驰名世界的综合性百科全书，第 15 版《不列颠百科全书》有中译本；《科里尔百科全书》共 24 卷，是 20 世纪新编的大型英语综合性百科全书，释文通俗流畅，可读性强；材料更新及时，参考书目的编选为各家百科全书之冠；分析索引范围深广，使用方便。

（3）《麦格劳·希尔科学技术百科全书》（McGraw-Hill Encyclopedia of Science and Technology，http://www.accessscience.com，主页见图 4-3）。由美国麦格劳·希尔出版公司编辑出版，初版于 1960 年，大致每 5 年出一版，2007 年为第 10 版，全书共 20 卷。该书反映内容广泛，包括定义、基本概念和原理、最新发展以及实际应用等，其内容经常扩充、修订和更新，被认为是西方最权威、使用最广的多卷集科技百科全书，多年来被西方各种类型的图书馆看作为标准参考书，国内有中文版。网络版《麦格劳·希尔科学技术百科全书》免费提供使用。图 4-3 是这种百科全书的主页。

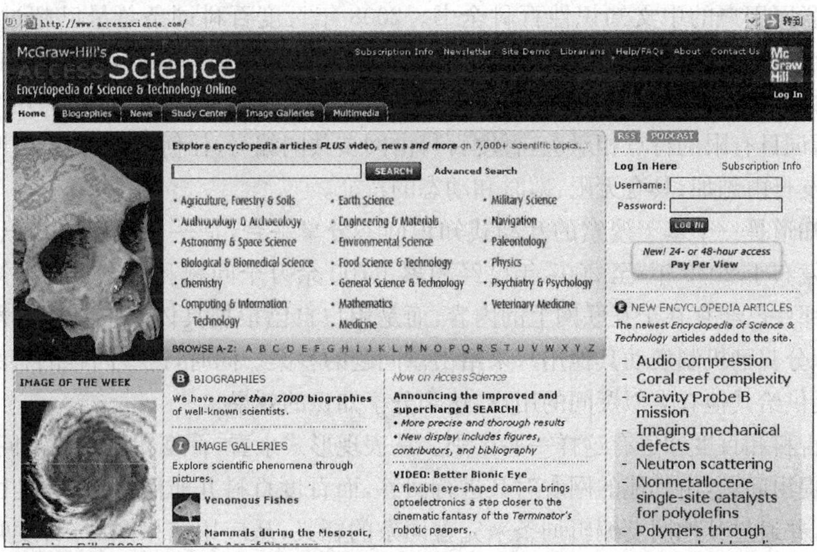

图 4-3 网络版《麦格劳·希尔科学技术百科全书》主页

2. 以交互形式为主的网络百科全书

互联网催生了全新形式的百科全书，这就是以交互形式为主的网络百科全书。常见的网络百科全书有维基百科和百度百科等。

(1) 维基百科(Wikipedia，http://zh. wikipedia. org/，主页见图 4－4)。维基百科是一个多语言、内容开放的网络百科全书计划项目。维基百科由来自全世界的自愿者协同写作。自 2001 年英文版推出以来，维基百科发展非常迅速，目前的规模包含 250 种语言，6 万名以上的使用者贡献了 1 000 余万篇条目，其中 27 万篇条目以中文撰写。每天有数十万的访客作出数十万次的编辑，并建立数千篇新条目以充实完善维基百科的内容。

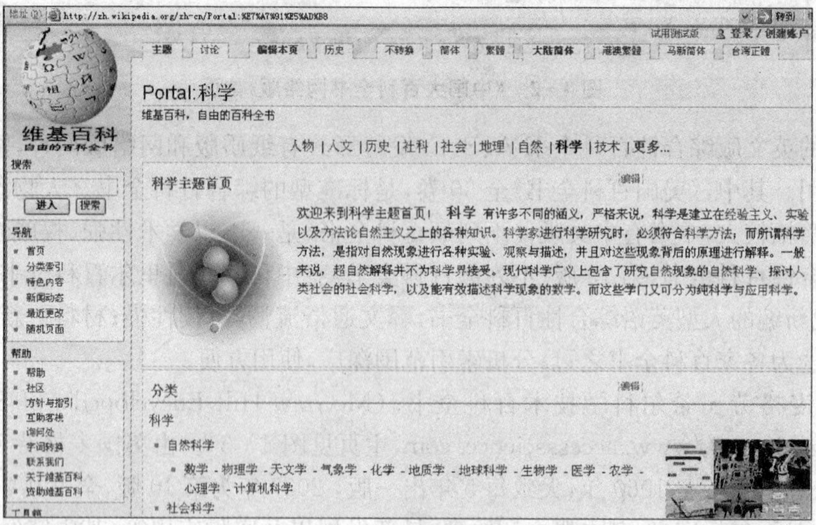

图 4－4　维基百科主页

(2) 百度百科(http://baike. baidu. com)和百度知道(http://zhidao. baidu. com)。

百度百科是一部内容开放、自由的网络百科全书，旨在创造一个涵盖所有领域知识、服务所有互联网用户的中文知识性百科全书。2008 年百度百科词条总量已超过 100 万条。用户可以在百度百科查找感兴趣的定义性信息，创建符合规则、尚没有收录的内容，或对已有词条进行有益的补充完善。和传统百科全书由固定专家编写、权威化解释、出版后无法修改、所包括词目有限的特点相对应，百度百科由网友共同编写，任何一个符合法律的词条，都可以由网友自由添加，具有无限、即时和动态的特征。

百度知道是一个基于搜索的互动式知识问答分享平台，是一个典型的知识分享社区。百度知道发布于 2005 年，至 2007 年已经积累 1 700 余万个问题和答案。百度知道并非是直接查询那些已经存在于互联网上的内容，而是用户自己根据具体需求有针对性地提出问题，通过积分奖励机制发动其他用户来给出该问题的答案。同时，这些问题的答案又作为搜索结果，提供给其他有类似疑问的用户，达到分享知识的效果。

百度百科和百度知道有这样一些区别。从表现形式来看，百度知道主要是问答的形式，由提问者提出问题，由其他的网友对其进行回答，而百度百科并非问答形式，是由网友自发创建词条，并通过其他网友编辑词条来完善词条的释义；从应用结果来看，百度知道沉淀的知识形式是针对问题的答案，而百度百科沉淀的知识形式是偏概念形式的词条解释。从产品实质来看，百度知道是一个互动问答平台，它本质上是让人与人之间就各种知识或问题进行沟通，鼓励更多的人参与互助，百度知道可以产生，但并非严格意义的知识库体系。而百度百科作为一个协同合作平台，它本质上是一种知识的集合库，所有知识在百科上可以历经数人的不断努力而不断趋向完善，并沉淀下来造福他人。因此，从信息利用的角度而言，百度百科和百度知道可以用于不同的场合。需要定义和可靠性强一些的场合，应该选用百度百科。需要针对性和时间性强的场合，应该选用百度知道。

4.3.2 专业手册

1. 物理化学数据手册

权威的物理化学数据手册包括《默克索引》、《格梅林无机化学大全》、《拜尔施坦有机化学大全》和 NIST 化学辞典等。

(1)《默克索引》。《默克索引》(The Merk Index)是美国 Merk 公司出版的一本化学制品、药物和生物制品的大辞典。初版于 1889 年。2006 年出版的第 14 版收录化学制品 1 万余种，按标题化合物的字母顺序排列，并用流水号连贯起来。标题名称后面依次列出 CA 采用的名称以及可供选用的名称、药物编号、商品名、化学式、分子量、参考文献、结构式和物理数据。正文后附有 CAS 登记号索引、分子式索引和名称参考索引。网络版的《默克索引》需注册付费才能使用。

(2)《格梅林无机化学大全》(Gmelins Handbuch der Anorganoschen Chemie)，简称格梅林大全。《格梅林大全》是目前世界上较为完整、系统并具相当权威性的德文版无机化学大型参考书。本书初版于 1817—1879 年，由 L. Gmelin 主编。1946 年德国化学会成立了格梅林研究所(Gmelin Institute)开始进行第 8 版的编撰工作。第 8 版的《格梅林大全》是目前通用的版本。它由正编(代号 Hb)、补编(代号 Eb)、正编增补编(代号 Ab)和新补编(代号 Erg. W)组成。新补编从 1971 年开始出版，按先后次序确定卷号，并编制索引。

本书的编排方法比较特殊。它把元素周期表中的元素排成 71 个系统号(System Number)，除稀有气体、稀土元素、超铀元素三个同族元素每族给一个系统号以外，其他每个元素都给一个系统号。系统号的排列次序为：稀有气体(1 号)，非金属(2～17 号)，金属(18～71 号)。每个系统号根据元素及其化合物的多少，分为若干编(Teil)、部(Abteilung)和卷(Lieferung)。每个系统号内一般先叙述元素本身，然后是它的二元化合物，再次是三元化合物、多元化合物和合金。几种元素的化合物按“最后位置原则”排列。

本书对每种元素和化合物的发展历史、存在、物理性质、化学性质、实验室制备、工业制造、用途、化学分析、生产统计和毒性等都作了详尽的叙述，并配有大量的数据、图表和参考文献。

《格梅林大全》只有少数系统号的卷册有分子式索引和主题索引。大多数系统号的卷册没有索引，但目录编制得十分详细，有德英文对照。查阅时，可首先确定元素或化合物所属的系统号和所在的卷册，再利用有关卷册的目录。

1974 年到 1980 年，《格梅林大全》用英文出版了第 8 版正编、补编及新补编第 1～12 卷的分子式总索引。分子式索引按英文字母顺序排列，每卷卷首有前言及德英对照的使用说明，方便了使用。

网络版的《格梅林大全》需注册付费才能使用。

(3)《拜尔施坦有机化学大全》。《拜尔施坦有机化学大全》(Beilstein Handbuch der

Organixschen Chemie，简称《Beilstein 大全》）是目前世界上有机化学领域最完备、最权威的一种大型参考性工具。

《Beilstein 大全》收集了科技文献中已经报道并已定性的所有碳化合物的文献资料和数据。这些资料和数据都经过严格的核对和精确的验证，因而十分可靠。它以内容丰富、编排科学、条目清晰而著称，对教学、科研、生产有很大的参考价值。

《Beilstein 大全》的编撰工作是由化学家 F. K. Beilstein 开创的。1881—1883 年出第一版，以后又出了第 2 版和第 3 版。前三版是由他独立完成的。1918 年开始，由德国化学会 Beilstein 研究所负责出版第 4 版以及以后的版本。

《Beilstein 大全》报道的各种化合物的内容包括：① 组成和结构；② 天然存在及从天然产物中提取的方法；③ 制备方法、生成和纯化方法；④ 分子结构及能量参数；⑤ 物理性质；⑥ 化学性质鉴定与分析；⑦ 盐及各种生成物。每个化合物以其重要的名称为标题，其他俗名与习惯名称排在括号内，其次是结构式等。

《Beilstein 大全》的资料来源于科学期刊、专利、重要的学位论文、会议文献和报告等。对收录的全部资料、数据，均列出详细而正确的出处。印刷版的各卷的卷首列有引用期刊及其他出版物的全称和缩写，还附有缩写词汇总表。

利用累积索引是检索印刷版《Beilstein 大全》最简便的方法，使用步骤是首先根据结构式写出分子式，并按 Hill 体系排列，其次根据系统分类规则以及最后位置原则等方法确定卷数并试查所在页数，即可得到结果。

网络版《Beilstein 大全》受 IP 控制。

(4) MatWeb (The On-line Materials Information Resource, http://www. matweb. com/)。提供 70 000 余种材料，包括高分子、陶瓷和金属等材料的性质，可以免费查阅。使用时，可以通过材料名称、商标名称、材料的成分，甚至通过材料的性质和应用等名词查找。

(5) ChemFinder. com (http://chemfinder. camsoft. com/)。可以通过化学物质的名称、分子式和结构式来查询 50 000 余种化学物质的有关信息，包括熔点、沸点、闪点、比重以及水解性。款目解释中含有与化合物相关的超链接。本网站需要注册付费才能使用。

(6) NIST 化学辞典(http://webbook. nist. gov/chemistry/)。美国国家标准与技术研究所(NIST)提供，可以从化学物质的命名、分子式、美国化学学会(CAS)登记号、结构式等途径进行查找其相关内容，包括物理化学性质数据等。

2. 机械手册

(1)《机械设计手册》。《机械设计手册》包括所有现代化设计和常规设计方法、数据和图表。全书分成机械设计总论、机械及系统设计、标准化和互换性、传动和机械自动化五卷。

(2)《机械工程材料手册》。本书的内容有材料的分类、钢铁产品牌号表示方法，中国与国外各主要国家常用钢号对照；金属材料的主要性能指标、钢铁产品性能和用途简介、各类钢铁材料等。

(3)《Mark's Standard Handbook for Mechanical Engineers》。由 Avallone, E. A. 编著，McGraw-Hill 1996 年第 10 版。本书是世界上最详尽的机械设计手册之一，内容包括基础知识、机械零件、动力机构、材料搬运、交通运输、机械设备、加工工艺、仪表与控制、环境、制冷、专利、商标、版权等，并附有大量的插图和表格。本书广为机械工程界选用，曾被选作最佳参考性工具。

3. 生物和生命科学手册

生命科学数据库群(http://www.ncbi.nlm.nih.gov/gquery/gquery.fcgi)含几十种文本、图像、数值数据库,可查蛋白质、基因、核酸等生命科学研究对象的性质、图谱、结构数据等。

4.3.3 机构名录和人名录

1. 机构名录

(1)《学术世界》(World of Learning)。《学术世界》原为《欧罗巴年鉴》有关学术团体的一部分。1947 年起单独出版,现为年刊,是使用最多的世界机构名录。全书分国际学术组织和各国学术组织两大部分。国际学术组织部分先介绍联合国教科文组织(UNESCO),接着按科学、哲学、人文科学等分别介绍 400 多个国际性学术组织。各国部分则在各个国家名称之下分别介绍学术团体、研究机构、图书馆,以及各类高等院校,共 26 500 条款目。还列举有关人员大约 15 万名。每一条目列有地址、创建日期、负责人、历史和现状的简要介绍。著名的大学列举有名的教授。

(2)《世界科学协会和学术团体指南》(World Guide to Scientific Associations and Learned Societies)。《世界科学协会和学术团体指南》初版于 1974 年,1990 年为第五版。收录 150 多个国家的 23 000 个科技、社会科学和人文科学的学会和协会。内容按地区和国家名称的字顺排列,具体包括学会、协会名称的缩写、建立年代、地址、内部组织机构、会员数和负责人姓名等。书末有主题索引和停止活动的学、协会名称一览表。本书从第四版起增收12 000种学、协会出版的期刊和年报名称。

(3)《世界大学名录》(The World List of Universities)。《世界大学名录》每年出版一次。内容为英、美、法等 155 个国家的 9 000 所大学和其他高等院校的名称、地址、院系设置和教学范围,还介绍学校的领导机构和学术机构。收录的学校侧重于西方各国,第三世界的资料极为粗略。另外收录一些国际性和各国有关高等教育的机构,例如,联合国大学、欧洲大学、联合国教科文组织下属的国际大学协会等。

(4) 彼德森指南(Peterson's Guide, http://www.petersons.com/)。手册型的彼德森指南首版于 1966 年,提供与美国本科和研究生教育有关的介绍,例如专业设置、招生信息等。

(5) 瑞士 BRAINTRACK(http://www.braintrack.com/)。包含 194 个国家的 10 000 余个高等院校的链接点。

2. 人名录

(1) 数学名人录(http://www-history.mcs.st-andrews.ac.uk/history/BiogIndex.html)。提供世界上著名数学家传记,由英国 St Andrews 大学的数学与统计学院主办。

(2) 网上化学专业名人录(http://www.liv.ac.uk/Chemistry/Links/links.html)。是互联网虚拟图书馆的一个主页,数据主要由诺贝尔基金会提供。

(3)《国际名人录》(The International Who's Who)。《国际名人录》1935 年起由 Europa 公司每年出版一次,是一本常用的国际名人录。1990/1991 年版有世界各国政治、经济、文艺、法律、外交、教育、宗教、科学界著名人士约 20 000 名,其中 1 500 名是新增的。

内容列举其生平、国籍、简历(学历、经历、职务变迁)、荣誉称号、业余爱好和通讯地址等。

(4)《科学家传记词典》(Dictionary of Scientific Biography)。由 C. C. Gillospie 主编，Scribner 公司 1970—1990 年出版，共 18 卷。这是一部学术性很高的多卷集专科传记词典，内容为 90 多个国家各个时期已故著名科学家近 6 000 名。学科上侧重生命科学、数学、地球科学、物理、化学、天文学，其中数学家 958 名，约占全部条目的五分之一。内容上侧重被传人在科学史上的贡献，强调其科学成就及其对社会的影响。每一被传人的篇幅约 2～3 页，有些重点科学家的篇幅较长，例如，法国数学家拉普拉斯的全文达 131 页。因此，这本传记的特点是详细地描述了科学家在不同领域的研究情况。但是，理论知识介绍过多，条目多人撰写，风格不太统一是这本传记词典的不足之处。

4.3.4 事实类课题求解实例

例 4－2：利用网络百科工具查找 Korreweg-de Vries 微分方程的定义。

解：以“KdV 方程”检索词查找百度百科，得到以下答案：

KdV 方程是 1895 年由荷兰数学家科特韦格和德弗里斯共同发现的一种偏微分方程(也有人称为科特韦格-德弗里斯方程，但一般都习惯直接叫 KdV 方程)。

KdV 方程的解为簇集的孤立子(又称孤子，孤波)。

KdV 方程和物理问题有几个联系。它是弦在 Fermi-Pasta-Ulam 问题在连续极限下的统治方程。KdV 方程也描述弱非线性回复力的浅水波。

KdV 方程也可以用逆散射技术求解，譬如那些适用于薛定谔方程的。

例 4－3：求查有机中间体己二酸的标准命名、制备方法及其物理化学参数。

解：1. 利用印刷型手册工具书

(1) 分析课题，选择参考性工具。己二酸是焦油、染料和颜料的有机中间体，其分子式为 $HOOC \cdot CH_2 \cdot CH_2 \cdot CH_2 \cdot CH_2 \cdot COOH$。查找其标准命名及其物理化学参数，可以使用《汉英辞典》查得英语名称，再使用《The Merk Index》查得其标准命名、制备方法及其物理化学参数。

(2) 查找过程和结果。以“己二酸”查找《汉英科技词汇大全》得到英语单词为：adipic acid。使用 adipic acid，通过《The Merk Index》主题索引再转查正文，得到：

152 adipic acid. *Hexanedioic acid*; 1,4 - butanedicarboxylic acid $C_6H_{10}O_4$ mol wt 144.14. C 49.31%, H 6.90%, O 43.79% $HOOC(CH_2)_4COOH$. Found in beet juice. Prepn from cyclohexanol: Bouveault, Locquin, Bull. Soc. Chim. [4], 3, 438(1908); Conventional lab prepn from cyclohexanone: L. F. Fieser, *Organic Experiments* (Heath, Boston, 1964) pp. 106 - 108.

Monoclinic prisms from ethyl acetate, from water or from acetone + petr ether. D_4^{25} 1.360. mp 152° bp_{760} 337.5° bp_{100} 265° bp_{40} 240.5° bp_{20} 222° bp_{10} 205.5° bp_5 191° $bp_{1.0}$ 159.5° K_1 (25°) = 3.90×10^{-5} $K_2 = 5029 \times 10^{-6}$ Absorption spectrum: Ramart-Lucas, Salmon-Legagnur, *Compt. Rend.* **189**, 916 (1929). Freely soluble in methanol, ethanol; sol in acetone. 100 ml of a sated aq soln contains 1.44 g; 100 ml of boiling water dissolves

160 g; 100 parts of ether dissolve 0. 633 parts (w/w) at 19°. Slightly sol in cyclohexane. Practically insol in benzene, petrether. pH of satd aq soln at 25°=6. 7; pH of 0. 1% soln=4. 2

至此,所需的已二酸的标准命名和物理化学参数均已查得。

2. 通过 NIST 化学辞典(http://webbook. nist. gov/chemistry/)查找己二酸(Hexanedioic acid),得到的结果见图 4-5。

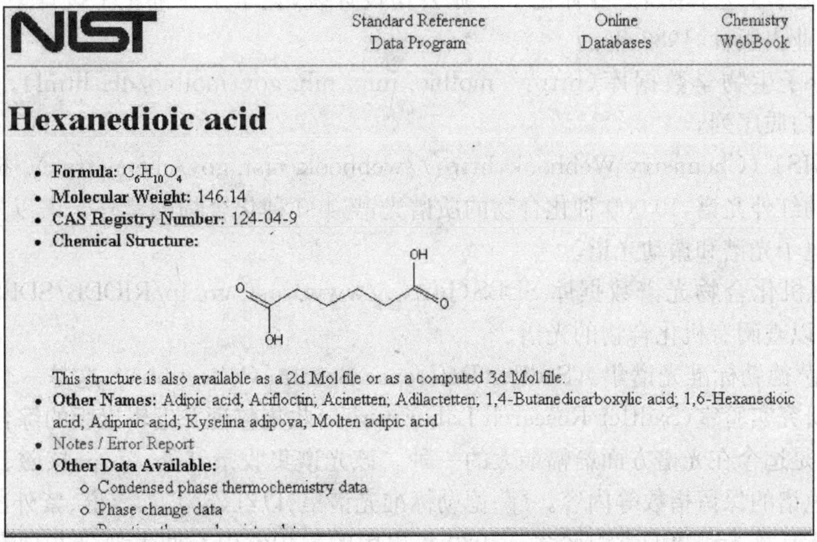

图 4-5 通过 NIST 查找己二酸(Hexanedioic acid)得到的结果

4.4 图表数据型课题数据源的选择和利用

图表数据型课题是指需要了解以图形、表格形式表现事物性质信息的课题。比较以上两类课题,这类课题所要求的信息更为专业化,更为具体明确。在科技领域,需要了解数据公式、物理化学常数、物质结构和产品数据的课题都可以归入这一类。

这类课题经常使用的数据源是印刷型和网络版的图册、表册以及相应的数据库。和其他事实数据类课题一样,这类课题也经常使用相关的教科书、期刊文献和会议文献等其他类别的文献类型。这里重点介绍的是常用的印刷型和网络型图册、表册手册,其余的百科全书、教科书、期刊和会议文献见本书相关的章节。

4.4.1 表册和图册

1. 表册

(1)《化学用表》。顾庆超等编,南京,江苏科学技术出版社,1164 页,1979 年。

(2) 网上数学用表(Dave's Math Tables, http://www. math2. org/)。数学用表来自 Lide, David R. 编的 1992 年版 CRC Handbook of Chemistry and Physics 等 5 本权威著作。

(3) 化学元素周期表(Chemicool Periodic Table, http://www. chemicool. com/)。可

以查到每种元素的特性参数。

(4)《机械设计计算图表集》。[日]小河内美男著,广西人民出版社,1981 年。

(5)《电子技术常用公式及应用》。[日]岩木洋加藤益明编,周贤鸿译,3 版,北京,人民邮电出版社,1982 年。

2. 图册

(1)《化学工艺算图》。吉林化学工业公司设计院,化学工业部化工设计公司主编,北京,化学工业出版社,1982 年。

(2) 分子生物学数据库(http://molbio. info. nih. gov/molbio/db. html)。可以查询 DNA 和蛋白质序列。

(3) NIST (Chemistry Webbook, http://webbook. nist. gov/chemistry/)。提供 75 000 种化合物的红外光谱,10 000 种化合物的质谱光谱,400 种化合物的紫外光谱以及 3 000 种化合物的电子光谱和振动光谱。

(4) 有机化合物光谱数据库 SDBS(http://www. aist. go. jp/RIODB/SDBS/menu-e. html)。可以查阅有机化合物的光谱。

(5)《萨德勒标准光谱集》(Sadtler Reference Spectra Collection)。这是一套由美国费城萨德勒研究实验室(Sadtler Research Laboratories)收集整理并编辑出版的综合性连续活页图谱集,是迄今在光谱方面篇幅最大的一种。该光谱集收录红外、紫外、核磁、荧光、喇曼以及气相色谱的保留指数等内容。《萨德勒标准光谱集》以红外为主,核磁、紫外次之,可用于商品剖析。该光谱集的索引较多。1980 年出版的累积索引有两大部分九种索引。它们分别是总光谱索引部分的化合物名称索引、光谱图连续号码索引、分子式索引、化学分类索引和专用索引部分的光栅红外谱带位置索引、棱镜红外谱带位置索引、紫外谱带位置索引、质子 NMR 化学位移索引、C－13－NMR 化学位移索引。总光谱索引部分用以从化合物名称角度查找图谱,专用索引部分用以从峰的位置角度查找化合物的名称和图谱编号。

4.4.2 产品资料

1. 综合性产品事实数据源

(1)《中国产品信息年鉴》。创刊于 1988 年,由国家信息中心和中国计划出版社联合出版。《中国产品信息年鉴》是国内内容较全的综合产品信息资料连续出版物。1988 年出版第一版,至 1992 年已出版了第四版。《中国产品信息年鉴》将收录的企业数目限制在 20 000 家之内,以集中报道国内各行业有影响的企业概况和它们所生产的主要产品信息。收录的企业包括国家大中型企业、三资企业和有特色的地方企业。本书的企业概况部分介绍企业名称、地址、邮政编码、电话、厂长和供销负责人的姓名、生产经营范围、开户行、账号和企业生产规模等项内容;产品信息部分介绍产品名称、商标、规格型号、主要用途、年产量、价格和出口比例等项内容。第四版《中国产品信息年鉴》按照行业分成 8 个分册,使用时可以根据需要选择不同的分册。

(2)《产品样本服务》(Master Catalog Service)。《产品样本服务》简称 MCS,是由美国情报处理服务公司(IHS)编辑出版的一种缩微胶卷形式的公司产品样本汇编。1959 年出版第一版,每两个月出版一次。《产品样本服务》反映的内容包括美国、英国、日本和加拿大四个国家的工业产品。其中美国部分反映 6.7 万家公司的 1 000 万件工业产品，占美国工业产品总数的 85%。利用 MCS，可以获得产品的外型、结构、性能、数据和图纸，有的还有价格表。MCS 设有公司名称、产品商标和商品名称以及产品分类主题三种索引，可从不同的途径查找公司或产品的样本资料。

MCS 的编排结构由产品样本正文（约 1 250 个缩微胶卷）和目录索引两部分组成。每个胶卷上印有统一的标志 VSMF(Visual Search Microfilm Files)和胶卷号(Cartridge No)。目录索引目前有书本式和光盘式两种。无论使用哪一种形式的索引，最终都指向胶卷号和资料所在的页次(Frame)。

《产品样本服务》的公司名称索引(Vol. A Vendor Name Listing)的正文以公司名称的字母顺序排列，下列公司的地址、电话、电传和这个公司各种产品的胶卷号和页次。

产品商标和商品名称索引(Vol. B Brand/Trade Name Listing)的内容为产品商标和商品名称及其生产该商品的公司名称、对应的胶卷号和页次。

产品分类主题索引(Vol. C. Product/Locator Code Listing)的内容有两部分：一是产品主题索引。它选用表示产品内容特征的规范化名词术语（约 7 000 条），按字顺排列，其后列出产品的分类号；二是产品分类索引，按类号的字母、数字顺序排列，后列生产该产品的公司名称及所在的胶卷号和页数。

MCS 的用法可以根据已掌握的公司名称、产品商标名称分别使用公司名称索引或产品商标和商品名称索引，也可以在未知这些线索的情况下，通过产品主题分类索引，由主题词查得类号，由类号查得公司名称，最后由公司名称索引查得所需产品的胶卷号和页次。

网络版 MCS 需注册付费才能使用。

(3) 中国工业网 (http://www.indunet.com.cn/)。这是由北京黎明公司提供的中国厂商和产品信息数据库。可浏览全国 23 个行业的 270 万种产品信息，包括产品生产厂商、规格型号、外型图片和性能数据等信息。

(4) 万国商业网(1st global directory，http://china.busytrade.com/)。提供 350 000 种产品的信息。

(5)《托马斯制造商名册》。《托马斯制造商名册》分世界和北美洲两个网站。世界网站(http://www.tgrnet.com/)可以 9 种语言查找 37 个国家 50 万家厂商的产品；北美洲网站(http://www.thomasnet.com/)可以查找 60 万家北美公司的 6 万余产品。

2. 专门产业类

(1)《D. A. T. A. 特件数据参考书》。《D. A. T. A. 特性数据参考书》(D. A. T. A. Digest)是由美国 D. A. T. A. 公司(Derivation And Tabulation Associates, In.)从 1956 年起编辑出版的一套以列表形式报道全球各主要厂家正在生产和已经停产的电子元器件技术特性数据参考书。

《D. A. T. A. 特性数据参考书》以丛刊分册形式出版发行，目前正在出版的分册有技术性手册（含集成电路、分立器件、系统等）、代用替换和总索引三类 10 多种。

截至 1997 年，《D. A. T. A. 特性数据参考书》的各分册共报道全球 950 多家主要生产厂商 200 多个大类 95 万多种集成电路和分立半导体器件，包括它们的型号、技术特性参数、电路图与外观图、管脚及其排列、代用和替换器件型号、生产厂商等资料。这些信息资料可供研究、制造和购买电子元器件的各类人员参考。

《D. A. T. A. 特性数据参考书》的使用方法主要有已知型号查找其性能数据和生产厂商、根据性能数据查找符合要求的型号和已知型号和数据求查替换型号三种。

1）已知型号查找其性能数据和生产厂商。使用《D. A. T. A. 特性数据参考书》，根据已知型号查找其性能数据和生产厂商的方法，一般有三个步骤：一是确定《D. A. T. A. 特性数据参考书》的分册；二是确定器件的所在页行数；三是阅读所在技术参数表内容。

在已知器件型号的情况下，确定《D. A. T. A. 特性数据参考书》分册较普通的方法是利用半导体指南（总索引），利用总索引查找应使用什么分册。当然如果知道器件的类型，则可直接使用某一分册的型号索引，可以省去一个步骤。

当确定了分册后，就可以使用该分册的型号索引查找器件的所在页行数。一般情况下，查集成电路时，使用通用号索引确定器件的页行数较为便捷；而分立器件则只能使用型号索引。在查得页行数的同时，也可获得器件的生产厂商缩写。通过查找附录中厂商一览表和销售即可获得有关厂商的通信地址。

根据索引得到的页行数，阅读技术数据时，要注意栏目的含义（使用本类首页中的说明）和散在附录中的有关内容。

2）根据性能数据查找符合要求的型号。根据性能数据查找符合要求型号的方法也有三个步骤，一是由器件类型确定使用的分册；二是使用该分册的目录表确定该类器件所在的页数；三是根据性能数据查找符合要求的型号。

3）已知型号和数据求查替换型号。已知型号和数据求查替换型号，可直接使用《集成电路替代源特性参考书》和《分立器件推荐替代源特性参考书》。

（2）联机 IC 指南（IC MASTER Online，http://www.icmaster.com）利用这个网站可免费查阅 9 455 家厂商的 1.5 亿种集成电路的数据。

（3）化学产品信息数据库（ChemACX，http://www.chemacx.com/chemacx/index.asp）。这个网站是查找世界化学品信息的主要网站。ChemACX 网站上的信息包括 300 家厂商的 45 万种化学产品。

（4）化工产品 MSDS 数据库（http://www.msdssearch.com/DBLinksN.htm）含近 50 万家公司的化工产品，提供产品名称、商标名、产品型号等检索途径。

4.4.3 产品数据类课题求解实例

例 4 - 4：求查我国生产的 BY 系列永磁式步进电机的型号/技术数据和生产厂家。

解：1. 分析课题，选择参考性工具

永磁式步进电机属于电机类中的微电机。登载这类信息的专业性参考性工具主要有《全国最新机电产品大全（1990—1991）》（魏奇主编，北京科技出版社 1992 年版）和《机械产品目录》（机械电子工业出版社 1991 年版），综合性参考性工具有《中国产品信息年鉴》（中国计划出版社 1995 年版）。下面选用《机械产品目录》试查。

2. 根据参考性工具内容编排结构，选择查找方法

《机械产品目录》的内容按照产品类别和产品功能分类编排，所以选择其中包含微电机第八分册，按分类目录查得"微电机"下面的"步进电机"所在的页码。

3. 查阅并记录检索结果

根据"步进电机"所在页码，逐页查找，得到如下结果：

BY 系列永磁式步进电机(所列型号,技术数据和生产厂家的表格此处从略)

表中共给出 20BY、25BY001、26BY 等共 16 个型号及其技术数据,生产厂家代码。部分产品还给出参考价格。给出的生产厂家代号有 20、22、19 和 3 四个。查“微电机”类卷首的厂家代号表,它们分别代表南京微电机厂,国营 906 厂,国营重庆微电机厂和常州电机电器总厂。

至此,本课题所需信息已查得。

例 4-5:求查集成电路 CA3050 的产品类型、性能数据和生产厂商

解:1. 使用《D. A. T. A. Digest International Semiconductor Directory》Edition 22, 1993,从 Semiconductor Directory 中得到:CA3050 属 amplifier 类,在(L) — Linear ICs 分册。

2. 使用《D. A. T. A. Digest Linear ICs》Edition 47 1993

(1) 从 Part No. Index 中得到:

CA3050 Harris Semi 492-1

(已知型号)(公司简称)(页-行)

(2) 从 p. 492 L. 1 得到下列该器件的器件类型和性能数据的信息:

器件类型:Amplifier, Differential

性能数据:	① BW 3 dB (HZ)	② Voltage Gain(dB)	③ Package Style	④ Pinout Appendix B
	4.3 M	30	DIP	18-145

(3) 从 Appendix A 中得到封装形式 Package Style:DIP 在 A-3 页。

(4) 从 Appendix B 中得到封装形式 Pinout 18-145 在 B-6 页。

至此,本题的所需信息已经查得。

例 4-6:根据下列(1)~(3)项性能数据要求,查找满足条件的集成电路型号及其生产厂商。

(1) Active Filter, Bandpass;

(2) Type of code: Butter;

(3) Cutoff frequency Max(Hz) Min(Hz): 1.6k 40

解:1. 使用《D. A. T. A. Digest International Semiconductor Directory》(或使用《D. A. T. A. Digest Linear ICs》任意一期)中的 Function Index 查得:

Active Filter, Bandpass L

即应使用《D. A. T. A. Digest Linear ICs》分册

2. 使用《D. A. T. A. Digest Linear ICs》Edition 47 1993

从 Table of Contents 中得到:

Active Filter .... P. 469

3. 从 p. 469 起,按照性能数据查得符合要求的厂商及器件型号为:

Datel FLJ-UR1BA1

Datel FLJ-UR2BA1

4. 在 Appendix D 中得厂商 Datel 的全称为:

Detel Inc.

至此,本题的所需信息已经查得。

例 4－7：调查国内外彩色等离子体平板显示器性能数据

解：1. 分析课题，了解课题背景知识，确定检索词

背景知识：通过 iPAC 查“平板显示”，得到柴天恩编著《平板显示器件原理及应用》机械工业出版社 1996 年版一书。其中第 3 章介绍等离子显示器件(PDP)的发展概况、工作原理及特性以及应用等。据此文分析，本课题涉及的检索词有：等离子显示器件，PDP，交流等离子显示器件，AC－PDP，直流等离子显示器和 DC－PDP。

2. 选择工具，实施检索，选择相关检索结果

印刷型手册/图书

1)《最新电子元器件产品大全第三册真空电子器件与显示器件》。本书编委会编，电子工业出版社，1996 年版，p. 1001。查得：

型号 PDP－256C，单元数 64×52，分辨率 256 line/mm，显示颜色 彩色，典型参数：着大电压 200 V，亮度 20 cd/m²，亮度均匀性 20%，对比度 20∶1，功耗 5.0 W 外形尺寸 250 mm×200 mm×10 mm。

2) 柴天恩编著《平板显示器件原理及应用》。机械工业出版社 1996 年版，p. 97。查得：

富士通(Fujitsu)彩色 AC－PDP，像数 640×480，对角线 79 cm，分辨率 1.0/mm，亮度 65 cd/m²，对比度>40∶1，灰度等级 64，功耗 250 W，NHK. 松下彩色 DC－PDP，像素 1 028×800，对角线 83 cm，分辨率 1.5/mm，亮度 150 cd/m²，对比度 50∶1，功耗 200 W。

3) 维库电子市场网 (http://www.dzsc.com/)。使用产品型号“PDP”，查得：

北京环宇蓝博科技有限公司(www.lanbo.com.cn)供应 PDP 等离子大屏幕，型号/规格：42 品牌/商标：LANBO，显示单元屏幕尺寸，42″，画面比例 16∶9，总像数 1 637 760，亮度 1 000 cd/m²，对比度 3 000∶1，可视角度 160 度，重量 25 kg，尺寸 926.24 mm×523.6 mm×76.5 mm。

4) Thomas Register (http://www.thomasregister.com/)。使用产品名称“Display plasma”，查得：

“Karcher Group Inc” (http://www.karchergroup.com) 和 Sherlock System Inc (http://www.sherlocksystems.com/) 两家供应商网站，其中后者供应 Pioneer, Panasonic, NEC, Samsung 等多家等离子显示器著名厂商产品。

3. 整理检索结果

整理上述数据，可得表 4－1。

表 4－1　国内外彩色等离子体平板显示器部分生产厂家及其性能数据比较

厂　商	型　号	像　数	亮度 cd/m²	对比度	年　份	信息出处
国　内	PDP－256C	64×52	20	20∶1	1995	1
日本富士通	AC－PDP	640×480	65	>40∶1	1995	2
NHK. 松下	DC－PDP	1 028×800	150	50∶1	1995	2
北京环宇蓝博	LANBO42	926×523	1 000	3 000∶1	2009	3
Panasonic	TH50PHD3U	1 366× 768	500	3 000∶1	2002	4

续 表

厂　商	型　号	像　数	亮度 cd/m^2	对比度	年 份	信息出处
Samsung	PPM50H2	1 366×768		3 000∶1	2002	4
NEC	PX-50XM2A	1 365×768		900∶1	2002	4
Hitachi	CMP5000WXU	1 280 ×768		900∶1	2002	4

习　题

1. 使用有关的手册或网上参考工具，查找下列概念的简要含义：

(1) 数学类

① Gauss 分布

② Farey 数列

③ 有限群

(2) 物理类

① Weyl 理论

② 加速度测量仪

③ 光学纤维波导的色散

(3) 化学类

① 丙烯酸聚合物增稠剂

② 笼状母体化合物

③ 喇曼光谱分析方法

2. 使用有关化学手册，查找指定化合物的性能数据。

(1) 通过《Beilstein 大全》试查下列化合物在该手册的卷号和页号：

① 2-甲基喹啉(2-methylchinolin)

② 香豆素(Cumarin)

③ 环己烷甲酸乙脂(ethyl cylohexanecarboxylate)

(2) 使用《Gmelin 大全》查找下列化合物的系统号、卷、类以及页号：

① $SrVO_3$

② $Ni[PdCl_6]\cdot 6H_2O$

③ $[(CH_3)_2C_3H_3Fe(CO)_3]BF_4$

3. 使用《默克索引》，ChemFinder，SciVision 或 METWEB 查找下列化合物的有关信息。

① 硫代乙酰胺(thioacetamide)

② 安息香酸(benzoic acid)

③ 二氯苯胺(dichloroaniline)

4. 使用有关工具，查找电子器件的性能数据。

(1) 利用《D. A. T. A. Digest》或 IC MASTER 查找下列器件的器件类型、技术特性及外形数据：

① MC14077BCL

② AN5260

③ M5L8216P

(2) 利用《D. A. T. A. Digest》或 IC MASTER 查找符合下列数据要求的器件型号及生产厂商：(每小题一种器件)

① Gates，OR，4 - inputs　　Gates per Package：2　　tPD Max (s)：300n

② Switch Driver　　Number of Switches：4　　Technology：BPLR

③ TV Circuits，IF Stages，IF/AGC Conversion Gain：33Db　　Vcc Norminal(V)：24

5 普通文献检索原理

本章知识要点

- 书目信息的概念和书目信息数据库的使用方法
- 英语检索策略中逻辑、字段、词组、位置、截词和优先等算符的运用
- CompendexWeb 的使用方法
- Science Citation Index 的使用方法
- 中国学术期刊全文数据库的使用方法

本章能力目标

- 根据已知书目信息，通过 iPAC 获取纸质书刊类文献的馆藏信息
- 根据课题检索国内期刊类专业全文文献
- 根据课题检索国外理工类专业期刊文摘信息
- 自然科学技术高引文率文献的检索方法

普通文献是指常用的图书、期刊类文献。本章讨论比较常用的自然科学技术图书期刊数据库的使用方法，主要包括图书、期刊的书目信息和全文数据库、期刊论文的文摘和全文数据库等。

5.1 书目信息数据库和图书全文数据库

5.1.1 书目信息的概念

描述文献著者、题目和文献来源的信息称为文献的书目信息。按照揭示程度的不同，书目信息有以下三种：

简单的书目信息，一般包含著者、题名、出版地、出版社和出版年等各项内容。简单的书目信息常附于文献末尾的参考文献中，本书 1.2.3 节中列举的文献类型识别示例多为简单的书目信息。

详细的书目信息，一般包含著者、著者单位、题名、版本形式、出版地、出版社、出版时间、页数、国际标准书号（ISBN）或者国际标准连续出版物号（ISSN）、价格、内容提要、分类号或者主题词、索书（刊）号、馆藏登录号等各项内容。详细的书目信息常见于各种文摘数据库的全记录。本书图 2－3 中的数据库记录即为一个详细的书目信息。

比较复杂的书目信息，是析出文献的书目信息。所谓析出文献是指从母体文献中取出的一篇具有独立篇名的文献。例如，从带有论文汇编性质的图书中取出的一篇文献、从某个会议录中取出的一篇会议文献或从某期杂志中取出的一篇期刊论文等。下面给出的五个示例中，(1)、(2)是论文汇编析出文献，(3)是会议析出文献，(4)、(5)是期刊析出文献。

(1) 徐明波，何玮，马清钧. 生物技术药品产业化的现状及前景. 见：中国生物工程学会编写. 中国生物技术产业发展报告(2002)，北京：化学工业出版社. 2003：35－43.

(2) Weinstein L, Swartz M N. Pathogenic properties of invading microorganism. In：Sodeman W A, Jr. , Sodeman W A, ed. Pathologic Physiology：Mechanisms of Disease. Philadephia：Saunder, 1975：457－472.

(3) Thiel J, Herrmann RA. Numeric methods and method comparison to the ground water modeling of the infiltration of surface water. In：Yufin S A. ed. Geoecology and Computers：Proceedings of the Third International Conference on Advances of Computer Methods in Geotechnical Engineering, Moscow, Russia, February 1－4, 2000. Rotterdam：A. A. Balkema, 2000. 29－34

(4) 李四光. 地壳构造与地壳运动. 中国科学，1973(4)：400－429.

(5) Mastri A R. Neuropathy of diabetic neurogenic bladder. Ann Intern Med, 1980, 92 (2. 2)：316－318.

阅读和利用析出文献书目信息要注意两点，一是析出文献书目信息一般有析出文献和母体文献两个层次的作者和题名。由此可知，文献中的章节或者段落如不是单独的作品是不能写成析出文献的；二是母体文献的作者和题名是使用 iPAC 等书目信息系统获取文献原文时的主要依据。此时，析出文献的作者和题名不能作为检索词使用，这点必须注意。

5.1.2 书目信息数据库和印刷型文献馆藏信息的查找方法

1. 书目信息数据库

书目信息数据库是由图书馆编制、主要反映印刷型书刊书目信息的文献数据库，用于查找文献的收藏信息，解决到什么地方借阅文献的问题。

早期的书目信息数据库称为公共联机书目系统（OPAC）。互联网兴起后，书目信息数据库改称网络公共联机书目系统（WebPAC）或者互联网书目信息系统（iPAC）。无论名称叫什么，这些数据库都属于目录性质，并以“件”、“本”或“种”为单位反映文献收藏情况，不反映文献的全文信息。

网上常用的书目数据库及其网址见表 5－1。

表 5-1　部分常用的图书馆网址和 iPAC 数据库网址

图书馆或 iPAC 数据库名称	网　　址
CALIS 联合书目数据库	http://162.105.138.230/opac/daemon
国家科技图书文献中心科技文献查询平台	http://www.nstl.gov.cn/index.html
中国图书馆数据库	http://210.82.118.4:8080/F/
清华大学图书馆	http://www.lib.tsinghua.edu.cn/opac/opac.html
上海交通大学图书馆	http://202.120.13.16/
上海图书馆书目查询系统	http://ipac.library.sh.cn/
中国科学院图书情报中心	http://159.226.100.4/search * chx/
复旦大学图书馆书目查询系统	http://202.120.227.54/#focus
国外书目数据库	http://www.nlc.gov.cn/dlib/brd.htm.#4

作为示例，图 5-1 是上海大学图书馆 iPAC 系统（http://202.120.121.206）的检索界面。

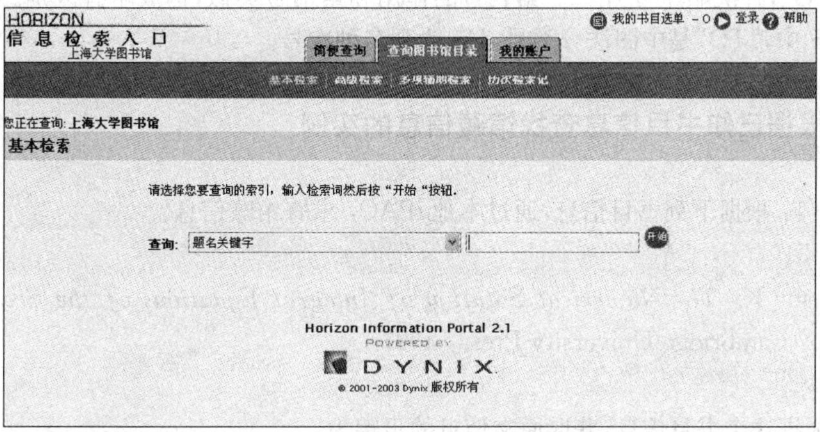

图 5-1　上海大学图书馆 iPAC 系统的检索界面

2. 根据已知书目信息查找印刷型书刊的方法

根据已知文献的书目信息获取原文的步骤有四个：一是根据已知书目信息中的特征词，判断文献类型（参见 1.2.3 节）；二是从已知信息中，提取查找馆藏的检索项，比如著者姓名、书刊名等；三是使用书目信息数据库，包括当地图书馆、国内图书馆和国外图书馆的公共联机书目信息系统，获取其索书号；四是通过一定手续借阅。

3. 利用书目信息数据库查找图书期刊收藏信息的方法

利用书目信息数据库查找图书期刊收藏信息，因使用的数据库不同，涉及的界面和方法略有区别，但检索过程和思路是基本一致的。以下介绍的方法是以 Horizon 书目信息数据库（iPAC）为例。

进入 Horizon 书目信息数据库(iPAC)后，默认界面是简便查询界面。点击这个界面上的“查询图书馆目录”标签，进入这个数据库的主检索界面。主检索界面上有基本检索、高级检索和多项辅助检索等界面可供选择。

在简便检索界面的文本框中，可以输入著者名，书刊名或关键词等作为检索词进行查找。这种检索方式和基本检索中的一般关键字字段相同，不限制检索词出现的字段。

基本检索界面上，可以从字段下拉菜单中选择字段进行检索。这些字段包括题名字顺、题名关键字、著者名称字顺、著者关键字、主题词字顺、主题词关键字、丛书名关键字、一般关键字和中图法分类号浏览等。其中，题名字顺和题名关键字两个字段的区别是前者的结果给出以检索词起首的全部书刊名，后者给出书刊名中含有检索词的全部书刊名。其余成对出现的字段与此同理。

高级检索和多项辅助检索都可实现跨字段检索，两者的主要区别是高级检索的字段间关系为固定的逻辑与，而多项辅助检索的字段关系可以选择逻辑与、逻辑或或者逻辑非。

系统提供截词算符“*”，主要用于拼写不确定的单词或者英文人名。

书目信息数据库给出结果中，索书号和索刊号信息比较重要。索书号是图书在书架上的排列顺序号。索书号通常由“分类号/作者号”组成，例如，索书号 TN927.2/G52 中“TN927.2”是中图法分类号，含义为“卫星通信”。“G52”是著者种次号，含义为著者姓名的首字母为“G”，种次顺序号为 52。索刊号的作用和索书号类似，构成略有区别。例如，索刊号 TQ/J15 中，“TQ”是中图法分类号，J15 为刊名种次号。

5.1.3 根据已知书目信息查找馆藏信息的实例

例 5-1：根据下列书目信息，通过本地 iPAC，求查馆藏信息。

Atkinson K. *The Numerical Solution of Integral Equations of the Second Kind*. Cambridge: Cambridge University Press, 1997.

解：根据这个书目信息，获取原文信息的步骤为：

(1) 根据 Cambridge: Cambridge University Press，判断本文献的出版类型为图书；

(2) 以图书的著者姓名 Atkinson K 或者从书名 *The Numerical Solution of Integral Equations of the Second Kind* 中取词作为检索词；

(3) 使用图书馆的 iPAC 系统，选作者字段，输入 Atkinson K，或者选题名关键词字段输入 *Numerical Solution Integral Equations Second Kind*。注意题名中的冠词、介词、连词等虚词可以不输入；

(4) 根据系统响应，依据索书号借阅。

例 5-2：根据下列书目信息，通过本地 iPAC，获取原文的馆藏信息。

Huhns M, Stephens L M. Multiagent systems and societies of agents. in: Weiû G. (Ed.) *Multiagent Systems*. Cambridge, MA: MIT Press, 1999 (Chapter 2).

解：本例的原文查找步骤同上例。根据有出版社、出版地，又有编著者姓名存在，判断本书目信息为图书析出文献的书目信息。注意应以母体文献编者 Weiû G 或以母体文献书名 Multiagent Systems 查找 iPAC 系统，不可使用文献作者 Huhns M，Stephens L M. 或文献题名 Multiagent systems and societies of agents 作为书名来查寻。具体过程同上例。

例 5－3：根据下列书目信息，通过本地 iPAC，求查原文的馆藏信息。

Ajayan P M，Ravikumar V，Charlier J C. Surface reconstructions and dimensional changes in single-walled carbon nanotubes. *Phys Rev Lett*，1998，81(7)：1437－1440.

解：根据该书目信息，获取原文信息的步骤为：

(1) 根据书目信息中的“81(7)：1437－1440”，判断本篇文献为期刊析出文献；

(2) 使用 Genamics JournalSeek(http://www. journalseek. net)，将期刊名称 *Phys Rev Lett* 还原成全称 Physical Review Letter；

(3) 使用图书馆的 iPAC 系统，选题名关键词字段输入刊名 Physical Review Letter 作为检索词进行查找。查找期刊要注意三点：一是和图书一样，位于期刊名起首处的冠词、介词、连词等虚词可以不输入；二是不同于图书，原期刊书目信息中的著者姓名通常不能使用；三是除了使用本单位图书馆的 iPAC 外，还应使用网上期刊联合目录；

(4) 根据系统响应，依据索刊号借阅。

例 5－4：根据下列书目信息，通过本地 iPAC，求查原文的馆藏信息。

Andrews P R，Crompton J S. Analysis of surface coating on aluminum. In *Conference on Adhesion and Adhesives*. 27th. London，21－22 March 1989. (1990) London：Elsevier Science，40－48.

解：根据该书目信息，获取原文信息的步骤为：

(1) 根据书目信息中的“*Conference on Adhesion and Adhesives*. 27th. London，21－22 March 1989”，判断本篇文献为会议文献，且为属于会议录析出文献的书目信息；

(2) 以会议录名中取词作为检索词。注意，图书馆根据会议录的国际标准号(ISBN 或 ISSN)，将其处理成图书或期刊。例如，国际光学学会会议论文集 SPIE 既有处理成会议论文集，也有处理成期刊的。所以，图书和期刊两个系列中都可能有会议论文集。应该使用会议名称或会议论文集名称查寻 iPAC 系统，以确定其属于图书还是期刊系列；

(3) 使用图书馆的 iPAC 系统，选题名关键词字段输入 *Conference Adhesion Adhesives*。和图书一样，位于原题名起首处的冠词、介词、连词等虚词可以不输入；

(4) 根据系统响应，依据索书号借阅。

5.1.4 电子图书全文数据库

超星数字图书馆系统(http://www. ssreader. com)是目前国内普遍使用的一种中文图

书电子全文数据库，由北京世纪超星公司制作发行。这个系统拥有数字化图书 120 多万种。读者可以在拥有使用权的校园网内使用，或者购买读书卡后使用。首次使用需要注册，阅读超星系统的图书需下载安装 ssreader 超星浏览器。

超星数字图书馆首页分为左右两帧，左边为快速导航窗口，右边为数据浏览窗口。快速导航窗口中将信息按一定的分类方式组织成树状结构，用户使用鼠标点击导航文字左边的小图标，可以将导航树展开或缩回，直接点击导航文字就可浏览该类别下的所有信息。超星首页的左端设置分类导航，供用户从分类途径快速浏览图书信息。

利用超星数字图书馆进行检索时，在检索文本栏中输入希望查询的检索词，选择书名、作者或者主题词字段并按“查询”按钮，系统会自动在对应字段中检索和显示结果。如果用户希望按照其他字段，如日期、类别等进行检索，或按照多个字段同时进行检索，可以点击“高级检索”按钮，系统将弹出一个检索表单，可以选择填写检索词，进行跨字段的组合检索。

用户通过导航检索或其他检索后，满足条件的记录就会在右帧的数据浏览窗口中显示。显示方式是先显示简要书目信息列表，鼠标点击该记录后可浏览全部内容，即先概览后细览。

5.2 文摘类期刊数据库

5.2.1 美国《科学引文索引》数据库

1. 美国《科学引文索引》和 Web of Science

《科学引文索引》(Science Citation Index，简称 SCI)由美国科学信息所(ISI)编辑出版，被公认为世界范围最权威的文献索引系统。

SCI 报道的文献类型主要为期刊以及部分会议论文和丛书。印刷版 SCI 创刊于 1962 年，报道 3 500 余种期刊。网络版平台称为 Web of Science，创刊于 1999 年，包含 Science Citation Index Expanded (SCIE)、Social Sciences Citation Index (SSCI) 和 Arts & Humanities Citation Index(A&HCI)、Conference Proceedings Citation Index(CPCI)等多个数据库。其中的 SCIE 是 SCI 的扩展版，报道 6 000 余种期刊，专业涵盖生物及环境科学、工程技术及应用科学、医学与生命科学、物理学及化学等 150 余个学科。下面的介绍以 SCIE 为主。

SCIE 的记录内容为论文的题录、摘要及其参考文献。SCIE 除了用作查找科学技术领域最重要的研究成果之外，还可以从文献引证的角度评估文章的学术价值。通过 SCIE 提供强大的文献分析功能，甚至可以迅速方便地浏览课题相关文献的统计数据，从全局把握课题的历史和现状。它分析文献数量大，一次可分析 10 万条检索记录；分析参数多，可分析年度、作者、作者单位、国家、语言、期刊、学科分布和 H 指数等；分析结果以图表显示，清楚直观。

2. SCIE 的检索方法

和一切商业数据库一样，SCIE 的使用受 IP 控制。

SCIE 的检索有一般检索(Search)、被引参考文献检索(Cited Search)、高级检索(Advanced Search)和化学结构检索等四种检索界面，下面介绍的是前三种界面的使用方法。

(1) 一般检索。进入SCIE,即进入这个系统默认的界面(见图5-2)。可在检索文本框中输入检索词,选择主题(topic)、作者名(author)、来源文献题名(title)、作者单位地址(address)等字段,查找SCI收录报道的来源文献。其中,主题字段的检索范围是标题、文摘和关键词。字段输入框之间系统默认为逻辑与运算。

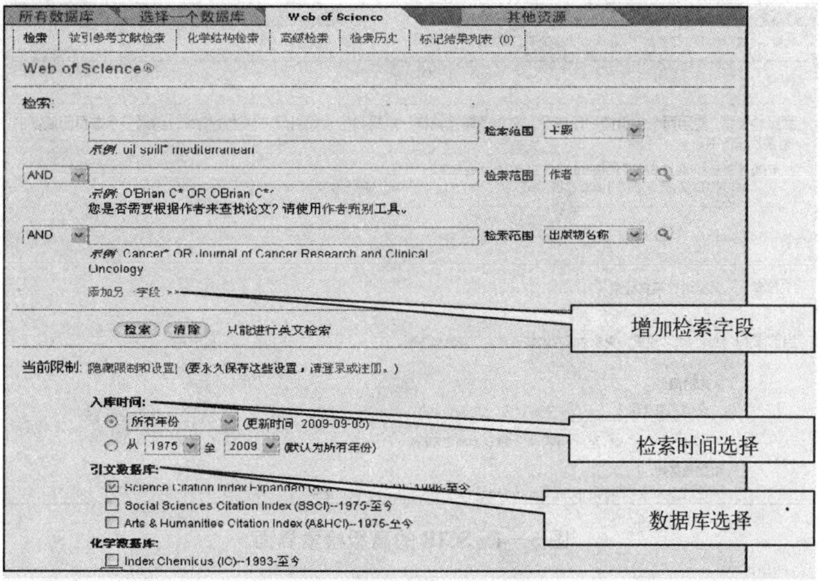

图5-2 SCIE的一般检索界面

(2) 被引参考文献检索。被引参考文献检索(图5-3)用于查找已知作者的论文被他人所引用的情况。这个界面有被引作者(cited author,一般为被引文献的第一作者)、被引著作(cited work),被引年份(cited year)三个检索字段。字段之间为逻辑与关系。具体检索步骤是:在被引作者名字段中输入被引作者的名字,在被引著作字段中输入书名的缩写或期刊名的缩写,在被引文献年代字段中输入4位数字,点击"Search"按钮即可。引文检索给出的结果含有来源文献的超链接。通过这种超链接可以查阅来源文献的文摘信息。

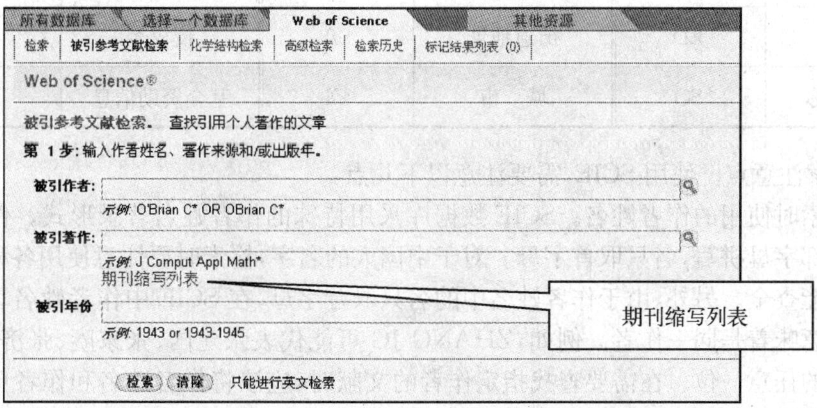

图5-3 SCIE的被引参考文献检索界面

(3) 高级检索。高级检索(图5-4)主要用于检索复杂课题。它可以对检索项做布尔逻辑组配检索、检索集合号的组配检索和段码的组配检索。高级检索要求每个检索项必须用一个段码(段码表见表 5 - 2)标识符标识，可以用 AND、OR、NOT 算符建立检索式。位置算符有“SAME”和“SENT”两个，分别规定其前后连接的两个词在检索记录中出现在同一句中和同一个词组中。截词算符有“ * ”和“?”两个，分别为无限截词算符和单字符截词算符，可用在检索词的中间和词尾。另外，“ # ”可用于检索集合号。

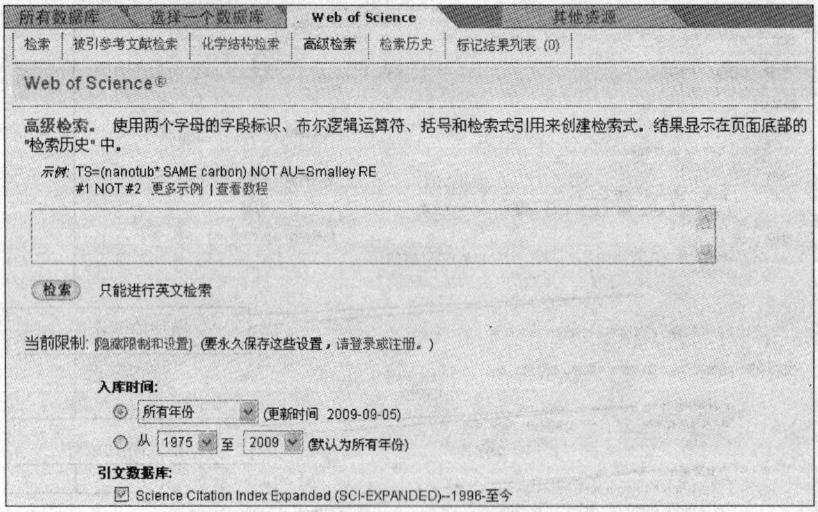

图 5 - 4　SCIE 的高级检索界面

表 5 - 2　SCIE 的段码表

字　段	段　码	字　段	段　码	字　段	段　码
主　题	TS	出版年	PY	省/州	PS
标　题	TI	地　址	AD	国家/地区	CU
作　者	AU	组　织	OG	邮政编码	ZP
团体作者	GP	下属组织	SG	基金资助机构	FO
编　者	ED	街道地址	SA	授权号	FG
出版物名称	SO	城　市	CI	基金资助信息	FT

(4) 检索注意点。使用 SCIE，需要注意以下几点：

一是检索时使用的作者姓名。SCIE 数据库采用特殊的作者姓名著录形式。作者的姓一律使用全部字母拼写，名只取首字母。对于中国人的名字，检索时要注意使用各种可能出现的形式才能查全。另外，由于作者姓名中的名只取首字母，在 SCIE 中作者姓名著录形式一样的并不意味着是同一作者。例如，ZHANG JG 可能代表张建国、张家赓、张济巩、章菊歌等作者中的任意一位。在需要查找指定作者的文献时，应该将作者姓名和作者单位或者合著者等信息合并使用，以提高查准率。如果需要在 SCIE 中看到拼写完整的作者姓名，可点开检索结果的全记录。

二是作者单位地址中的机构名称和地名通常采用缩写的形式，具体规定可参考：

Corporate & Institution Abbreviations，Address Abbreviations 和 State/Country Abbreviations。但这些缩写形式不允许单独使用。常见的缩写词还有 CHEM 、COLL、CTR、D、DEPT、DIV、ENGN、HOSP、INST、LAB、MED、PHYS、RES、SCH、SCI 等。如不知道要检索的地址在该数据库中的缩写形式，可以用“ * ”来表示，例如：SHANGHAI UNIVERSITY，可以 SHANGHAI UNIV* 检索。

三是数据年代指文献信息进入 ISI 数据库的时间，不是文献出版的时间。

3. 美国《科学引文索引》使用实例

例 5－5：使用 SCIE 检索与课题光纤传感器(optical fiber sensors)相关的文献，并给出其中被引用频次最高的一篇文献。

解：(1) 了解背景，分析概念，构建策略。通过“百度知道”，使用“光纤传感器”作为检索词，得到多篇相关背景资料。对这些背景资料分析后，认为本课题的主要概念为“光传感器(optical sensors)”、“纤维传感器”(fiber sensors)两词。因“光”和“纤维”为并列概念，英文“传感器”又有单复数两种形式，再考虑让这些检索词相邻并在标题字段中出现，以提高其查准率，故构建检索策略为：(optical or fiber) same sensor* ，检索范围：标题字段。

(2) 检索并分析结果。进入 SCIE 主检索界面，将检索策略输入检索文本框，执行检索。在题录检索结果界面，将排序方式改为“被引频次”，系统自动将检索结果按照被引次数倒序排列。检索结果中被引用次数最高的一篇文献为：

Carrier-Based Ion-Selective Electrodes and Bulk Optodes. 2. Ionophores for Potentiometric and Optical Sensors.

作者：Bühlmann P，Pretsch E，Bakker E.

来源出版物：Chemcal Review 卷：98 期：4 页：1593～1688 出版年：1998

被引频次：964 参考文献：1 052

例 5－6：检索并下载 SCIE 收录报道 Shanghai University 的 Li CP 发表的文献及其 SCI 收录号，同时给出这位作者的 H 指数。

解：(1) 检索文献被 SCIE 收录情况。选择一般检索界面，在作者字段输入“Li CP”，在作者单位地址字段输入“Shanghai Univ”。点击“检索”按钮，系统执行检索命令并给出题录结果。观察全部检索所得，认为 44 篇文献均为该作者发表文献，将其全部添加到“标记结果列表”。点开“标记结果列表”，选择字段，例如，作者、作者地址、标题、来源文献，IDS 编号(SCIE 索引号)，即可下载这 44 篇文献的信息。下面是其中的一篇文献的题录信息和 SCIE 索引号：

Changpin Li (Department of Mathematics，Shanghai University，Shanghai 200444，China) Xuanhung Dao，and Peng Guo. Fractional derivatives in complex planes. Nonlinear Analysis：Theory，Methods & Applications. Volume 71，Issues 5－6，1 September 2009－15 September 2009，Pages 1857－1869

SCIE 索引号：000267127100044

(2) 查找这位作者的 H 指数。在题录结果页面点击“创建引文报告”，系统给出以下信息：

引文报告：地址＝Shanghai Univ and　作者＝Li CP
入库时间＝所有年份　数据库＝SCI－EXPANDED
找到的结果数：44
被引频次总计：583
每项平均引用次数：13.25
h-index：14

例5－7：试通过SCIE检索以下这篇文献的被引用情况。

Li CP，Sun WG，Kurths J. Synchronization of complex dynamical networks with time delays. PHYSICA A－STATISTICAL MECHANICS AND ITS APPLICATIONS. 2006，361(1)：24－34.

解：(1) 进入SCIE被引参考文献检索界面，取被引作者字段，在文本框中输入"Li CP"。

(2) 在"期刊缩写列表"中查得刊物PHYSICA A－STATISTICAL MECHANICS AND ITS APPLICATIONS的缩写为："PHYSICA A"，将这个缩写刊名，转入被引著作字段文本框。

(3) 在被引年份字段文本框中输入"2006"，点击"检索"得到：

被引作者	被引著作	出版年	卷	施引文献
LI CP	PHYSICA A	2006	361	30

即到检索日为止，SCIE报道的这篇文献被引频次为：30。"30"为超链接，点开可以浏览施引文献(引用LI CP这篇文献的文献)的详细信息。

例5－8：通过Web of Science分析碳纳米管研究的历史与现状。

解：以"Carbon nanotube"为检索词在主题字段检索Web of Science的SCIE和CPCI，时间取1975—2009，截止到2009年3月8日，Web of Science数据库有关碳纳米管的研究论文有39 692篇。

(1) 年度分布分析。对39 692篇文章的发表年代进行统计分析，可以看到自1992年以来，碳纳米管的科研活动始终处于活跃状态，2008年该研究领域的期刊论文和会议论文的总数达到7 562篇。

(2) 学科分布分析。从Web of Science收录的科技论文统计结果中，可以十分清晰地看到材料科学是碳纳米管研究最为活跃的研究领域。其他比较活跃的学科包括：应用物理、纳米科学与技术、物理化学、凝聚态物理、电化学、工程技术等。

(3) 国家和单位分布分析。通过对碳纳米管研究39 692篇科技论文的作者署名国家进行分析，可以对科研涉及的国家分布有一个大致的了解。分析结果显示：美国在碳纳米管研究中发表论文位居首位，而中国名列第二，中国作者从1994年开始在该领域中发表论文，2008年共发表有关碳纳米管研究领域论文1 901篇。名列前茅的研究单位除中国科学院以外，还有清华大学、北京大学、浙江大学、南京大学等。

(4) 来源出版物分布分析。碳纳米管研究领域中期刊论文共计27 523篇，发表在1 051个期刊上。

5.2.2 美国《工程索引》数据库

1. Ei Village 和 CompendexWeb

印刷版的《工程索引》(The Engineering Index 简称 Ei)由美国工程信息公司(Engineering Information Inc.)编辑出版,创始于 1884 年。20 世纪 90 年代起,Ei 公司通过 EiVillage(目前称 EiVillage2)提供网络版工程索引数据库 Ei CompendexWeb。

CompendexWeb 数据库由 1969 年起至今的 Ei 数据库和 1999 年起至今的 Ei PageOne 两部分数据组合而成,收录 5 400 余种工程期刊和会议录,年增约 42 万条文摘数据。就学科专业而言,主要覆盖化工、计算机和数据处理、应用物理、土木工程和机械工程等。语种主要为英文。这个数据库目前不收录学位论文、标准、报告、产品说明书和专利等。

根据订购情况,Ei Village 2 可以同时提供英国《科学文摘》(简称 INSPEC)和美国国家技术情报服务中心数据库(简称 NTIS)。INSPEC 的主要内容为物理、电气和电子学以及计算机自动控制方面专业文献的摘要,NTIS 的主要内容为美国商业部、能源部、国防部和航空航天部报告的摘要,这两个数据库以及 CompendexWeb 数据库都是理工科领域极其重要的文摘数据库。

2. 主要检索方法

进入 CompendexWeb 数据库后,系统提供简易检索(Easy Search)、快速检索(Quick Search)、专家检索(Expert Search)和主题词检索(Thesaurus)四个界面,默认为快速检索界面。点击界面上相应的标签,可在四个检索界面之间切换。

(1) 简易检索界面。简易检索界面适于查找比较简单课题。简易检索界面只有一个文本框。输入这个文本框中的检索词可以是单词,或者带截词、字段、逻辑、词组和位置等算符的检索策略。简易检索界面不允许做特别复杂的运算,也不提供字段提示。在实际检索中,通常只进行单个单词或者简单的逻辑运算,复杂的课题更多地是通过快速检索界面或者专家检索界面来完成的。

(2) 快速检索界面。快速检索界面(Quick Search,见图 5 - 5)适于通过菜单方式构建检索策略来查找稍微复杂的课题。快速检索界面上部有三个文本框。输入文本框中的检索词,可以是单词、词组和带各种算符的检索策略。但位置算符不能和优先算符相邻使用,也

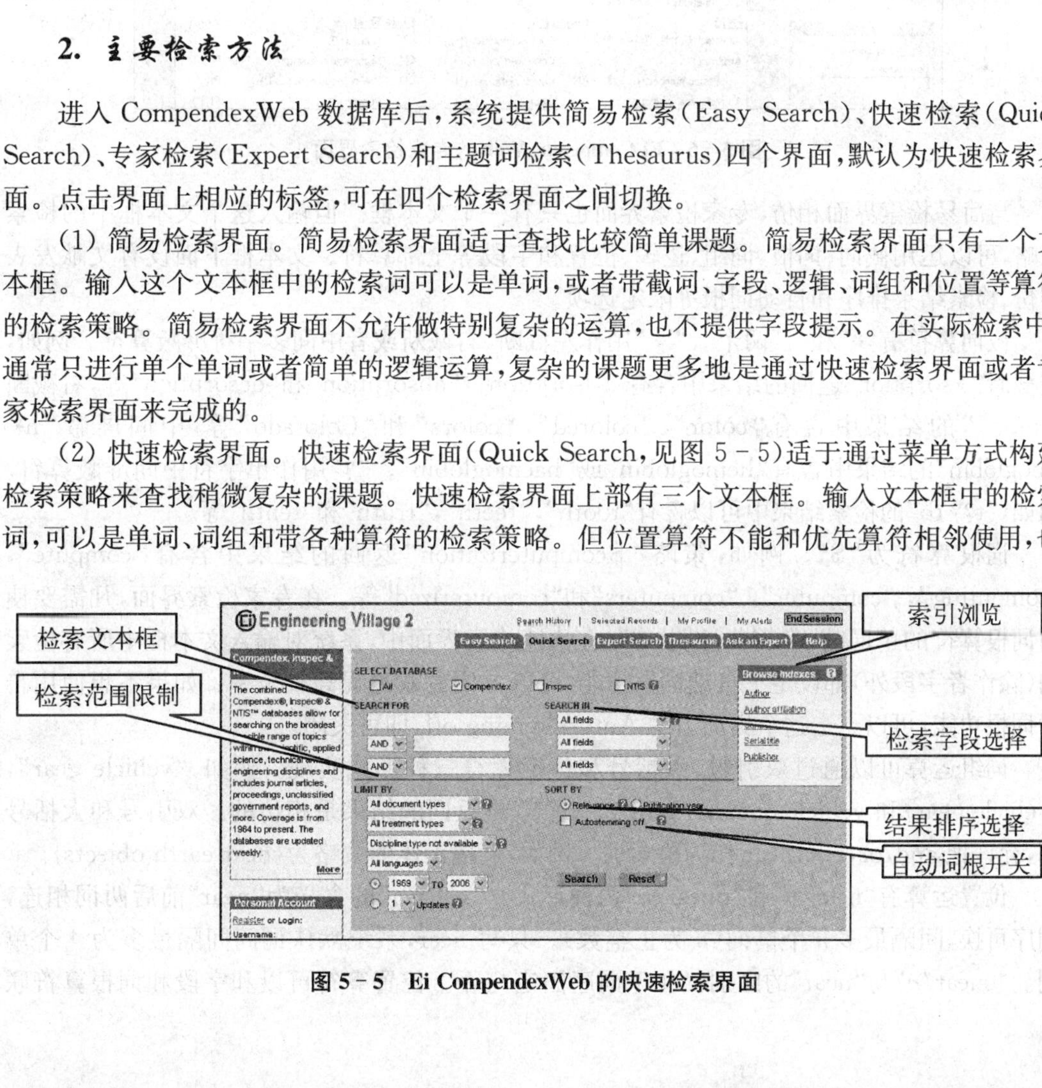

图 5 - 5 Ei CompendexWeb 的快速检索界面

不能使用字段算符。三个文本框之间的逻辑关系和检索字段有下拉菜单可供选择。检索字段根据所选数据库不同而变化。

快速检索界面下部是检索结果限制选项，有文献的类型、性质、语言、年份以及检索结果排序和自动词根开关等多项。其中，文献类型（如限制检索期刊论文）、文献性质（如限制检索实验性质的论文）和语言限制（如限制为英语），只有这个界面可以使用。

(3) 专家检索界面。专家检索界面（Expert Search，见图 5－6）适于有经验的用户自行构建检索策略，以查找复杂的课题。

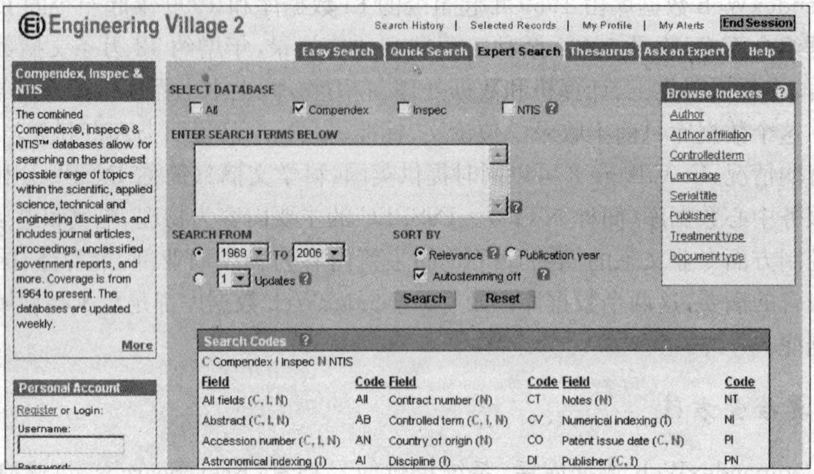

图 5－6 Ei CompendexWeb 的专家检索界面

与简易检索界面相仿，专家检索界面也只有一个文本框。但输入这个文本框中的检索策略，可以运用截词、词根、词组、逻辑、位置和字段等全部算符。文本框下面设有文献发表年份、检索结果排序和自动词根等限定选项。

截词算符有“*”和“?”两个。“ * ”用作左截断、右截断或者中间多字符屏蔽算符。例如，左截断“ *sorption”返回的结果中含有“adsorption”，“absorption”和“desorption”等，右截断“color* ”的结果中含有“color”，“colored”，“colors”和“Colorado”等，中间屏蔽“h*emoglobin”的结果中含有“hemoglobin”或“haemoglobin”。“?”用作单字符中间屏蔽算符。例如，“t?? th”的检索结果中可以含有“tooth”，“teeth”，“truth”和“tenth”等。

词根算符为“$”。例如，策略“ $computerization”返回的结果中含有“compute”，“computing”，“computer”，“computers”和“computerized”等。在专家检索界面，凡需要使用词根算符的单词前，都需要注明“ $”，在快速检索界面中，系统对输入文本框中所有检索词（除作者字段外）都设定了自动词根功能，可以方便有效地提高查全率。如果不想使用自动词根功能，可以点击这个界面上的 Autostemming off，即可关闭。

词组运算可以通过双引号、大括号和位置算符三种形式实现。例如，“vehicle gear”，{vehicle gear}和 vehicle onear/0 gear 这三个策略返回的结果是相仿的。双引号和大括号中，允许把 and，or，not，near 作为检索词。例如，近地天体的策略为{near earth objects}。

位置运算有“near/n”和“onear/n”两种形式。“near/n”的含义为“near”前后两词相连，词序可换，间隔最多 n 个单词（n 为正整数）。只写 near，系统默认词间间隔最多为 4 个单词。“onear/n”与“near”的区别仅在于词序固定与否。位置算符可以和字段和词根算符联用，例如，laser NEAR/4 diode wn AB。必须注意，位置算符不可与优先算符并用。

在专家检索界面的下面是字段段码提示列表。字段限制的命令格式为：检索词 wn 段码。CompendexWeb 数据库以及 INSPEC，NTIS 三个数据库常见字段的使用方法见表 5－3。

表 5－3 CompendexWeb(C)以及 INSPEC(I)，NTIS(N)常见字段的使用方法

字段名全称	段 码	含义和使用举例	适用数据库
All fields	All	在全部字段中检索，{test bed} wn ALL	C，I，N
Abstract	AB	文摘，"optical fiber" wn AB	C，I，N
Author	AU	作者，Sakamoto，K* wn AU	C，I，N
Author affiliation	AF	作者单位，"Shanghai University" wn AF	C，I，N
Chemical indexing	CI	无机材料，{Si/el} wn CI	I
Classification code	CL	分类号，72* wn CL	C，I，N
Contract number	CT	合同号，"N00014－04－C－0448" wn CT	N
Controlled term	CV	主题词，"near field scanning" wn CV	C，I，N
Report number	RN	报告号，"PAT－APPL－6－763 160" wn RN	N
Serial Title	ST	刊名，"Journal of Applied Physics" wn ST	C，I
Subject/Title/Abstract	KY	主题词，题目和文摘，fiber wn KY	C，I，N
Title	TI	题目，{atm networks} wn TI	C，I，N
Uncontrolled term	FL	关键词，{waste water} wn FL	C，I，N

下面是这个系统中使用的部分检索策略实例：

gear*	（使用截词符"*"）
"vehicle gear"	（检索指定词组）
vehicle near gear	（使用位置算符"near"）
(car or truck) and gear	（逻辑与和逻辑或混合运算）
((car or truck) and gear) wn ti	（在题目字段中做逻辑与和逻辑或混合运算）

(4) 浏览索引。快速检索界面和专家检索界面上设置有浏览索引(Browse Indexes)专栏，帮助检索者从索引中选词进行检索。选择点击 Author(作者)、Author Affiliation(第一作者单位)、Controlled Terms(主题词)、Serial Titles(刊物名称)和 Publisher(出版社)等中的任意一个，浏览相应的索引列表。勾选索引列表中的词或词组，系统自动将其粘贴到检索文本框，供检索之用。

(5) 主题词表。CompendexWeb 数据库提供 Ei 主题词表(Thesaurus)，可以根据需要选用。与关键词比较，使用主题词表中的主题词，所得结果的查全率和查准率一般都将有较大的改善，这是主题词检索的主要优点。

勾选所选主题词右侧的 Select,该主题词自动转入屏幕下半部的检索框,点击 Search,系统即给出检索结果。双击所选的主题词,进入主题词表正文显示(见图 5-7)。

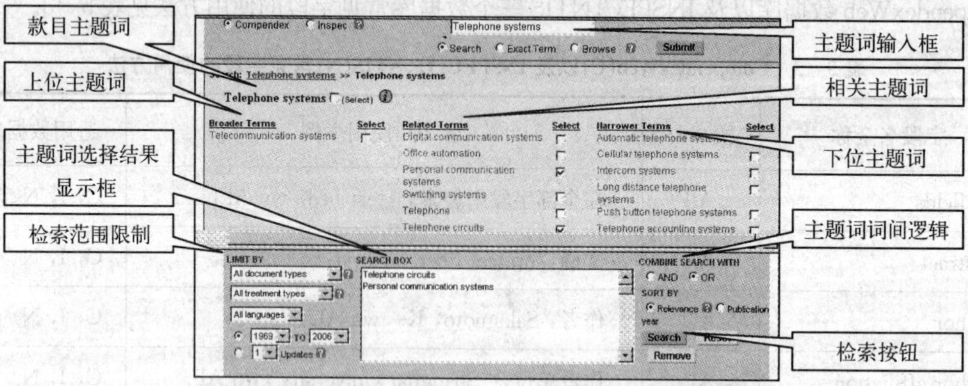

图 5-7　Ei CompendexWeb 的主题词表正文显示示例

点击款目主题词后的图标 ,系统给出这个主题词的设立日期和相应的分类号,这是取得课题分类的一个途径。图 5-7 中主题词的使用方法实例见本书 2.1.2 节。

3. 检索结果的显示和输出

检索结果界面(图 5-8)除工具条外,分成结果输出选择(Results Manager)、结果显示(Search Results)和结果调整(Refine Results)三个板块。

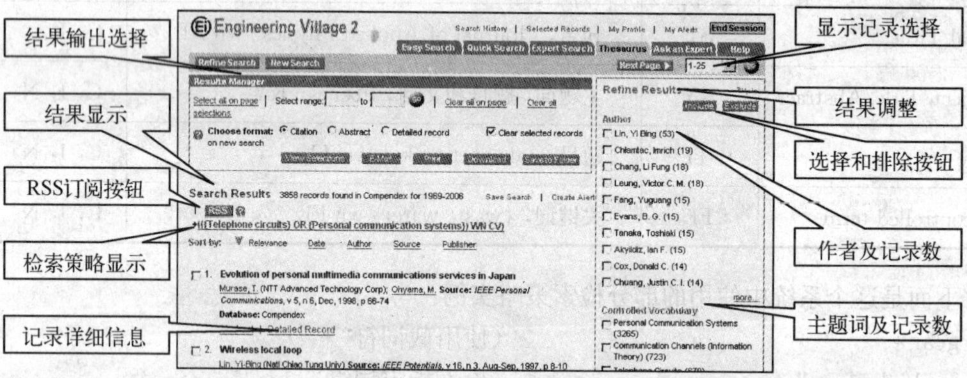

图 5-8　CompendexWeb 的检索结果界面示例

(1) 结果输出选择(Results Manager)。可进行以下操作:对当次检索结果的批量选择;对选择结果批量清除;选择检索结果的输出格式,包括题录(Citation)、文摘(Abstract)和全记录(Detailed Record);打印(Print)和存盘(Download)等。

(2) 结果显示(Search Results)。显示当次检索策略和检索结果,提供排序选择、作者、文摘和全记录超链接。如果长期需要某检索策略检索的文献,可以点击 RSS 按钮,系统将自动把该策略的检索结果送入用户指定的信箱。

(3) 结果调整(Refine Results)。结果调整是这个系统的特色,包含从本次检索结果中统计出来的前 10 名作者姓名和记录数、出现频次最高的前 10 位主题词、前 10 位分类类名以及文献类型、语言、出版年份和出版商分布等项目。这些信息可供根据需要通过勾选所需项目,使用限制(Include,含义为逻辑与)或者排除按钮(Exclude,含义为逻辑非),实现当前检索结果调整。

5.2.3 美国《化学文摘》数据库

1. 美国《化学文摘》的基本情况

美国《化学文摘》(Chemical Abstracts，简称 CA)，由美国化学学会文摘社编辑出版，1907 年创刊，是检索化学化工、材料科学和生物科学等领域文献的主要文摘检索系统。

CA 摘录了 100 余个国家 50 余个语种的近 15 000 种期刊论文，以及会议录、科技报告、档案资料、学位论文、图书和 30 余国的专利。除化学化工文献外，它也报道生物化学、食品、金属和冶金等多方面学科和行业的技术情报。近年来 CA 每年报道的文献量已近 50 万条，总量超过 2 400 万条，约占世界化学化工文献总量的 98%。

当前常用的 CA 有印刷版、光盘版和网络版等形式。下面主要介绍网络版 CA 的主要使用方法。

2. 网络版美国《化学文摘》

(1) 网络版美国《化学文摘》的内容。网络版美国《化学文摘》称为 Scifinder Scholar(以下简称 SFS)。

SFS 包括 CAplus，CASREACT，REGISTRY，CHEMCATS 和 CHEMLIST 5 个数据库。其中，CAplus 是核心数据库，报道 1907 年以来 2 400 余万条化学化工文献的文摘。CASREACT 报道 900 余万条反应，REGISTRY 报道 2 670 余万种有机和无机物质和 5 676 余万条生物序列，CHEMCATS 报道全球 734 家化学商品供应商的 860 余万种的化学商品，CHEMLIST 报道世界上 19 个国家公布的 23 余万种管制物质。以下的介绍以 CAplus 数据库为主。

SFS 使用前需要安装专用的程序。这些专用的程序由客户端程序 sfs2006.exe，site. prf 和 ViewerLite 组成，其中 ViewerLite 用于查看三维化学结构。

(2) 进入 SFS 和检索途径选择。进入 SFS 首页后，可以看到主菜单、工具条和任务对话框(New Task)。任务对话框上有检索(Explore)、定位(Locate)和浏览(Browse)三项选择按钮。

检索选择主要用于从课题出发查找相关文献，点击后进入检索对话框，根据检索对象不同有检索文献(Explore Literature)、检索反应(Explore Reactions)和检索物质(Explore Substances)三个类别及其检索途径按钮。这些按钮有检索文献下的课题(Research Topic)、作者(Author Name)和公司(Company Name/Organization)，检索反应下的反应结构(Reaction Structure)，检索物质下的化学结构(Chemical Structure)和分子式(Molecular Formula)。点选其中一个即可进入检索状态。

定位选择主要用于从已知的文献和物质信息出发快速查找有关信息。进入定位对话框，上面有定位文献和定位物质两个类别及其使用途径按钮。这些按钮有定位文献下的书目信息途径(Bibliograhic Information)和文献号(Document Identifier)按钮，以及定位物质下的化学物质名(Substance Indentifier)。点选其中一个也可进入定位状态。

浏览选择主要用于从 1 900 种化学文摘核心期刊名称出发，直接浏览其文献信息。

(3) 课题途径的使用方法。进入课题途径(Research Topic)，直接输入短语形式的课题名称作为检索策略，点击 OK 即可进行检索。和一般检索系统不同，网络版 CA 不仅允许，而且鼓励在检索策略中使用介词，一般不要使用逻辑与。同义词和近义词可使用逻辑或相连，但需放在括号中，并紧跟在需要扩展的名词之后。因系统具有自动查找相关词和自动词根扩展功能，除非必要，逻辑或运算一般也可以不用。

这个界面上的 Filter 按钮用于对检索结果进行语言、文献类型、公司名或者作者名限制，是一个可选项。

(4) 化学结构途径的使用方法。化学结构(Chemical Structure)途径是这个系统的特色途径。进入这个途径首先需要对物质的结构作图。作图完成后，点击 Get Substance 按钮，进入选择物质界面，再选择 Get References 按钮后，即可得到相关文献。

(5) 检索结果的显示和分析。课题途径的检索结果分成三步显示。首先给出的是检索结果统计，包括完全与检索短语一致(... as entered)的命中篇数，短语在同一句子中出现(concepts ... closely associated with one another)的命中篇数，短语在全记录任意位置(concepts ... were presented anywhere)的命中篇数。可以从中选择需要显示的项目，点击 Get References 按钮，进入检索结果的题录信息显示。在这个显示界面的右侧，对应于每篇文献有文摘信息按钮和全文链接按钮。显示界面的下端有去重(Remove Dulicates)、分析调整(Analyze/Refine)和再取相关文献(Get Related)三个按钮。其中分析调整按钮可以对当次检索结果中的作者、化学物质登记号、期刊等 10 余项内容进行分析，可以根据需要选择使用。

3. 美国《化学文摘》的检索实例

例 5－9：通过网络版美国《化学文摘》，查找"通过 HPLC 方法分析苏丹红染料(HPLC analysis of Sudan red)"的相关文献。

解：第一步，进入课题检索界面，输入检索词试查。在检索文本框中直接输入"HPLC analysis of Sudan red"作为检索词检索。

由给出的结果统计，可见系统将"HPLC analysis"和"Sudan red"连接在一起作为词组，无形中缩小了检索范围，因此需要对策略进行调整。

第二步，根据第一步结果和分析，调整检索策略。将检索策略改为"analysis of Sudan red by HPLC"，检索后分析所得结果，发现查准率和查全率都得到改善。

第三步，选择阅览文摘。下面是从第二步得到的题录信息中提取的一篇文摘：

142:372682 Determination of 1－phenylazo－2－naphthol (Sudan Ⅰ) in chilli powder and in chilli-containing food products by GPC clean-up and HPLC with LC/MS confirmation. M. Mazzetti A1, R. Fascioli A1, I. Mazzoncini A1, G. Spinelli, I. Morelli, A. Bertoli. Food Additives & Contaminants Volume 21, Number 10 / October 2004, 935－941.

5.3 全文类期刊数据库

5.3.1 中国学术期刊网络出版总库

1. 基本情况

中国学术期刊网络出版总库(简称 CJFD)是中国学术期刊(光盘版)电子杂志社和北京

清华同方光盘股份有限公司合作研制的中国知识基础设施工程(China National Knowledge Infrastructure,简称 CNKI)系统中的一个子系统,是查找和利用国内出版的期刊文献的一个主要网络数据库。

CJFD 的内容为国内出版的 7 400 余种学术类核心与专业特色期刊的全文,目前累积全文 2 550 多万篇,部分期刊可以回溯至 1915 年。专业覆盖基础科学、工程科技、农业科技、医药卫生科技、哲学与人文社会科学、信息科技、经济与管理等,网上数据每日更新。CJFD 对其收录的每一篇文章均提供篇名、作者、作者所在单位名称、关键词、摘要、基金名称、来源期刊等信息,并提供全文的原貌显示、打印和下载等功能。

在校园网条件下,登陆进入中国学术文献网络出版总库(图 5-9),点击"中国学术期刊网络出版总库"即可进入 CJFD(图 5-10)。与此库相关的中国学术期刊网络出版总库题录数据库(http://www.cnki.net)可通过任何上网终端免费使用。这两种数据库的使用方法相仿,以下的介绍以 CJFD 为主。

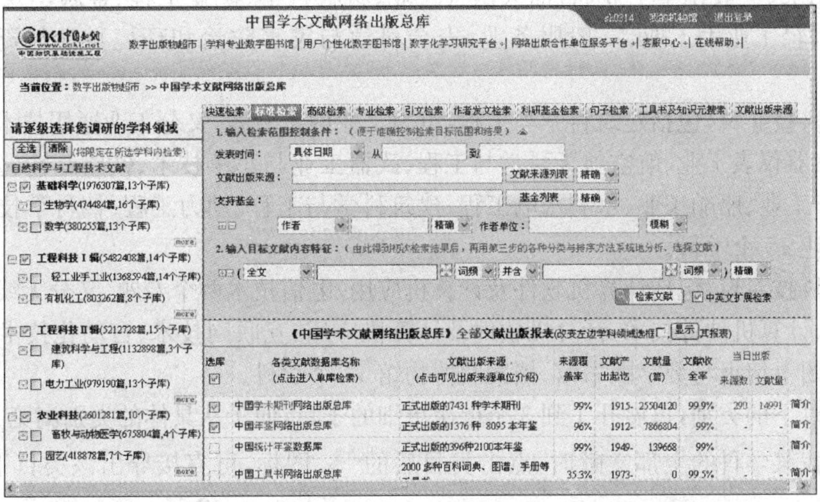

图 5-9　中国学术文献网络出版总库首页

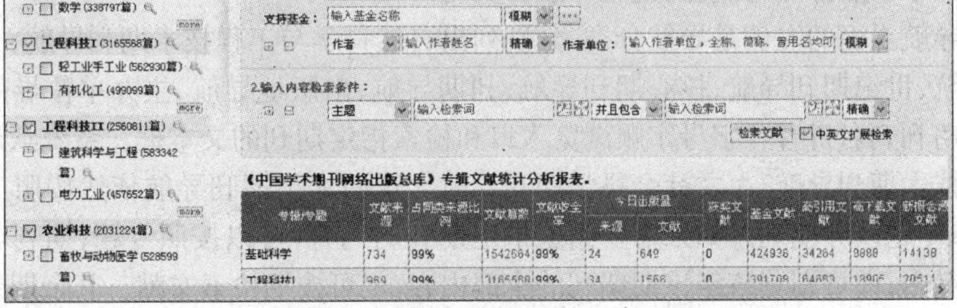

图 5-10　中国学术期刊网络出版总库(CJFD)首页

2. 导航浏览

（1）文献分类目录导航。文献分类目录导航位于中国学术期刊网络出版总库首页的左侧。系统默认状态为分类目录全选，可用于从学科角度浏览文献，或者用于为检索文献指定学科范围。

分类目录导航为 CJFD 自设的知识体系。这个体系将全部文献分成 10 个专辑，形成了按专辑栏目排列的分类导航树。10 个专辑中，除开农业科技和医药卫生科技专辑之外，其余与理工科相关专辑的具体内容为：

基础科学专辑，包括生物学，数学两个专题，又分自然科学理论与方法、数学、非线性科学与系统科学、力学、物理学、生物学、天文学、自然地理学和测绘学、气象学、海洋学、地质学、地球物理学和资源科学 13 个学科。

工程科技Ⅰ辑，包括轻工业手工业，有机化工两个专题，又分化学、无机化工、有机化工、燃料化工、一般化学工业、石油天然气工业、材料科学、矿业工程、金属学及金属工艺、冶金工业、轻工业手工业、一般服务业、安全科学与灾害防治和环境科学与资源利用 14 个学科。

工程科技Ⅱ辑，包括建筑科学与工程，电力工业两个专题，又分工业通用技术及设备、机械工业、仪器仪表工业、航空航天科学与工程、武器工业与军事技术、铁路运输、公路与水路运输、汽车工业、船舶工业、水利水电工程、建筑科学与工程、动力工程、核科学技术、新能源和电力工业 15 个学科。

信息科技专辑，包括计算机软件及计算机应用、电信技术两个专题，又分无线电电子学、电信技术、计算机硬件技术、计算机软件及计算机应用、互联网技术、自动化技术、新闻与传媒、出版、图书情报与数字图书馆、档案及博物馆 11 个学科。

学科以下的类别，再展开 1 到 3 个层次更细的子目，便于从具体的类别浏览文献。当用户希望查找某学科的全部文献时，点击类目后的 图标，可直接导出该类目下的全部文献。例如，顺次点击“基础科学”、“数学”、“数学概论”，点击类目后的 图标，即可得到“数学概论”类下的全部文献。

使用分类目录导航，可以根据课题需要，任意选择一个或者若干个分类。如果需要从出版时间、期刊名称、作者或者主题角度，对导航浏览得到的学科文献作进一步限制(或者说为检索文献指定学科范围)，可先勾选指定学科名称，后在右侧检索设置和文本框中选择或者填入相应内容，再行检索。

（2）期刊导航。期刊导航的界面切换标签在中国学术期刊网络出版总库网页上端，与总库名称齐平。点开后，出现的期刊导航首页见图 5－11。

期刊导航界面的左侧是导航分类，分别列出自然科学与工程技术期刊导航、人文社会科学期刊导航、世纪期刊导航、核心期刊导航、刊期导航、出版地导航、主办单位导航等。界面上端给出期刊刊名拼音首字母字顺浏览入口和检索指定期刊的文本框。系统默认为自然科学与工程技术期刊导航、人文社会科学期刊导航。这两大类期刊导航依然按照上述十个专辑，再按照专题区分期刊。如果需要浏览指定期刊的内容，可以按照专题、期刊名、年份、刊期的顺次点击，即可浏览该年该期期刊的全部内容，也可按期检索文献。其余期刊导航的用法与此类似。CJFD 的期刊导航示例见图 5－12。

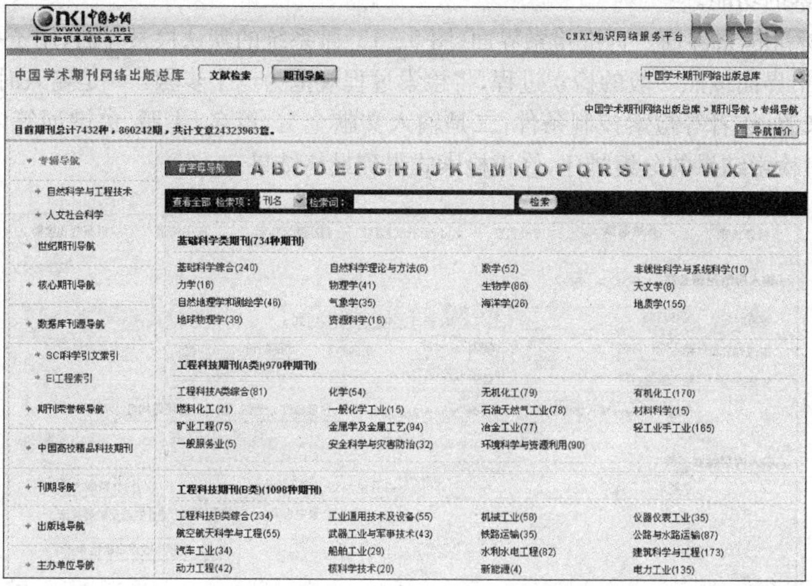

图 5-11　CJFD的期刊导航首页

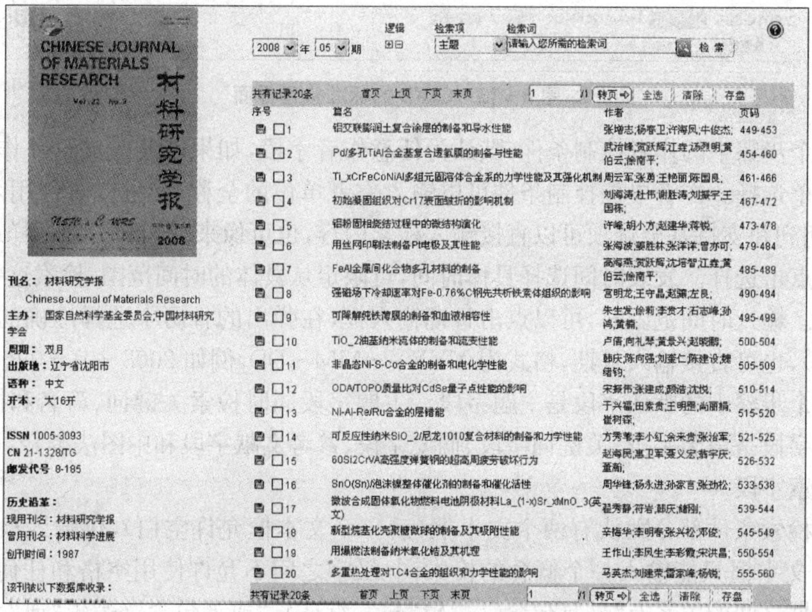

图 5-12　CJFD的期刊导航示例

3. 检索界面和检索方法

(1) 快速检索界面。快速检索界面用于简单课题的检索，只有一个文本框，直接输入检索词，点击快速检索按钮，系统在全文字段中实施检索。如果输入的检索词含两个概念以上，系统将自动切分概念，超过两个以上的概念之间的关系默认为逻辑与，给出任意字段含有检索概念的所有文献。

除了快速检索界面之外，在选择模糊匹配的其他检索界面文本框中也提供这种自动切分概念检索的功能。

(2) 标准检索界面。标准检索界面(图 5－13)是系统的默认检索界面,用于一般课题的检索。这个界面按照一般的检索过程,将检索过程规范为三个步骤：一是输入时间、支持基金、文献来源、作者等检索控制条件;二是输入文献全文、篇名、主题、关键词等内容检索条件;三是对检索结果的分组排序,修正检索式得到最终结果。

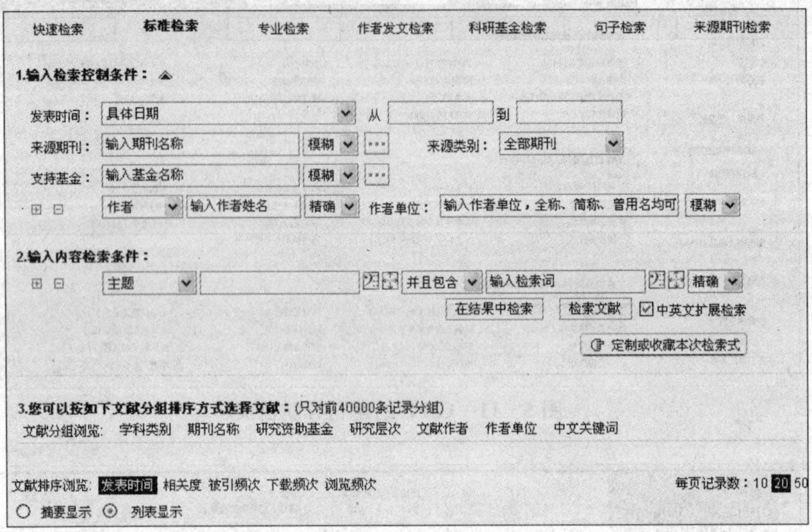

图 5－13　CJFD 的标准检索界面

第一个步骤中的作者控制条件,默认为任意作者字段,如果需要改成第一作者,可以点开下拉菜单选择。作者单位控制条件可以输入作者单位的全称、简称或者曾用名。发表时间、来源期刊和支持基金选项可以直接输入检索内容,也可像来源期刊类别一样从系统提供的列表中点击选择。发表时间选择具体时间,可限定从具体的时间范围,检索这一范围内发表的文献。输入时间范围时,可以点击日期输入框,在弹出的日历中选择准确的日期(需精确到某日),也可直接输入日期,格式为 YYYY－MM－DD,例如 2008－01－09。

第二个步骤中的默认字段是主题字段。主题字段同时检索关键词、篇名和摘要三个字段。其余字段是篇名字段、关键词字段、摘要字段、参考文献字段和中图法类号,可以按照需要选择检索字段。

内容检索条件部分默认有两个文本框(后一个文本框允许空白),供输入检索词之用。注意每个文本框只能输入一个概念的检索词,汉字之间不允许使用空格和任何检索算符。两个文本框之间的关系有“并且包含”(逻辑“与”,默认)、“或者包含”(逻辑“或”)、“不包含”(逻辑非),可以按需选择。

文本框之后的是前 10 次检索词显示,用于重新调用先前的检索结果。点击按钮将弹出一个窗口,记录本次登录最近输入的 10 个检索词。点击所需要的检索词,则该检索词自动进入检索框中。是扩展按钮,点击这个按钮,系统自动跳出以检索词为中心词的配合词选择清单,检索者从中选择后,系统自动将所选词汇写入检索文本框,策略格式为“检索词＊(配合词 1＋配合词 2＋……)”。注意系统不允许对自动产生的这种策略进行调整。

标准检索界面设置⊞和⊟两种按钮用于增添或者减少检索逻辑行,例如需要检索多个作者合著的文献，点击检索项前⊞增加逻辑检索行，添加一个限定发文的作者；点击⊟减少逻辑检索行，去除一个限定发文的作者。

标准检索界面设置有精确和模糊两种匹配控制。精确匹配是指检索结果中含有与检索词完全匹配的词语。精确匹配为按词检索。模糊匹配是指检索结果包含检索词或检索词中的字。程序自动对检索词进行拆分，只要检索项中按顺序包含检索词所包含的全部单字即作为检索结果显示。精确匹配和模糊匹配两者相对而言，前者检索效果偏重查准，用于缩小检索范围，后者偏重查全，可以用于扩大检索范围。

中英文扩展是由所输入的中文检索词，自动扩展检索相应检索项中英文语词的一项检索控制功能。这个功能的单选框前，系统默认已经勾选，但实际仅在选择“匹配”中的“精确”时，“中英文扩展”功能才起作用。

(3) 专业检索。专业检索(见图 5－14)需要输入检索策略，用于复杂课题的检索。

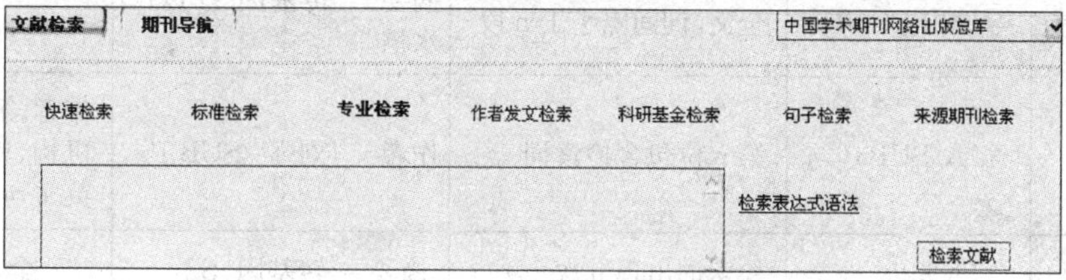

图 5－14　CJFD 的专业检索界面

专业检索中可使用的字段为：主题、题名(篇名)、关键词、摘要、作者、第一责任人(第一作者)、机构(单位)、中文刊名 & 英文刊名、引文(参考文献)、全文、发表时间、年、基金、中图分类号、ISSN、CN(统一刊号)。

专业检索中可使用的逻辑算符为 and，or，not。其他算符见表 5－4，注意表中算符全部应使用半角。

表 5－4　CJFD 专业检索界面使用的算符

功 能	算 符	功 能 说 明	示 例	适用字段
逻辑算符	*	同时包含算符前后两个检索词，与“and”相同	篇名＝转基因 * 水稻	所有检索字段
	＋	包含算符前后两个检索词中的一个或者两个，与“or”相同	篇名＝转基因＋基因整合	
	－	包含算符前的检索词，不包含其后的检索词	篇名＝转基因－水稻	
模糊包含	%	包含检索词或从检索词切分出的词	摘要%转基因水稻	全文、主题、题名、关键词、摘要、中图分类号
精确包含	＝	包含检索词	篇名＝转基因水稻	作者、第一责任人、机构、中文刊名 & 英文刊名

续 表

功 能	算 符	功 能 说 明	示 例	适用字段
位置检索	='A/SENnB'	同段,按次序出现,间隔小于 n 句	全文='转基因 /SEN 0 水稻'	全文、主题、题名、关键词、摘要、分类号
	='A/NEARnB'	同句,间隔小于 n 个词	摘要='转基因 /NEAR 5 水稻'	
	='A/PREVnB'	同句,按词序出现,间隔小于 n 个词	摘要='转基因 /PREV 5 水稻'	
	='A/AFTnB'	同句,按词序出现,间隔大于 n 个词	摘要='转基因 /AFT 5 水稻'	
	='A/PEGnB'	全文,词间隔小于 n 段	摘要='转基因 /PEG 5 水稻'	
	='A/SUBn'	第 n 位包含检索词	作者=' 刘强 /SUB 1'	作者、第一责任人、机构、中文刊名 & 英文刊名
词频控制	='A $n'	检索词出现 n 次	摘要='转基因 $2'	全文、摘要

在构建检索策略时,注意所有符号和英文字母,都必须使用英文半角字符。"AND"、"OR"、"NOT"三种逻辑运算符的优先级相同;如要改变组合的顺序,可使用英文半角圆括号"()"将条件括起;逻辑关系符号 AND、OR、NOT,前后要空一个字节;使用"同句"、"同段"、"词频"时,需用一组西文单引号将多个检索词及其运算符括起,如:'流体/SEN0 力学'。

例 5-10:要求检索钱伟长在清华大学或上海大学时发表的文章。检索策略可拟为:作者=钱伟长 and (单位=清华大学 or 单位=上海大学)。

例 5-11:要求检索钱伟长在清华大学期间发表的题名或摘要中包含"物理"的文章。检索策略可拟为:作者=钱伟长 and 单位=清华大学 and (题名=物理 or 摘要= 物理)。

例 5-12:要求在 CJFD 中检索钱伟长在清华大学以外的机构工作期间所发表的,题名中包含词组"流体力学"文章,检索策略拟为:题名='流体力学' and (作者=钱伟长 not 机构=清华大学)。

(4) 句子检索(段落检索)界面。这个检索界面用于查找同一句子(段落)中同时出现两个概念的文献。功能和位置算符相同。在全文字段得到的文献量很大,需要提高查准率时,使用这个检索界面效果较好。

(5) 其他检索界面。除了上述界面之外,CJFD 还提供作者发文检索、科研基金检索和来源期刊检索三个检索界面,可以根据需要选用。

4. 在结果中检索和检索范围的调整

在结果中检索又称为二次检索,是在当前检索结果内进行的检索。二次检索这一功能设在实施检索后的检索结果页面。在结果中检索的作用相当于在前后两次检索词之间做逻辑"与"运算,从而达到缩小检索范围,使检索结果逐步接近课题要求的目的。不管是采用哪种检索界面，使用哪种检索方法，只要检索结果的篇数允许，“在结果中检索”可以反复做，直到满足课题要求为止。

检索结果的调整包括扩展和缩小检索范围。如果所得结果数量过少，扩展检索范围的方法有：使用 2.2.2 节中介绍的概念扩展方法扩展出检索词，通过标准检索多逻辑界面检索词间使用“或者”关系，或者在专业检索界面的策略检索词间使用“or”或者“+”；以模糊控制代替精确控制；以主题字段代替单用的篇名、关键词或文摘字段等。

如果所得结果过多，缩小检索范围的方法有：标准检索多逻辑界面检索词间使用“并且”，或者在专业检索同一文本框中检索词间使用“ * ”，或者使用“在结果中检索”，增加限制条件；使用精确控制代替模糊控制；改用关键词或篇名字段，代替主题字段；使用辅助字段限制，例如年份选择等。

5. 检索结果显示和下载

CJFD 对检索结果提供分组浏览和排序浏览两种选项。在检索结果较多时，利用这两项选项可以很方便地对检索结果进行分析显示。

分组浏览有学科类别、期刊名称、研究资助基金、研究层次、文献作者、作者单位等方式。图 5-15 是按照学科类别分组浏览“微波通信”检索所得 1 055 篇文献的示例。

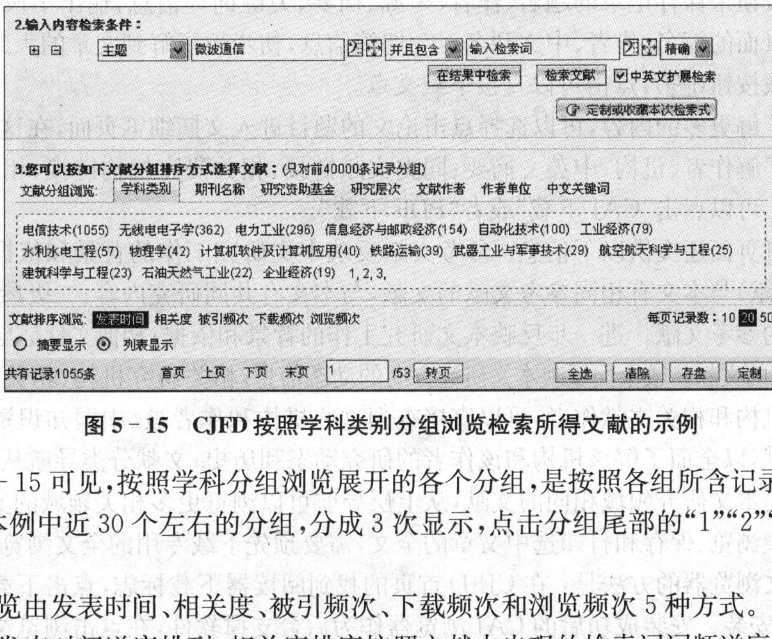

图 5-15 CJFD 按照学科类别分组浏览检索所得文献的示例

由图 5-15 可见，按照学科分组浏览展开的各个分组，是按照各组所含记录的多少降序排列的，在本例中近 30 个左右的分组，分成 3 次显示，点击分组尾部的“1”“2”“3”即可浏览各个分组。

排序浏览由发表时间、相关度、被引频次、下载频次和浏览频次 5 种方式。其中，发表时间排序按照发表时间逆序排列；相关度排序按照文献中出现的检索词词频逆序排列。

例 5-13：要求检索 2005 年发表的篇名中包含“地理科学”，不包含“进展”、“综述”、“述评”的期刊文章。检索策略如图 5-16 所示。

第一步：在专辑导航中点【全选】；

第二步：使用三行逻辑检索行，每行选择检索项“篇名”，输入检索词“地理科学”；

第三步：选择“关系”（同一检索项中另一检索词（项间检索词）的词间关系）下的“不包含”；

第四步：在三行中的第二检索词框中分别输入“进展”、“综述”、“述评”；

第五步：选择三行的项间逻辑关系（检索项之间的逻辑关系）“或者”；

第六步：选择检索控制条件：从 2005 到 2005；

第七步：点击检索。

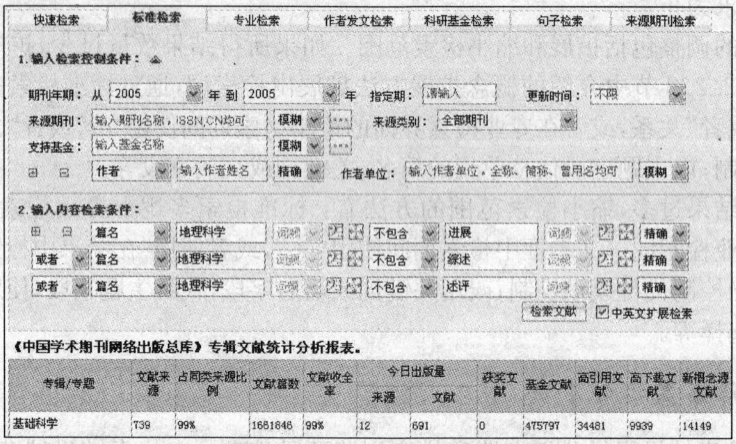

图 5－16　CJFD 检索实例的检索策略

检索到结果后，系统首先给出题录概览页面。在题录概览页面的顶部有命中记录数信息，上下翻页功能按钮，转页按钮，还有“全选”、“清除”、“存盘”按钮（选中相应的文章，可以通过“存盘”按钮来保存记录的题名、作者、来源、摘要、关键词等信息，输出字段也可定制）。可以通过此页面的篇名、作者、中文刊名、年/期等信息，初步地了解到文章的大致内容信息。此外还有下载按钮（🖫），点击可以直接下载文章。

如果想了解更多的内容，可以选择点击论文的题目进入文摘细览页面，在这个页面中可以更详细地了解作者、机构、中英文摘要、同类文献链接、相关研究机构链接、相关文献作者链接等内容。可以点击“CAJ 下载”或者“PDF 下载”。

文摘细览页面还提供以下信息：参考文献反映本文研究工作的背景和依据；共引文献（也称同引文献）与本文有相同参考文献的文献，与本文有共同研究内容；二级参考文献是本文参考文献的参考文献。进一步反映本文研究工作的背景和依据；相似文献是与本文主题相近或内容相似的文献。较全面反映本文研究方向的动态信息；相关研究机构、相关文献作者提供相关研究机构和相关文献作者，可以直接查到这些机构和作者被《中国知识资源总库》收录的其他文献，以全面了解该机构和该作者的研究动态和历史；文献分类导航从导航的最底层可以看到与本文研究领域相同的文献，从上层导航可以浏览更多相关领域的文献。

如果希望浏览、保存和打印选中文章的全文，需要预先下载专用的全文浏览器软件。下载和安装全文浏览器的方法是：在 CJFD 首页的找到阅读器下载标志，点击下载图标，执行下载，并执行安装。安装成功后的 CAJ 浏览器作为后台支撑软件，在点击浏览文献全文时，自动以原印刷格式显示全文。

5.3.2　Science Direct 全文数据库

1. Science Direct 数据库概况和登录

Science Direct（简称 SD）数据库由世界著名的学术期刊出版商荷兰 Elsevier 公司发行。数据库包含 1 800 余种学术期刊和部分图书，学科覆盖数学、物理、生命科学、化学、计算机、临床医学、环境科学、材料科学、航空航天、工程与能源技术、地球科学、天文学、及经济、商业管理、社会科学等。其中自然科学技术类约占 2/3。

2. 浏览和检索方法

SD的首页见图5－17。SD有浏览和检索两种功能。

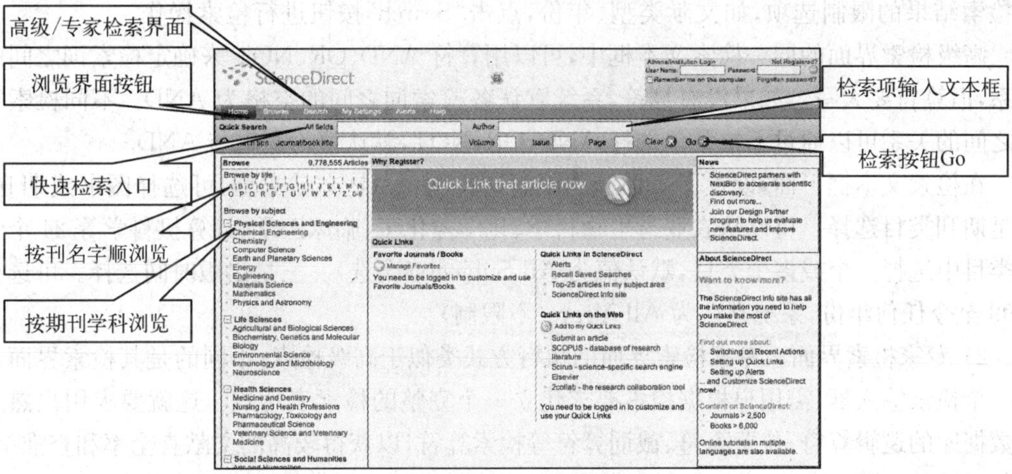

图5－17　SD首页

(1) 浏览功能。SD系统在首页和Browse界面两处安排浏览功能。提供按出版物名称的字母顺序(Browse by title)和按照出版物的学科归属(Browse by subject)的两种浏览方式。按字母浏览是将所有出版物按字母顺序排列起来,使用时可以按出版物名逐年逐卷逐期地直接阅读自己想看的期刊。按学科浏览是将出版物按学科类目分类,再按字母顺序排列。与这两种浏览出版物的同时,允许按单种出版物或单个学科检索,可使用Ctrl-Click一次选择多种出版物或者多个学科。在Journal/Book Title检索框中,输入某一出版物的名称,即可查找特定的出版物。在显示的结果中,已订购全文的出版物以🔑图标代表,如果该图标为灰色,则代表未订购全文。"Articles in Press"表示可浏览在编文章。

(2) 检索功能。SD的首页提供快速检索入口,可用于查找要求相对简单的课题。要求相对复杂的课题,应点击首页的Search进入高级检索和专家检索界面。

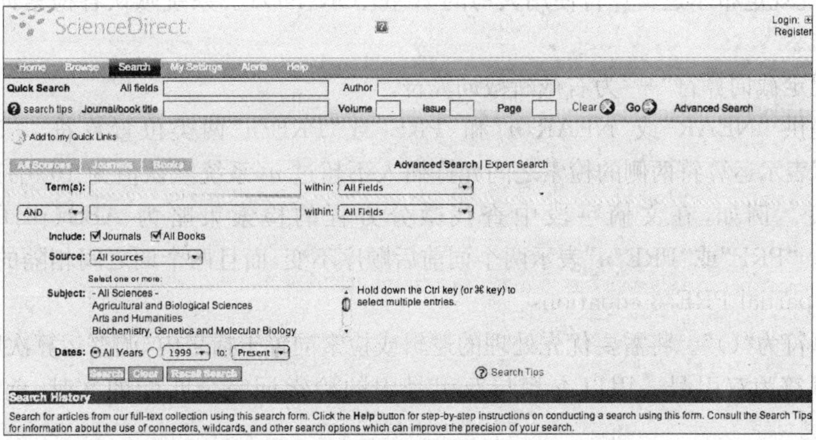

图5－18　SD的高级和专家检索界面

这两个界面通过界面中间的"Advanced Search/Expert Search"实现切换。两者的区别主要在于高级检索只有两个检索文本输入框和相应的字段选择,只能用于两个概念组面的课题，而专家检索界面不受此限制，可以输入更加灵活的检索策略。

1）高级检索。高级检索界面的使用步骤为：在所选择检索字段文本框内，键入检索词或词组，选择检索字段之间的逻辑关系（默认为逻辑与），选择期刊的学科类型，选择优化检索结果的限制选项，如文献类型、年份，点击“Search”按钮进行检索操作。

高级检索界面的同一检索文本框中，可以用算符 AND、OR、NOT 来确定检索词之间的关系，但算符要大写。如果没有算符，系统默认各检索词之间的空格为 AND。不同检索字段之间的关系可以通过下拉菜单选择 AND，OR，NOT，默认值为逻辑与 AND。

在检索文本框下面，设置了三种辅助限制选择项：一是文献类型，可选择图书或期刊。二是期刊类目选择。可以从农业与生物科学、化学与化工、临床医学、计算机科学等 24 个学科类目中选择一个或多个类目，默认值为 All Subjects（全选）。三是出版时间选择。可选择 1999 至今任何年份，系统默认为 All Years（不限制）。

2）专家检索界面。专家检索界面的执行方式类似于高级检索，不同的是其检索界面只有一个检索输入框，需用户根据检索要求建立一个完整的检索表达式。这就要求用户熟悉该数据库的逻辑算符、位置算符、截词算符等检索算符，以获得较高的文献查全率和查准率。例如，针对查找“Smith C. E. 发表的计算机辅助设计方法在车辆上应用”的检索策略 TITLE（“computer aided design” AND vehicle * ） AND AUTH（Smith C. E. ）。

3）检索词。无论高级还是专家检索界面，系统对输入检索文本框的检索词不区分字母的大小写。另外，a，an，about 等属于不被检索的禁用词范围。

作者检索的格式为“姓 名”，姓全称在前，名全称或首字母缩写在后；姓与名之间，名与名之间空一格，如 Smith R S。默认有前方一致自动截词功能，忽略空格和逗号。例如，输入“Stuart R”，可以检索“Stuart R”、“Stuart，R”、“Stuart Richard”、“Stuart，Richard”、“Stuart Robert”和“Stuart，Robert”等。再利用右侧下拉菜单选择检索字段。检索字段包括默认字段（Abstract，Title，Author，Keywords）、文章题名（Article Title）、文摘（Abstract）、作者姓名（Author）、文献出处（Journal Title）等。

4）检索算符和检索策略。

SD 系统规定布尔逻辑算符使用大写的 AND、OR、NOT。系统默认各检索词之间的空格为逻辑与。

系统规定截词算符“ * ”为右截断截词算符。

系统提供“NEAR”或“NEAR/*n*”和“PRE”或“PRE/*n*”两类位置算符。“NEAR”或“NEAR/*n*”表示运算符两侧的检索之间允许插入不超过 *n*（系统默认值为 10）个其他词，前后词序可变。例如，在文摘字段中查找微分方程的检索策略为 ABS（partial near/3 equations）。“PRE”或“PRE/*n*”表示两个词前后顺序不变，而且两个词之间相隔的 *n* 个以内的词。如：partial PRE/3 equations。

优先算符为“（）”。将需要优先处理的逻辑或检索词置于括号内，调整运算次序。

词组算符为双引号。用以查找与双引号内的检索词完全匹配的文献，前后词顺序不变。

3. 检索结果的显示和输出

检索结果的显示内容包括检索策略、检出记录的条数、检索结果的排列方式以及每条记录的题名、文献出处、作者、文摘和全文链接等。其中，检索结果排序选项有"相关度(Relevance)"和日期(Date)两种。系统默认为相关度排序。

如果需要保存检索结果的题录信息，可在题录检索结果界面上，勾选需要文献题名前的复选框内，再单击位于检索结果页面上方的"E-mail Artical"，即可将选定的记录发送至信箱；点击"Export Citations"可将选定记录发送至其他管理软件。

点击"My Documents"就可全部显示已经选择保存的记录内容，并可再次进行选择、删除、保存等操作。

保存全文的方法有两个。一是直接使用 Acrobat Reader 浏览器工具栏中的保存按钮，保存对话框就会出现。二是在打开 PDF 格式的文章全文之前，在希望保存的论文题名下，选中"Full Text"按钮，单击鼠标右键，从弹出的菜单中选择"目标另存为"，保存该论文。

利用 Acrobat Reader 工具栏中相应按钮，可对 PDF 格式文章进行文本复制和位图复制。文本复制方法为点击工具栏上 T 字形按钮，出现线段形光标，拖动光标选择要复制的部分，当选中部分变亮显示后，点击鼠标右键选择"复制"，将该部分文字粘贴到别的文字处理软件中即可。打印结果可单击浏览器工具栏中的打印机图标。

5.3.3 EBSCO 系统和学术研究精华全文数据库系统

1. 系统登录方法

EBSCO 系统是美国 EBSCO 公司提供的一个大型网络期刊全文数据库。使用受 IP 控制。

EBSCO 系统中的数据库主要有学术研究精华(Academic Search Elite)和商业资源精华(Business Source Premier)等。用户可以任意选择一个或多个库进行检索。以下的介绍以学术研究精华为主。

学术研究精华收录约 4 700 种出版物，其中 3 600 种为同行评审期刊，有些期刊全文可以追溯到 1975 年。学科覆盖生物科学、工商经济、信息科技、通讯传播、工程、教育、艺术、文学、医药学等领域。其中科技类和社科类内容的比例约为 1∶2。

2. 检索操作

EBSCO 数据库主要检索界面为基本界面和高级界面两种。另外还提供图像库和参考文献检索两个辅助界面。

(1) 基本检索界面。基本检索界面是系统默认的界面，只有一个检索文本框。检索文本框中输入的检索项可以有以下几种情况：

1) 单个英语单词。但不可输入冠词、代词、连接词(这些称为禁用词)，一般也不使用没有实质含义的普通名词和动词作为检索词；

2) 英语词组，单词之间为空格或者使用双引号。使用双引号时，系统将只检索含有引号中的词组的记录。例如输入 optical sensor 或者"optical sensor"；

3) 多个单词，单词之间使用通用逻辑算符 AND、OR 和 NOT。当需要混合使用与、或、非运算时，还可以使用优先算符()，例如，(language or linguistics) and (network or net or

nets or networks)；

4) 含有段码及其检索词的检索项。例如，au David，系统将查找作者姓名中含 David 的记录。又如，ti (language or linguistics) and ti (network or net or nets or networks)，系统将只在题目中查找含有符合检索策略要求的记录。EBSCO 数据库使用的字段和段码见表 5－5；

表 5－5　EBSCO 数据库使用的字段和段码

字段名称	检索举例	说明
AU(Author)	AU Gleason，Marie	检索作者，姓在前，名在后
SU(Subject headings)	SU Wall Street	主题词检索
AB(Abstract)	AB Jupiter	在文摘中检索
TI(Title)	TI education	在文献题目中检索
SO(Source)	SO Time	检索期刊名称中检索词
AN(Accession number)	AN 123456	检索指定记录号的文献
AS(Author supplied abstract)	AS money	在作者提供的文摘中检索

5) 含有右截词算符 * 的检索项和中间屏蔽算符 ？ 的检索项；

6) 含有位置算符 Nn，Wn 的多个单词。Nn 为前后两个检索词相隔距离最多为 n 个单词，两词在记录中的出现顺序可互换。Wn 为前后两个检索词相隔距离最多也为 n 个单词，两词在记录中出现的顺序按照输入时的顺序，不可互换。

(2) 高级检索界面。点击 Advanced Search，进入高级检索界面。高级检索界面因检索文本框增加为三个，检索字段可以通过下拉菜单选取，所以检索策略的构成更为灵活，可以适应更为复杂的检索课题。

EBSCO 的基本和高级两个检索界面都有提供检索条件限定选项和检索词扩展选项。检索条件限定选项（Limiters）中 Full Text 只检索有全文的文章，Scholarly (Peer Reviewed) Journals 只检索学术性期刊，Publications 限定系统只查找期刊名称中含有输入检索词的期刊，Published Date 为限定期刊出版年月范围。检索词扩展选项(Expand Result)可利用系统自动扩展检索词的功能寻找更多的相关资料。如果选择 Also search for related words，系统将自动检索输入关键词的相关词或同义词，如输入 bike，选择本功能后，系统自动检索 bicycle。如果选择 Also search within full text articles，系统同时检索全文内容中出现的关键字。

两个检索界面都有自动保存检索策略历史(Search History)的功能，以便用户随时删除和调用已有的检索步骤。删除已有的策略可以勾选检索步骤，点击 Delete Search。调用已有的策略可在检索文本框中使用步骤号 Sn。使用 Sn 时，字段必须为“Any field”状态，不能为任何其他具体字段。表 5－6 是课题“微型飞行机器人(micro flying robots)”的高级检索检索历史示例。

表 5-6 课题"微型飞行机器人(micro flying robots)"高级检索的检索历史示例

#	Query	Limiters	Results
S5	S3 and S4		3
S4	S1 and S2		44
S3	fly*		19 532
S2	Robot or robots		4 791
S1	Micro* or mini*		53 353

(3) 出版物检索。这种检索方法可对单个期刊进行检索。出版物检索可分为"前方一致"(Publication Beginning with)、"任意匹配"(Match Any Words)和"精确匹配"(Exact Phrase)三种检索模式。

前方一致(Publication Beginning With):显示所有以所键入的关键词为开头的出版物信息。如:键入"Journal"则会显示出所有名称以"Journal"开头的出版物。

任意匹配(Match Any Words):显示所有包含所键入关键词的出版物信息如:键入"Laser"则会显示出所有期刊名称包含"Laser"的出版物。

精确匹配(Exact Phrase):精确检索出版物名称。若很清楚地知道欲检索的出版物名称,可键入出版物全名检索相关信息。精确匹配方式的检索字段可限定在"Publication Name"、"Publication Subject/Description"或"Publisher Name"。用"Match Exact Phrase"方式检索,以"Architectural Record"为例,得到检索结果后点击刊名可进入期刊信息画面。

(4) 检索结果的输出。EBSCO 数据库将二次文献与一次文献"捆绑"在一起,检索结果为文献的题录、文摘或全文(PDF 或 HTML 格式)。检索结果可有屏幕显示、打印、电子邮件和存盘多种输出形式。

在屏幕显示形式情况下,命中文献系统首先以题录方式显示。直接点击某一篇文献题目后可以看到文摘或全文。带有全文的有 Full Text 标记。带有 Full Page Image 标识的表示该文献是以 PDF 格式显示的全文。需要标记记录(Mark),可在显示文献前面的选择框内点击。

在打印/电子邮件/存盘(PRINT/EMAIL/SAVE)形式情况下,检索结果可以直接打印、电子邮件传递或存盘保存。检索出文献后,在页面上找到并点击 PRINT/EMAIL/SAVE ,然后完成对话框中的选择项后方可完成输出。对话框中的选择项输出的形式包括标记记录、当前记录或全部记录;输出的格式包括详细内容还是题录格式(Bibliographic manager format)、是否输出全文以及输出的方式直接打印、电子邮件传递还是存盘保存等。

5.4 普通文献检索案例

例 5-14:求查"计算力学"相关的图书和期刊论文文献。

解:1. 明确课题要求

查找"计算力学"相关的图书和期刊论文文献。本课题属于学科调研类课题,以查到切题的文献为目的。

（如何区别信息检索课题的类别明确其信息要求？请参见 2.2.1 节）

2. 了解课题背景知识，分析课题涉及的概念

通过 Yahoo，查找"计算力学"得到：

计算力学是根据力学中的理论，利用现代电子计算机和各种数值方法，解决力学中的实际问题的一门新兴学科。计算力学主要进行数值方法的研究，如对有限差分方法、有限元法作进一步深入研究，对一些新的方法及基础理论问题进行探索等等。计算力学已在应用中逐步形成自己的理论和方法。应用于固体力学的有限元法和应用于流体力学的有限差分方法是比较有代表性的方法。

本课题涉及的概念有：计算力学，有限元法，有限差分法

（如何取得背景知识？如何分析课题概念？请参见 2.2.2 节中的相关内容）

3. 选择使用的检索系统

根据课题要求，选择超星数字图书馆、中国学术期刊网络出版总库、CompendexWeb 和 Elsevier 数据库查找相关文献。

（如何选择检索系统？请参见 2.2.3 节中的相关内容）

4. 实施检索，调整检索策略，选取检索结果

（1）通过超星电子图书馆系统，查找"计算力学"，得到电子图书：

《新计算力学加权残值法——原理、方法及应用》

作者：徐次达　陈学潮　郑瑞芬　页数：399　出版日期：1997 年 5 月第 1 版

（全文略）

（如何使用电子图书系统？请参见 5.1.2 节中的相关内容）

（2）通过中国学术期刊网络出版总库，查找"计算力学"，得到国内期刊文献全文：

计算流体力学并行计算技术研究综述

作者　朱国林，徐庆新

关键词　并行算法；网络并行计算；CFD 计算

机构　中国空气动力研究与发展中心，四川绵阳 621000

中文摘要　本文综述了中国空气动力研究与发展中心计算空气动力学研究所近年来开展的并行算法研究应用工作。包括有基于工作站机群和微机机群建立了分布式网络并行计算环境；在此并行环境下开展了 CFD 并行算法研究和并行应用软件开发研制；与国防科技大学计算机学院合作，开展了大型系列并行机研制过程中所选择的 CFD 并行程序的研制，并对计算机并行性能进行了测评。

中文刊名　空气动力学学报 2002 年 S1 期

（全文略）

（如何使用中国学术期刊网络出版总库查找国内期刊论文？请参见 5.3.1 节中的相关内容）

（3）通过 CompendexWeb 数据库，查找"computing mechanics"，得到国外期刊文献的文摘信息：

Refs EI93071036326 High-performance computing in structural mechanics and engineering. Adeli, Hojjat; Kamat, M. P.; Kulkarni, Girish; Vanluchene, R. D. Author Affiliation: Ohio State Univ Source: Journal of Aerospace Engineering v 6 n 3 Jul 1993 p 249 - 267 0893 - 1321 In English.

（如何使用 CompendexWeb 查找国外期刊论文的文摘信息？请参见 5.2.2 节中的相关内容）

（4）通过 Elsevier 数据库，查找“computing mechanics”，得到国外期刊文献全文：

Parallel computing methods in applied fluid mechanics

Tezduyar，T. E. / Hughes，T. J. R.，Parallel Computing，Sept 1997

ELSEVIER Parallel Computing 23（1997）1215 Guest editorial PARALLEL COMPUTING Parallel computing methods in applied fluid mechanics This special issue is a collection of papers focusing on parallel computing methods for large-scale，3D simulations in ...

（全文略）

（如何使用 Elsevier 查找国外期刊的全文？请参见 5.3.2 节中的相关内容）

习　题

1. IPAC 系统

如果希望查找下列书目信息的原文，请您指出它们各自在使用 iPAC 系统时的检索词。

（1）Braun T，Schubert A，Maczelka H，Vasvari L. Fullerence research，1985—1993 — A computer generated cross-indexed bibliography of the journal literature. Science，1995，268（5217）：1637 - 1637.

（2）Kierl RF，Macfarlane WA，Chow KH，et al. Coherence peak and superconducting energy-gap in Rb3C60 observed by MUON spin relaxation. PHYS REV LETT JUN 21 1993，70（25）：3987 - 3990.

（3）Brockelman C. A.（1993）Robotic Inspection System for the Lower Head of a boiling Water Reactor Pressure Vessel，*Proc. of the ANS 5th Topical Meeting on Robotics and Remote Systems*. Tennessee，vol. 1，pp 409 - 415.

（4）Lourdes Peña Castillo and Stefan Wrobel. On the Stability of Example-Driven Learning Systems：A Case Study in Multirelational Learning. In Carlos A. Coello Coello，Alvaro de Albornoz，Enrique Sucar，and Osvaldo Cairó，editors，*MICAI 2002：Advances in Artificial Intelligence*，volume 2313 of *Lecture Notes in Artificial Intelligence*，pages 321 - 330. Springer-Verlag，April 2002.

（5）Hendrik Blockeel，Luc Dehaspe，Bart Demoen，Gerda Janssens，Jan Ramon，and Henk Vandecasteele. Improving the efficiency of Inductive Logic Programming through the use of query packs. *Journal of Artificial Intelligence Research*，January 2002，16（0）：135 - 166.

（6）Ross D. King，Andreas Karwath，Amanda Clare，and Luc Dehaspe. The utility of different representations of protein sequence for predicting functional class. *Bioinformatics*，May 2001，17(5)：445 - 454.

2. CompendexWeb 数据库

（1）运用 5.2.2 节中介绍的方法，实际检索 CompendexWeb。

(2) 词组、位置、截词和优先算符的作用有什么区别？位置和字段算符可否和逻辑、截词、优先算符同时使用？

(3) 主题词有什么作用？如何选取主题词进行检索？

(4) 以 Shanghai Univ* 为机构名称检索 CompendexWeb 得到的论文是否全部为上海大学的论文？

3. SCIE 数据库

(1) 试查找上海大学教师发表的复合材料文献。

(2) 试查找以下文献的被引用情况。

Braun T, Schubert A, Maczelka H, Vasvari L. Fullerence research, 1985—1993 — A computer generated cross-indexed bibliography of the journal literature. Science, 1995, 268 (5217): 1637 - 1637.

(3) 试查找并分析自己专业近五年国外文献的学科、国家、作者分布，并从引用文献角度给出其中的高影响力文献。

4. 中国学术期刊全文数据库

(1) 运用 5.3.1 节中介绍的相关方法，实际检索中国学术期刊网络出版总库。

(2) 为什么要对课题名称进行概念切分，概念切分的方法有哪些？

(3) 为什么全文字段所得的文献往往与课题不相关？

5. 运用 5.3.2 节中介绍的方法，实际检索 Science Direct 数据库，下载、阅读 HTML 或 PDF 格式文献全文。

6 特种文献检索原理

本章知识要点

◆ 通过 SIPO 和 USPTO 网站查找中外专利的方法
◆ PQDD 学位论文数据库的使用方法

本章能力目标

◆ 根据课题检索国内外专利文献　◆ 根据课题检索国内外理工类学位论文

特种文献通常是指除图书和期刊等普通文献以外的文献，包括专利文献、会议文献、标准文献、学位论文和科技报告等。它们具有普通文献所没有的许多优点，例如，专利文献记载人类几乎全部的发明，报告的内容深入具体而实用。检索特种文献，应使用本章介绍的专门检索工具和检索方法。

6.1 专利文献检索原理

6.1.1 专利和专利文献的一般概念

"专利"一词的含义通常有三种：一是指专利权，即由国家授予的对某项发明创造的独占支配权。申请专利，就是申请授予这种权利；二是指专利发明，即取得专利权的发明创造。引进专利，就是引进受专利制度保护的优秀发明创造；三是指专利文献。查专利，就是查找记载发明创造内容的专利说明书和其他专利文献。

1. 专利的种类

发明创造是专利法保护的对象。根据发明创造的性质，通常将专利分为发明专利、实用新型和外观设计三类。发明专利是指对产品、方法或其改进所提出的新的技术方案。一般是指通过利用自然规律对特定技术问题的解决方案。实用新型专利是指对产品的形状、构造及其结合所提出的、适于实用的、新的技术方案。外观设计专利是指对产品的形状、图案、色彩或者其结合所作出的富有美感、并适于工业上应用的新设计。

2. 专利文献和专利说明书

专利文献是指与专利权有关的所有文件，包括专利申请文件、专利公报、专利文摘、专利法规定及专利诉讼文件等。但我们通常提到的专利文献都是指专利发明说明书。因为专利技术通过发明说明书加以公开，是科技人员关心的焦点。发明说明书是专利文献的主体，也是专利检索的主要对象。

发明说明书按照保护对象分为发明专利说明书、实用新型专利说明书和外观设计专利说明书。按照审批状态，发明说明书又分为未审查的公开说明书和申请说明书、已审查的公告说明书和已审查的批准说明书等几种。

专利说明书的内容主要由扉页和正文两部分组成。

扉页著录内容有该件发明的全部法律与技术资料。著录项目包括专利号、文献类别、申请日期、优先申请日期、公布日期、审批状况、专利分类号、发明题目、参考文献、申请人以及文摘和典型附图等。为了便于识别各种著录项目和计算机处理，世界知识产权组织下属的巴黎联盟专利局间情报检索国际合作委员会制定了专利文献中项目国际标准代码，并规定各国专利局出版的各种专利文献扉页上都应予以相应的标注。这种代码使用圆圈或用括号括起来的两位阿拉伯数字表示。

正文包括序言、发明细节描述和权项三部分。在序言中通常指出发明和实用新型的名称、所属技术领域、发明的背景和目的。发明细节一般都要附图加以说明，内容包括技术方案、效果、最佳实施方式和实例。附图多为原理图和示意图，一般不反映真实的尺寸比例。权项是专利申请人要求法律保护的范围，在专利诉讼中是判断侵权的依据。权项部分我国以权利要求书形式单独公布。

3. 专利文献的特点

专利文献具有不同于其他科技文献的一些特点：一是数量庞大。据统计，全世界有 50 多个国家、地区和国际组织出版专利文献，每年达 100 万件以上。世界各国的专利文献量累计已超过 6 500 万件；二是内容性质集技术、法律信息于一体。因此，专利文献既是技术文献，又是法律文献；三是涉及的技术领域非常广泛。从日常生活用品到尖端科技，几乎无所不包。专利文献系统汇总了几百年来人们发明创造的技术资料，通过追溯检索，可以了解所需技术的来龙去脉；四是新颖、实用，对发明内容的揭示比较及时、具体；五是出版迅速，传递信息快，但重复出版现象较多。当一件发明进行多国申请时，往往出版多份各申请国文字的说明书。由于专利文献的大量重复，检索时要注意剔除重复部分和鉴别质量，但重复出版也有利于选择文种和评价一件发明的重要性；六是著录规范化。有统一的专利分类表，统一的著录项目代码和相近的说明书格式，便于检索、阅读和计算机处理。

专利文献也存在某些缺陷：说明书不揭示发明原理和理论依据；一件说明书只描述一项发明，而且往往是整个工艺过程和设备的一个局部；有些专利的内容并不可靠，例如一些申请人为抢先，做几次小试验便申请专利。又如一些厂家申请专利只是为了迷惑欺骗竞争对象，用虚假发明掩护其技术上的突破或搅乱对手的决心。此外，发明人或申请人并不彻底公开其发明，而巧妙地隐瞒其中一些实施专利的关键技术。这部分技术秘密就是所谓的技术诀窍(Know-how)。

4. 专利检索的用途

专利检索主要有以下几个方面的应用:

专利性检索或查新。一项发明在申请专利之前,必须了解该发明是否具有新颖性和创造性,从而做出是否申请的决策。对专利申请提出异议,或者对有效专利请求无效宣告,或者判断产品技术是否侵权,或者判断引进技术先进程度,也需要进行这种检索。

技术评价和预测检索。对特定技术领域内专利申请情况进行系统调查,便可以了解该技术领域的现状与发展动向,为制定科技政策、科技规划、科学研究与技术开发选题、成果鉴定等提供依据。

解决特定技术问题检索。针对特定技术问题查阅相关的技术方案,可以从中受到启发,帮助解决现有技术难题,或者加快产品开发与技术革新进程,降低研究开发费用。

6.1.2 国际专利分类法和确定课题专利分类的方法

1. 国际专利分类法的构成

国际专利分类法(International Patent Classification,简称 IPC)由英国、法国、意大利等十六国创立,是目前国际上占主导作用的专利文献分类法,也是从分类角度检索各国专利文献最重要的工具。

IPC 的网址是 http://www. wipo. int/classifications/ipc/en。首版 IPC 颁布于 1968 年,至 2006 年之前每五年修订一次,共计修订了 7 版。2006 年起,新版 IPC 的有效期不再规定为 5 年,名称按照颁布实施的年号命名。表 6-1 是各版本 IPC 的有效期。由于 IPC 各版本的内容变化比较大,要注意查找某一年段的专利,应使用与该年段相应的 IPC。

表 6-1 IPC 各版本的有效期

IPC 版本	有 效 期
第 1 版	1968. 9. 1—1974. 6. 30
第 2 版	1974. 7. 1—1979. 12. 31
第 3 版	1980. 1. 1—1984. 12. 31
第 4 版	1984. 1. 1—1989. 12. 31
第 5 版	1990. 1. 1—1994. 12. 31
第 6 版	1994. 1. 1—1999. 12. 31
第 7 版	2000. 1. 1—2005. 12. 31
2006 版	2006. 1. 1—2008. 12. 31
2009. 01 版	2009. 1. 1 至今

IPC 将全部发明技术分成 A,B,C,D,E,F,G 和 H 八个部。八个部的内容大致为:A 部人类生活必需品,B 部作业、运输,C 部化学、冶金,D 部纺织、造纸,E 部固定建筑,F 部机械工程、照明、热工、武器、爆破,G 部物理(仪器;核物理),H 部电学。各个部下面设分部(Subsection),但分部不设类号。分部下面设大类(Class),用两位阿拉伯数字表示。大类下面设小类(Subclass),以一个字母表示。小类下面设主组(Group)和小组(Subgroup),两者都用阿拉伯数字表示。主组和小组之间用斜线"/"隔开。

一个完整的 IPC 类号如下例所示:

A 01 B 1 / 02

它的“部”、“大类”、“小类”、“主组”、“小组”分别是：

A	部
A01	大类
A01B	小类
A01B1/00	主组
A01B1/02	小组

作为示例，下面是一个 IPC 分类的细部：

C07C 47/00	有—CHO 基的无环和碳环化合物
C07C 47/02	·有—CHO 基连接在非环碳原子或氢原子上的饱和化合物
C07C 47/04	··甲醛
C07C 47/042	···从一氧化碳制备
C07C 47/052	···用甲醇的氧化制备
C07C 47/055	····用贵金属和它们的化合物作催化剂
C07C 47/058	···分离；纯化；稳定化；用添加剂

从上例可以看出，IPC 类号之间的分类等级关系，在类号上只能判断出前 4 级，即部、大类、小类和主组。小组以下的等级关系是用“·”来表示的，“C07C47/00”是第 4 级，其后的类名前有一个圆点的表示第 5 级，有两个圆点的表示第 6 级，以此类推。

对类目说明语含义的理解要上下级串联起来考虑。例如，C07C 47/042 和 C07C 47/052都有 3 个圆点，表示同位关系，互不相关。C07C 47/042 是从一氧化碳制备甲醛，C07C 47/052 是以甲醇氧化制备甲醛。C07C 47/055 有四个圆点，它从属于 C07C 47/052，而与 C07C 47/042 无关，因为它紧挨着 C07C 47/052。因此，C07C 47/055 的含义则是“用贵金属和它们的化合物作催化剂以甲醇氧化法制备甲醛”。

2. 确定课题专利分类的一般方法

确定课题的国际专利分类号的方法一般有直接法和间接法两种。

(1) 直接法是指直接使用印刷版或网络版《国际专利分类法》查找课题专利分类号的方法，即先确定课题大致所属的“部”，使用这个部所在的分册，按照目录中给出的“大类”、“小类”、“主组”、“小组”逐级向下查找。如果使用的是网上的 IPC，可以由大类而小类，顺序点击，即可获取所需类号。

(2) 间接法是通过阅读已有的专利说明书，或查找《化学文摘》、《陶瓷文摘》、《金属文摘》等报道专利的检索刊物或者使用专利数据库间接地得到分类号的方法。间接法的优点是途径较多，有的可以使用主题词，相对于直接法较为方便。

确定课题的 IPC 类号时，需要注意以下三点：一是专利分类原则不同于图书分类，专利分类从功能应用角度考虑课题类号的情况很多，图书分类则主要考虑课题的学科归属。例如，“废气的化学净化”在中图法中属于环境科学（中图法类号 X511），在 IPC 体系中则属于“分离”（IPC 类号 B01D），与“蒸发”、“过滤”、“升华”属于同一小类。二是同一课题从不同角度考虑，应考虑不同的类号。例如，压电器件的 IPC 类号是 H01L41/00，用作传感器时为 H04R17/00，用作谐振器时为 H03H9/15，用作点火器件时则为 F23Q3/00。三是不同年代的 IPC 类号可能不同。例如，含磷和含卤素的发光材料的 IPC 类号在第 2 版 IPC 中为 C09K11/42，在第 3 版 IPC 中为 C09K11/43，在 1985 年以后各版的类号为 C09K11/72，检索不同年代的含磷和含卤素的发光材料要使用相应年代的分类号。

6.1.3 中国专利的检索方法

1. 中国专利说明书的种类和编号

我国出版发明专利和实用新型专利的说明书。外观设计专利没有说明书和权利要求书，其图片或者照片及简要说明，仅在《外观设计专利公报》中予以公告。

在我国专利说明书编号体系中，发明专利通常以“1”为标记，实用新型以“2”为标记，外观设计以“3”为标记。专利说明书的专利号和申请号相同，都以“年份＋专利类型＋顺序号＋计算机校验号”构成。1990 年以后的专利号和申请号为 9 位，比以前增加了最后一位的计算机校验码。另外，公开号或公告号是索取相应专利说明书的依据。其他编号，包括申请号、专利号，应使用相应年度的《中国专利索引申请(专利)号/公开(告)号对照表》，将其转换成公开号或授权公告号才能索取说明书。

2. 中国专利检索网站

互联网上常用的中国专利数据库主要有以下几个站点：中国专利信息网(http://www.patent.com.cn/)、中国发明专利技术信息网(http://www.1st.com.cn/)、中国知识产权网(http://www.cnipr.com/)和中华人民共和国国家知识产权局网(http://www.sipo.gov.cn/，图 6－1)等。以下简要介绍中华人民共和国国家知识产权局网(SIPO)的使用方法。

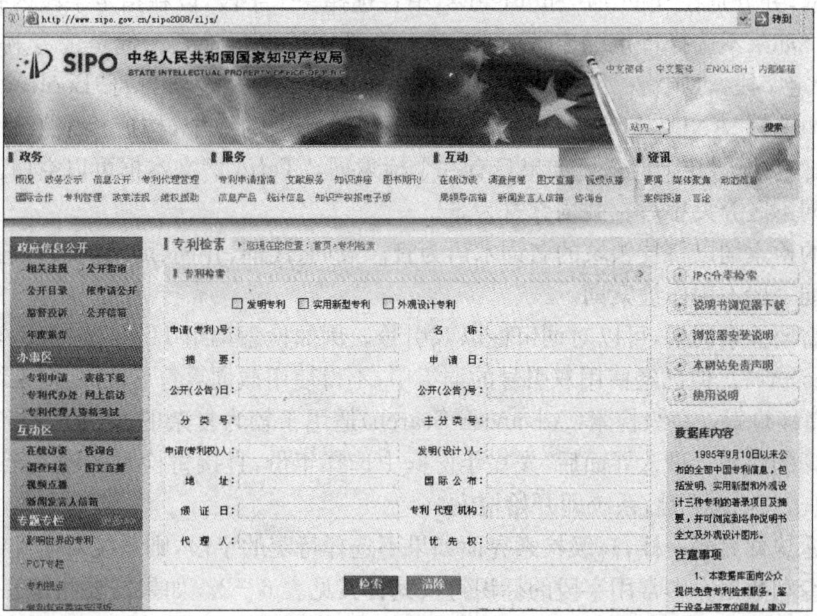

图 6－1 国家知识产权局网(SIPO)的检索界面

SIPO 网站免费提供 1985 年以来约 270 万条中国发明专利、实用新型和外观设计的摘要及说明书全文信息。可检索的字段包括申请（专利）号、申请（专利权）人、发明（设计）人、地址、专利名称、专利摘要、主分类号、申请日、颁证日、专利代理机构和专利代理人等。这个网站向公众提供专利文摘、全文以及与专利相关的法律信息免费检索服务。

6.1.4 国外专利的检索方法

常用的网上国外专利全文数据库有十几个，下面介绍的是其中的美国专利与商标局美国专利数据库和欧洲专利组织网站的使用方法。

1. 美国专利数据库

美国专利数据库（http://www.uspto.gov/）由美国专利与商标局（USPTO）负责管理和维护，在网上提供免费服务。该数据库可用来查询 1790 年以来的全部美国专利说明书的全文。数据每周更新一次。检索界面分授权专利和申请专利两个数据库。申请专利数据库主要反映 2001 年以后的美国专利。这个数据库中的专利一旦经过审核批准，即转入授权数据库。所以检索美国专利以授权专利数据库为主，申请数据库只作为补充查找使用。

这个数据库中的数据分为两段，1976 年 1 月至今的数据为 HTML 文件，每一条记录都含有除附图以外的专利说明书全文信息。1975 年之前的数据则为图像文件，检索字段只有公布日期、美国专利号和美国专利分类号三个。检索途径有快速检索、高级检索和专利号检索三种。

(1) 快速检索。快速检索（Quick Search）用于概念较为简单的课题。检索时先在界面"Select years"列表中选择年份，确定检索的时间范围，如果希望查找全部年份，可选"1790 to present entire database"。将第一个和第二个检索词分别输入"Term 1"和"Term 2"检索文本输入框，并分别在"Field 1"和"Field 2"中各选择一个字段，以在指定字段内查找含有该词的专利。如果不选择特定的字段，则系统对全部字段进行检索。但是像专利号、发明人等，必须指定字段，否则将一无所获。两个检索词之间需要从逻辑算符"Boolean Operator"下拉菜单中选择"AND"，"OR"，"ANDNOT"逻辑算符中的一个，构成检索策略，然后点击"Search"键，系统即开始检索。如果只有一个检索词，"Term 2"文本框可以空白。系统对输入的检索词不区分大小写。截词算符为 $。

输入的检索词以科技领域的名词术语为宜。冠词、代词、介词、助动词和普通的动词、副词和形容词一般不用作检索词。

如果需要检索词组，可以对词组标以双引号。例如检索词组 High pressure，可以输入"High pressure"。但已经使用双引号的词组中，不得使用截词算符 $，否则检索结果出错。

(2) 高级检索。高级检索（Advanced Search）适用于较为复杂的、需要在多个字段之间做逻辑运算的课题。进入界面后，先在年份框中选择年份，直接将检索式输入至"Query"检索区内，点击"Search"键，系统即开始检索。

和快速检索界面一样，高级检索界面如果不选择特定的字段，则系统对全部字段进行检索。美国专利数据库中常用字段的标识符及其含义见表 6-2。如果需要指定字段，检索策略可由"字段标识符/检索词"组成。

表 6-2 美国专利数据库中常用字段的标识和含义

字段标识	含　义	字段标识	含　义
TTL	Title(题名)	AN	Assignee Name(专利权人)
ABST	Abstract(文摘)	ACN	Assignee Country(专利权人所在国家)
PN	Patent Number(专利号)	ICL	Int. Patent Classfication(国际专利分类号)
APD	Application Date(申请日期)	APN	Application serial Number(申请号)

(3) 专利号检索。专利号检索(Patent Number Search)适用于已知美国专利号,需要查找其原文的课题。使用时,在"Query"文本框内直接输入专利号即可。注意专利号不足7位的,在其前面以"0"补足7位。如果需要查找一个以上专利号,则在每个专利号之间用空格隔开。

2. 欧洲专利局专利服务系统

欧洲专利局专利服务系统(EPO)被称为 esp@cenet 专利服务。进入方法有三种:一是通过欧洲专利局(http://ep. espacenet. com),可检索欧洲(EP)、世界知识产权组织(WO)、日本(PAJ)以及世界范围(worldwide)6 500万件专利文献,支持语种为英语、德语、法语。二是通过欧洲成员国知识产权网站,例如英国知识产权网站(http://gb. espacenet. com/)可以检索所有成员国近两年的专利文献、欧洲(EP)、世界知识产权组织(WO)、日本英文文摘(PAJ)及世界范围的专利文献,支持语种为所在国家语言。三是通过欧洲委员会网站(http://ec. espacenet. com/)进入 esp@cenet,可检索欧洲(EP)、世界知识产权组织(WO)、日本 (PAJ)及世界范围的专利文献,支持语种为英语、德语、法语。

这个系统的突出特点是可以通过优先权号检索同族专利。其中,欧洲专利局数据库提供最近24个月公布的欧洲专利申请公开说明书;欧洲专利组织各成员国数据库提供各成员国最近24个月公布的专利说明书;世界知识产权局数据库提供最近24个月公布的PCT专利申请公开说明书;世界范围专利数据库(worldwide)报道50个国家和地区的专利文献摘要,并且收录20多个国家的专利全文说明书;日本PAJ专利报道1976年10月以来的日本公开专利以及自1980年以来的公开专利的扉页。

这个数据库的主要目的是向公众推广专利技术,带有普及性质,可用作技术先期调研或者一般地了解技术背景。如果作为专利新颖性检索,因其查全率和查准率都比较低,效果是比较差的。

6.2 博士和硕士学位论文检索原理

学位论文主要是指为取得硕士及以上学位资格而提交的学术性研究论文。学位论文分硕士学位论文和博士学位论文两种。

查找学位论文的检索工具可以通过综合性和专业性检索工具,比如,《科学文摘》、《化学文摘》、《金属文摘》等,也可以通过各种国内外学位论文数据库,包括各个高等院校自己提供的学位论文数据库和由专门图书情报机构或信息公司提供的网上学位论文数据库。下面介绍的以网上学位论文数据库为主。

6.2.1 网上的国内学位论文数据库

网上的国内学位论文数据库主要有清华同方中国优秀博/硕士论文全文数据库(CDMD3.5)、中国科技信息研究所万方信息公司提供的中国学位论文数据库(http://www.shwanfangdata.com/)和CALIS高校学位论文数据库(http://etd.calis.edu.cn/)。这三个系统的使用均受IP地址控制。

清华同方中国优秀博/硕士论文全文数据库收集了1980年以后的国内部分博硕士学位论文。这个数据库专业范围覆盖哲学、社会科学和自然科学等各个领域,使用方法和中国学术期刊网络出版总库的使用方法相同,具体可以参照5.3.1节中的介绍。

万方中国学位论文数据库收集了从1980年以来我国自然科学领域的博士、博士后及重点高校硕士研究生论文。1995年由万方数据公司制成光盘,2000年后发行网络版。该库当前的文摘总量约146万篇,其中全文109万篇,每年增补的全文约15万篇。

CALIS高校学位论文数据库是全国高等学校文献信息保障系统(CALIS)的一个自建数据库项目,是一种文摘型数据库。内容涵盖自然科学、社会科学、医学等各个学科领域。目前已有全国80余所高校提交的1998年至2006年的25万条学位论文数据已在CERNET上提供检索服务。

6.2.2 网上的国外学位论文数据库

常用的网上国外学位论文数据库是美国UMI公司的博硕士论文数据库(ProQuest Digital Dissertations,简称PQDD)。

PQDD收录了美、加、欧洲及世界各国1 000余所大学和著名研究机构的160多万篇学位论文,内容覆盖理工和人文社科等各个领域,数据每周更新。校园网上访问的PQDD是高校集团购买的全文数据库(主要为2001年以来的数据),在开放式互联网终端上访问的为免费的文摘库,1997年以来的部分论文可以阅读前24页的全文。

1. 检索界面

PQDD提供基本检索、高级检索和论文分类浏览三种界面。

(1) 基本检索界面。基本检索界面是系统的默认界面。这个界面上有3个检索文本框,即在基本检索界面中一次最多可同时输入3个检索条件进行组合检索。每两个检索条件之间的逻辑关系可通过选择左侧逻辑关系下拉菜单中的选项来确定。系统支持逻辑与、逻辑或、逻辑非三种逻辑运算。检索文本框右侧有字段下拉菜单,提供摘要、作者、论文名称、学校、学科、指导教师、学位、论文卷期次、ISBN、语种和论文号等字段选择。检索文本框下年限范围文本框,可进行时间限制。

(2) 高级检索界面。点击"高级检索"进入高级检索界面。这个界面分上下两部分。上半部分是检索提问输入框,可以按PQDD的检索规则一次性输入复杂的检索策略。下半部分以固定检索字段方式,给出11个组合框。在组合框中输入检索词,点击"增加",系统将带字段限制的策略自动填入上半部分的检索提问输入框，点击“检索”，系统将给出检索结果。如要使用以往检索策略，在“检索历史”组合框输入检索集合号“$\#n$”，可以实现当前策略与以往检索策略的组合运算。

(3) 分类浏览界面。点击“分类浏览”进入分类浏览界面。这个界面左侧是学科导航，给出 11 大学科导航链接，每个学科又下分两个层次的子类。

2. 检索规则

(1) 字段检索。字段检索用于限制检索范围。如果输入检索项时不选择检索字段，系统将在默认的关键词等基本索引字段中进行检索。PQDD 的主要字段名称、字段标识(缩写)及其用法见表 6-3。

表 6-3　PQDD 的主要字段段码标识与实例

字段名称	字段代码	应用举例
摘要	abstract	abstract=Iowa
指导老师	adviser	adviser=Jagoda
作者	author	author=Smith, Robert
论文发表日期 (年/月)	book_date	book_date='2002/7'
学位	degree	degree=Ph. D. , degree = MILS
论文卷期次	dvi	dvi=vol 61
ISBN	isbn	isbn=0599716649
语种	t_language	t_language=english
论文号	pub_number	pub_number=AAI9969238
学校代码、名称	school	school=Stanford or school_code=0212
学科代码、名称	subject	subject=Environmental or subject=0543
论文名称	t_title	t_title=Tnonlinear finite

(2) 检索规则。布尔逻辑运算包括逻辑“与”(AND)、逻辑 “或”(OR)、“逻辑非”(NOT, AND NOT)，截词算符使用“?”。位置算符是 W/n (两词间距小于 n 个单词，且前后位置任意)和 PRE/n (两词间距小于 n 个单词，且前后位置固定)。优先算符使用半角的圆括号“()”。

系统支持词组/短语检索。只要是词与词之间以空格间隔的关键词词组或短语，系统将严格按精确匹配输出检索结果。例如，OPTICAL FIBER SENSORS 被当作词组进行检索。

系统提供的二次检索在命中结果显示的上端。

(3) 结果输出。系统的命中结果分成两个显示层次。首先显示的是命中文献的题录信息，包括题目、作者、学位、印刷版 UMI 卷期数、出版年、导师姓名、文摘号和“正文+文摘”

超链接等。点击“正文＋文摘”超链接，进入第二个显示层次。在这个显示层次上，点击“点击此处下载 PDF 文件”，即可下载全文。

6.3 其他特种文献的检索原理

6.3.1 会议文献检索原理

1. 会议文献的概念

会议文献通常是指国内外各类专业会议上发表的论文。学术与专业会议是科研人员进行学术交流的重要场合。随着科学技术的不断发展，国际性、全国性学会、协会、研究机构的学术组织越来越多。这些组织每年都定期或不定期地召开学术会议，使各学科同行之间的信息及学术成果的情报交流得到日益加强。据美国情报学会估计，全世界每年召开的学术会议在一万次以上，公开发行的各种专业会议录（论文集）超过 3 000 种，发表会议论文达几十万篇。

按照召开地域范围区别，会议文献有国际性、区域性、全国性、地区性及基层性之分。按照出版时间的先后，会议文献可分为会前文献、会间文献和会后文献三种类型。会前文献（Pre-conference literature）是会议进行之前印发给与会者会议论文预印本和会议论文摘要；会间文献（Literature generated during the conference）是指开会期间发给与会者的文献以及开幕词、讲演词、讨论记录、会议决议等，大多数为会务性材料，学术价值不大；会后文献（Post conference literature）主要是指会议结束后正式出版的会议论文集。它是会议文献中的主要构成部分。会后文献经过了会议的讨论和作者的修改和补充，内容比会前文献更准确、更成熟。会后文献包括会议录（Proceedings）、会议论文集（Symposium）、专题论文集（Colloquium Papers）、会议论文汇编（Transactions）、会议记录（Records）、会议报告（Reports）、会议论文集（Papers）、会议出版物（Publications）和会议纪要（Digest）等。

会议文献具有这样一些特点：探讨的专业领域集中，针对性强，内容专深，往往反映出一门学科或专业在相应范围内的发展水平和趋势；一些重要研制成果或新的发现一般通过会议文献向社会公布；新兴学科专业文献集中，能反映具有代表性的不同观点；有时能透露出一些正在进行中的研究情况。随着科技交流的日趋频繁，学术与专业会议及其会议文献已成为科技人员的重要信息源。因此，检索会议信息和文献是我们必须掌握的一种基本技巧。

2. 国内会议消息和会议文献的检索方法

（1）中国学术会议在线（http://www.meeting.edu.cn/），由教育部科技发展中心主办，提供学术会议信息预报、会议分类搜索、会议在线报名、会议论文征集、会议资料发布、会议视频点播、会议同步直播等服务。

（2）中国学术会议论文全文数据库。由中国科技信息研究所下属的万方数据股份有限公司制作发行，主要收录 1998 年以来国家级学会、协会、研究会组织召开的全国性学术会议论文，数据范围覆盖自然科学、工程技术、农林、医学等领域，是了解国内学术动态重要文献数据库。

中国学术会议论文全文数据库分为中文和英文两个版本。其中英文版主要收录在中国召开的国际会议的论文，论文内容多为英文。

中国学术会议论文全文数据库的使用权受 IP 地址控制。

(3) 中国重要会议论文全文数据库。中国重要会议论文全文数据库由清华同方数据公司制作发行，收录我国 2000 年以来国家二级以上学会、协会、高等院校、科研院所、学术机构等单位的论文集，年更新约 10 万篇文章。至 2008 年 6 月止，累积会议论文全文文献近 92 万篇。中国重要会议论文全文数据库受 IP 地址控制，使用方法同本书 5.3.1 节中国学术期刊网络出版总库。

3. 国外会议消息以及会议文献的检索方法

(1) 检索国外学术会议消息的工具。检索国外学术会议信息的印刷刊物主要是《世界会议》(World Meeting)。这是一种预报两年内将要召开的会议信息的检索刊物。获取会议消息更好的途径是利用互联网上的搜索引擎，例如 Yahoo! 以及专业学会(如 3.1 节中介绍的各个学会的网站)。网上还有大量的专门检索国外学术会议消息的网站，常用的有以下一些：

1) 学术会议启事网站(tech expo，http://www.techexpo.com)报道将要召开的高科技领域国际会议，可以对会议名称等信息进行检索。

2) 高技术会议信息（TechCalendar，http://www.techweb.com/）包含高科技领域的会议信息，可以按照主题词检索，或按照地点和时间检索。

3) 计算机会议信息(New & Upcoming Conferences，http://www.acm.org/conferences) 列出了世界上计算机行业中将要召开的会议消息。

4) IEEE 会议信息索引（IEEE Conference Search，http://www.ieee.org/conferencesearch/)可以按照时间、关键词、城市等查找将要召开的 IEEE 会议信息。

5) 美国化学会议指南(American Chemical Society Meetings，http://portal.acs.org/portal/acs/corg/content/)公布有关化学方面的会议信息。

6) 欧洲研究会议（Europe Research Conferences，http://www.esf.org/activities/esf-conferences.html)这是由欧洲科学基金会维护的 Web 页面，提供了各学科领域里已经召开与即将召开的会议的信息及内容。

7) IEEE 通信协会会议预告(IEEE Communications Society Conferences，http://ww2.comsoc.org/calendar)美国电气与电子工程师学会(IEEE)下属通信协会的 Web 页面，可以按照时间浏览 IEEE 主持的有关学科领域里的即将召开的会议时间、地点、内容。

8) 工程材料科学会议网页(Engineering: Material Science: Conferences，http://dir.yahoo.com/Science/Engineering/Material_Science/Conferences/)这是由 Yahoo 提供的会议信息导航页面，由此可了解到工程材料科学方面的会议信息及内容。

9) 生物科学与医学会议索引(Meetings in Bioscience and Medicine，http://www.informatik.uni-rostock.de/)可检索即将召开的生物科学与医学方面的国际会议。

10) 学术会议出版系统(ourglocal，http://www.ourglocal.com/)，提供过去三年和今后两年已经召开和即将召开的 EI、ISTP、IEEE、ACM 国际学术会议信息。

(2) 检索国外学术会议论文的网上数据库。网上检索国外学术会议论文的常用数据库是 CPCI 会议文献(http://www.isinet.com/)会议数据库。

CPCI会议文献数据库是美国科学情报研究所(ISI)在Web of Science检索平台上,将ISTP(科学技术会议录索引)和ISSHP(社会科学及人文科学会议录索引)两大会议录索引集合而成的网络数据库。

CPCI会议文献数据库收录6万多种会议的250万条记录。数据每周更新一次,每年更新约22万条记录。这些记录主要来自公开出版的会议文献,少数来自期刊。CPCI会议文献数据库的使用受IP地址控制。使用方法和5.2.1节SCIE相同。

6.3.2 标准文献检索原理

1. 标准文献的概念

标准是对工农业产品和工程建设质量、规格、检验方法、包装方法以及处理方法等方面所制定的技术规格,是从事生产、建设工作的共同技术依据。

按照标准化对象,通常把标准分为技术标准、管理标准和工作标准三大类。技术标准是指对标准化领域中需要协调统一的技术事项所制定的标准。技术标准包括基础技术标准、产品标准、工艺标准、检测试验方法标准以及安全、卫生、环保标准等。管理标准是指对标准化领域中需要协调统一的管理事项所制定的标准。工作标准是指对工作的责任、权利、范围、质量要求、程序、效果、检查方法、考核办法所制定的标准。

按照使用范围划分,标准可以分成国际标准、区域性标准、国家标准、专业标准和企业标准五种。下面分国内和国外两种情况介绍标准文献的检索原理。

2. 标准文献的检索途径

利用检索工具查找标准文献的途径主要有标准号途径、分类途径和主题途径三种。

(1) 标准号途径。根据已知标准号查找标准原文,称之为标准号途径。

标准文献的显著特点是标准号。它一般由标准代号、顺序号和年份号组成。目前,我国主要4种标准的编号形式为:国家标准由国家标准汉语拼音缩写GB起首。例如,GB 3838—2002国家标准《地面水环境质量标准》。如果GB斜线后有字母T,表示为国家非强制推荐标准。例如,GB/T 1.1—2000国家标准《标准化工作导则第1部分:标准的结构和编写规则》;行业标准由两位行业标准汉语拼音缩写起首。例如,HG 2212—2003化工行业标准《乙酰甲胺磷乳油》;地方标准代号由地方标准汉语拼音缩写DB和省、自治区、直辖市行政区划代码前两位数再加斜线起首。例如,DB 31/ 160—2005上海市地方标准《盒饭卫生与营养要求》;企业标准代号由企业标准汉语拼音缩写Q加斜线再加企业代号起首。例如,Q/BQB 403—1999上海宝钢集团公司企业标准《冷连轧低碳钢板及钢带》。

已知标准号查找标准原文的检索步骤是:

1) 访问专门的标准文献资源网站,以标准号为检索词试查,确认有否电子版原文。

2) 如第一步未果,仍以标准号为检索词,通过Google或者百度引擎查找,确认有否电子版原文。

3) 如第二步未果,使用iPAC系统,检索标准目录或者标准汇编,获取纸质版标准目录或汇编。使用这些纸质版标准工具,检索标准号索引,确认有否纸质版原文。

如果需要查找与该标准号同类的其他标准,可以使用已知标准载明的标准分类号,查找标准分类索引,即可获得同类标准的相关线索。

(2) 分类途径。分类途径是从专业体系查找标准文献的途径。常用的分类法有中国标准分类法和国际标准分类法两种。从分类途径检索国内标准，一般先利用《中国标准文献分类法》和《国际标准分类法》(ISC)等标准分类法确定相关标准文献分类号，通过所得的标准文献分类号在纸质版或者网络版标准工具中查找所需标准号，得到标准号后即可按照上面的步骤获取全文。

(3) 主题途径。主题途径是通过主题词或者关键词来检索标准文献。利用纸质版标准目录或者汇编有的主题索引或者关键词索引，或者利用网络版标准数据库提供的主题检索途径，即可查找所需标准文献的相关信息。和分类途径一样，得到标准号后即可按照上面的步骤获取全文。

3. 国内标准信息检索

(1)《中华人民共和国国家标准和部标准目录》。纸质本，由技术标准出版社出版，现每年修订一次。这个目录收录了截至当年年底发表公开的国家标准和部颁标准，提供分类和标准号两种检索途径。这个目录是查找我国国家标准和部颁标准的主要检索工具。

(2)《标准文献主题词表与分类法对照索引》。纸质本，由中国技术监督情报研究所等编辑出版，为标准文献检索语言的综合性对照索引工具，它将不同索引体系的检索语言《标准文献主题词表》、《国际标准分类法》和《中国标准文献分类法》有机地结合在一起，进行分析对照，形成了目前我国标准化体系统一使用的标准文献主题检索语言和分类检索语言的对照索引。利用该对照索引可以实现三种检索语言的相互参照转换，提高标准文献检索速度和检索效果。

(3)《中国标准化年鉴》。纸质本，1985 年起由中国标准出版社按年度出版，收录当年中国国家标准的目录。主要收集当年国家新修订、新发布并付诸实施的所有国家标准。每条标准信息包括专业分类号、标准号、标准名称、发布日期、修订日期、实施日期六项。该年鉴可按照标准号和分类两条途径检索所需标准。

(4)《中国国家标准汇编》及修订本。这是一部大型纸质版综合性国家标准文献全集。该汇编从 1983 年起，按国家标准顺序号陆续按册汇编出版。《汇编》收录了我国正式发布的全部国家标准。各分册中如有顺序号缺号的，除特殊情况注明外，均为作废标准号或空号。

由于本汇编的出版时间与新国家标准的发布时间已达到基本同步，因此，中国标准出版社每年出版前一年发布的新制定的国家标准，使用户及时使用。其出版形式不变，分册号继续顺延。

为了反映每年修订的国家标准，自 1995 年起，新增出版国家标准的修订本。作为汇编本的补充，修订本的正书名、版本形式、装帧形式与汇编相同，根据篇幅分设若干分册，但不占总的分册号，仅在封面和书脊上注明年份和分册号。例如，“2005 年修订-1”。

(5) 国家标准化管理委员会国家标准检索(http://www.sac.gov.cn/)。由中国国家标准化管理委员会和 ISO/IEC 中国国家委员会秘书处主办。设有中国标准化管理、中国标准化机构、国内外标准法律、法规、国内外标准介绍、标准目录、制修订标准公告、国标修改通知、采用国际标准、标准化工作动态、标准出版信息、标准化论坛、工作建议等 30 多个栏目。

目录体系分为中国国家标准目录、中国国家建筑标准目录、中国国家标准样品目录、备案的中国行业标准目录、备案的中国地方标准目录、国际标准目录、国外先进标准目录等。下面的介绍以中国国家标准目录为例。

网站提供的检索字段是标准号、中文标题、英文标题、中国标准分类、国际标准分类、采用关系和被代替标准。检索途径有关键词、序号和采用关系三个途径。

关键词检索指在中文标题和英文标题中进行检索。在中、英文标题检索时只能利用单个的关键词检索，不支持布尔逻辑运算。

序号检索指在标准号、中国标准分类、国际分类、采用关系和被代替标准5个字段中检索。不论哪个字段都可进行模糊查询，也就是说，只要输入数字和代码中的一部分，就可以检索。例如，在标准号字段中输入2548，则可检出3条信息：GB/T 12548—1990、GB/T 22548—2008和GB 2548—2008。如要精确检索可增加限定条件，如输入GB/T 2548，就只能查出1条信息。检索这个网站要注意三点，一是在代码和数字之间要空一格，二是标准号字段只能输入现行的国家标准号，三是被代替标准字段只能输入需作修改的标准号即已被替代的标准号，但显示的结果是现行的国家标准。

(6) 中国标准科技信息咨询网(http://www.zgbzw.com)。中国标准网由北京北标科技发展有限公司主办。该网站可以在页面中通过"快速查询"直接用关键词在"图书、标准、作废代替"三项中进行检索，如果想进一步了解更多的标准信息，可以点击"在线查询"进入更详细的检索页面。"在线查询"的整个检索可以分为标准详细分类查询、作废代替标准查询、图书查询、标准查询以及国际标准查询等五个部分。

(7) 中国国家标准咨询服务网(http://www.chinagb.org/)。中国国家标准咨询服务网将用户分为A级用户和B级用户。其中B级用户(也称免费会员)可查询国家标准、标准书目。而A级用户(即收费会员)可查询国家标准数据库、作废国标数据库、代替国家标准数据库、代替行业标准数据库、国标修订数据库、国标立标计划库、国标采标数据库、行业标准数据库、地方标准数据库、ISO数据库、IEC数据库、日本工业标准数据库、德国标准数据库、英国标准数据库、美国标准数据库、标准书目等。

(8) 中国标准咨询网(http://www.chinastandard.com.cn)。由中国技术监督情报协会、北京中工技术开发公司、北京世纪超星信息技术发展有限公司合作组建。该网站提供各种标准的检索、技术监督信息报道、质量认证信息等，还可提供一万多条中国国家标准全文，但必须付费使用。该网站除了可以直接在主页上通过关键词检索外，还可以根据具体要求在"高级检索"中作进一步的检索。如果想看检索到的标准全文时，要先下载一个标准专用阅览器。该阅览器可以在主页上下载。

(9) 标准信息服务网(http://www.standard.org.cn/)。标准信息服务网拥有超过180个国内外标准组织发布的超过72万件国内外标准的题录和文本。在线查询系统支持中英文查询功能，可以从中了解这些标准组织发布标准情况，查询到有关标准的详细信息，并可使用在线订购服务。

4. 国外标准信息检索

(1) 国际标准化组织标准。国际标准化组织(International Organization of Standardization，简称ISO)是非政府性的、由各国标准化团体(ISO成员团体)组成的世界性联合会，成立于1947年，是当今世界最大最权威的标准化机构，负责除电气领域外的一切国际标准化工作。ISO标准号的结构形式为：标准代号＋顺序号＋年份，如：ISO 29955—1983。

ISO标准的检索系统主要有以下一些：

1)《国际标准化组织标准目录》(ISO Catalogue)。年刊,每年 2 月出版,报道 ISO 的现行标准(包括新近批准生效或废止的标准)。该目录用英文、法文对照出版,其报道范围几乎包含所有领域的技术标准。目录分五个部分:主题索引、分类目录、标准号索引、作废标准目录、国际十进分类号(UDC)与 ISO 技术委员会(TC)序号对照表。用户可按主题途径,利用"主题索引"查找需要的标准;也可按分类途径,利用"分类目录"查找所需标准;也可按号码途径,根据已知标准号,利用"标准号索引"查到标准的 TC 号、页号、登记页号查检该标准的各项著录。由于 ISO 每隔 5 年审定一次,因此,在使用时应该注意 ISO 标准的版本。

2)国际标准化组织网(http://www.iso.org/iso)。ISO 于 1995 年在 Internet 上开通了 ISO 在线。该网站提供关于该组织标准化活动的背景及最新信息:各技术委员会(TC)、分委员会(SC)的目录及活动,国际标准目录(包括各种已出版的国际标准、撤销标准和其他标准出版物),有关质量管理和质量保证的 ISO9000 标准系列和有关环境保护、管理的 ISO14000 标准系列,还有对其他标准化组织机构的链接及多种信息服务。可以按国际标准分类法(ICS)、标准名称、关键词、文献号、委员会代码等多种途径进行检索。所提供的检索结果包括相关标准的 ICS 类号、类名、标准号、标准名称、版次、页数、编制机构、价格等订购信息。

(2)国际电工委员会及其标准文献检索。国际电工委员会(International Electrical Commission,简称 IEC)成立于 1906 年,是世界上最早的国际性标准化机构。其宗旨是促进电气、电子工程领域中标准化及有关方面问题的国际合作。IEC 负责电气和电子领域中标准化组织的协调工作,制定电子、电力、电信及原子能学领域的国际标准。

IEC 标准的检索工具主要有以下一些:

1)《IEC 出版物目录》(Catalogue of IEC Publication)由 IEC 中央秘书处以英、法两种文字编辑出版,年刊。该目录正文之前有目录表,按 TC 号顺序编排,TC 号后列出标准名称和页码,按页码指引即可在正文中找到相应的标准。正文部分是"IEC 出版物序号表"(Numerical List IEC Publication),按 IEC 出版物序号编排。每条标准均列出 IEC 标准序号、标准名称、所属技术委员会的 TC 号和内容简介。正文后有"主题索引"(Index of Subject Matter),著录有标准号和说明语。这样,读者可按主题途径,利用主题索引查出 IEC 标准号,再利用"IEC 出版物序号表"查出标准的名称和内容。

2)国际电工委员会网(http://www.iec.ch)。该网站由 IEC 中央秘书处建立。IEC 网提供对 IEC 标准的检索。它提供的主要检索途径有全文检索(Text Search)、IEC 标准号检索(IEC Reference)、标准出版日期检索(Publication Date)、IEC 分类号检索等。

(3)其他主要国外标准信息检索。

1)NSSN 全球标准信息服务系统(http://www.nssn.org/information.html)。NSSN:A National Resource for Global Standards 是美国国家标准研究所(ANSI)提供的标准信息服务系统。通过 NSSN,可以检索全球 600 多个著名的标准机构颁布或正在开发的 25 万多件标准信息。NSSN 标准检索系统提供标准号、标准名称、全文检索(在记录的所有字段中检索)、标准颁布机构等检索入口,可以免费检索到题录和文摘信息。

2)IHS 标准信息服务系统(http://engineers.ihs.com/product/standards/index.htm)。IHS 公司是国际上著名的提供标准信息服务的机构。其网站提供世界上 370 多个国家、技术标准协会以及国际标准机构颁布的技术标准和规范、联邦政府标准与规范以及军方标准与规范的检索,可免费检索到书目和文摘信息。

一些主要工业发达国家的国家标准和常用的国际技术标准的印刷型检索工具如表6-4所示。

表6-4 一些主要工业发达国家的国家标准和常用的国际技术标准的印刷型检索工具

标准名称	代码	标准制定或发行机构	检索工具
美国国家标准	ANSI	美国国家标准学会 (American National Standard Institute)	ANSI Catalog (或其中译本)
美国材料与实验协会标准	ASTM	美国材料与实验协会 (American Standard for Testing and Material)	List of ASTM Publications (或其中译本)
美国电气与电子工程师协会标准	IEEE	美国电气与电子工程师协会 (Institute of Electric and Electronic Engineers)	Index to IEEE Publications
英国国家标准	BS	英国标准学会 (British Standards Institute)	British Standard Year Book
法国国家标准	NF	法国标准化协会 (Association Francaise de Normalisation)	Catalogue Normes Francaises(或其中译本)
日本工业标准	JIS	日本工业协会调查会 (Japanese Industrial Standards Committee)	JIS总目录(年刊) (或其中译本)

6.3.3 科技报告检索原理

1. 科技报告的概念

科技报告是研究单位向主管机构和资助单位提交的科学技术研究开发成果或进展情况的技术文献。它的内容比较新颖、专深、系统、详尽，常常附有大量数据、图表和原始试验记录。科技报告作为科研工作成果的体现，需要经过主管部门和资助单位组织同行专家审查鉴定，技术上具有较高的可靠性。尤其是经过国家和部级政府机构鉴定的成果，能在一定程度上代表一个国家的科学技术发展水平。因此，科技报告是一种重要的科技信息源。但是，许多科技报告涉及国家军事和科技的秘密，为了安全起见，它们的流通范围在一定时间范围内受到控制。经过一段时间后，有部分保密报告经有关单位审查批准，可解密公开发行。

科技报告最早出现于20世纪初。二次大战以来，科技报告的数量不断增长。据统计，目前全世界每年产生的科技报告总计达80万件，其中，美国科技报告的出版数量占世界科技报告总量的百分之八十左右。美国科技报告中，又以侧重于各种民用科学技术的PB报告、侧重于国防科学技术的AD报告、侧重于航空和航天科学技术的NASA报告和侧重于能源科学技术的DOE报告最为著名。

2. 国外科技报告的检索系统

(1)《政府报告通报及索引》(Government Reports Announcements & Index，简称GRA&I)。是美国科技报告的手工检索刊物。它由美国国家技术情报服务处(National Technical Information Service，简称NTIS)编辑，创刊于1946年，现为双周刊，是系统报道和检索美国国内外技术报告及其他特种文献的文摘性检索期刊。年报道量约7万件，其中技术报告6.5万件。来自加拿大、英国、日本、德国和东欧外国技术报告约占报道总量的20%以上。

《GRA&I》报道的专业十分广泛，几乎涉及现代科学技术的所有学科。它共分22大类(Categories)，178个小类(Subcategories)。大类的内容有航空科学、农业、天文学与天文物理、大气科学、行为与社会科学、生物与医学科学、化学、地球科学与海洋学、电子学与电工、能量转换、材料、数学科学、机械工程、工业工程、土木工程、造船工程、方法和设备、军事科学、导弹技术、导航通讯检测及反雷达、核子科学与技术、军械、物理学、推进与燃料和空间技术等。

本书5.2.2节中介绍Ei Village时，曾经提到这个系统同时提供NTIS科技报告数据库检索服务。这个数据库就是《GRA&I》网络版，使用方法同CompendexWeb。另外，美国国家技术情报服务处(NTIS)网站(http://www.ntis.gov/search/index.asp)也提供美国政府报告的题目、作者和主题词，无须注册，为题录型数据库。

(2) 其他网上科技报告数据库。

1) NASA报告数据库网站。提供NASA报告的网站有两个，一是美国国家航空航天局网站(http://www.sti.nasa.gov)，提供有关航空航天方面科技报告的书目信息，二是NASA报告服务处网站(http://www.nasa.gov/)，提供航空航天方面的科技报告摘要以及部分全文。

2) 计算机专业科技报告网站。可查找网络计算机科学技术报告网站(Networked Computer Science Technical Reports)，网址是http://www-cse.ucsd.edu/。这个网站搜集了世界上许多大学以及研究实验室有关计算机学科的科技报告，可以免费得到全文。

3) 环境科学科技报告网站。国会研究服务报告(The Congressional Research Service Reports)网站(http://cnie.org/NLE/CRS/)由美国环境科学研究所学术委员会(National Council for Science and the Environment)，提供环境方面的报告全文。美国加州大学环境科学网站(http://elib.cs.berkeley.edu/docs/query.shtml)也可得到环境科学方面的科技报告全文。

4) 能源科技报告网站。可以查DOE情报中心(Information Bridge, http://www.osti.gov/bridge/)网站，从中能够检索并获得美国能源部提供的研究与发展报告全文。也可以查找DOE提供的另一个网站(The Office of Scientific and Techncal Information, http://www.osti.gov/)，从中可以查找与石油、天然气有关的科技报告，能看到较详细的摘要。

6.4 特种文献的原文获取方法

电子型特种文献的获取方法，前面的专论中已有介绍。在印刷型特种文献中，学位论文可以向学位授予学校研究生主管部门和国家收藏单位(国家图书馆和中国科技信息研究所)写信请求复印。获取科技报告(主要是美国四大报告)、专利(主要指美、英、法、德、日、俄、中等国以及世界专利组织、欧洲专利组织的专利说明书)和标准文献，首先需要有报告号、专利号和标准号，然后去国内相应的收藏单位去信复印。纸质本特种文献的国内主要收藏单位见表6-5。收藏纸质本特种文献的国内主要图书情报单位的通信地址、邮政编码及收藏特点见表6-6。

表 6-5 纸质本科技报告、专利说明书、学位论文、标准文献和产品样本的国内主要收藏单位

单位 类型	中国 科技信息所	上海 图书馆	国家 图书馆	质量技术监督局 信息中心	中国 专利局
美国报告	AD、PB NASA DOE	AD、PB NASA、 DOE			
专利说明书		较全			最全
学位论文	较全		最全		
标准文献	较全	较全	较全	最全	
产品样本	部分	部分			

表 6-6 收藏纸质本特种文献的国内主要图书情报单位一览表

单 位 名 称	通 信 地 址	邮政编码	收 藏 特 点
中国科技信息研究所	北京复兴路 15 号	100083	综合性科技文献、会议文献、国内外报告学位论文
国家图书馆	北京白石桥路 39 号	100081	会议文献、学位论文等
国家专利局专利文献馆	北京学院路 8020 信箱	100088	专利说明书
上海图书馆	上海市淮海中路 1555 号	200021	会议文献、科技报告、专利、标准等
上海市质量技术监督局	上海市长乐路 1227 号	200031	标准文献

6.5 特种文献检索案例

例 6-1：调研“高压容器焊接”方面的国内外发明、标准、报告、会议和学位论文。

解：

1. 明确课题要求

“高压容器焊接的国内外发明、标准、报告、会议和学位论文调研”，属于调查研究型课题。要求主要以计算机检索方法查出与本课题相关的国内外特种文献。

（信息检索课题大致有哪几类，信息要求有什么区别？请参见 2.2.1 节）

2. 了解课题背景知识，分析课题涉及的概念

通过 Google 引擎，使用检索词“高压容器”，得到：高压容器是指压力范围为 10 Mpa≤P<100 Mpa 的容器。这种容器的焊接有着严格的规范。

(如何取得背景知识？如何分析课题概念？请参见 2.2.2 节和 2.2.3 节中的相关内容)

3. 选择使用的数据库，实施检索，选取检索结果

(1) 专利文献

1) 通过 SIPO 网站(http://www.sipo.gov.cn)检索。使用检索词“高压容器”查找中国专利，得到：

齐树柏，温凯. 一种高压容器底封头与裙座的焊接方法及其焊接件. CN00136871.0，2002.7.31.

2) 通过 USPTO(http://www.uspto.gov)网站检索。使用检索策略“ttl/(high and pressure and vessel and welding)”查找相关的美国专利，得到：

Harald B. Device for seal-welding of a high-pressure vessel. US 6,109,004，Aug 29，2000.

(国内外专利文献网站有哪些？如何使用？请参见 6.1 节中的相关内容)

(2) 标准文献

1) 通过国家标准管理委员会网站(http://www.sac.gov.cn)检索。使用检索词“压力容器焊接”查找国内标准，得到：

JB/T 4709 - 2000 钢制压力容器焊接规程

2) 通过 NSSN 网站(http://www.nssn.org)检索。使用检索策略“pressure vessel welding”，得到美国标准：

ASTM A672 - 96. Standard Specification for Electric-Fusion-Welded Steel Pipe for High-Pressure Service at Moderate Temperatures.

(国内外的标准文献网站有哪些？如何使用？请参见 6.3.2 节中的相关内容)

(3) 国外科技报告

通过 NTIS 网站检索。使用检索策略“pressure vessel welding”查找国外报告，得到：

Jones D D, Mabe W R, Shadley J R, et al. Residual stresses in weld deposited clad pressure vessels and nozzles. DE98004959，1998.

(国外的科技报告网站有哪些？如何使用？请参见 6.3.3 节中的相关内容)

(4) 会议文献

1) 通过 techexpo 数据库检索。使用“welding”查找国外会议举办信息，得到：

FEBRUARY 17 - 19，2003. 2nd International Brazing & Soldering Conference. American Welding Society，German Welding Society (DVS)，European Association of Brazing & Soldering (EABS). San Diego，CA，USA. 800/443 - 9353 or 305/443 - 9353，fax：305/443 - 7559，email：gladys@aws.org.

2) 通过 ISI 会议文献数据库检索。使用“pressure vessel welding” 查找国外会议文献，得到：

Authors：RN Ibrahim，T Shehata

Title：The Use of Temper Bead Welding for the Repair of Thick-Walled Pressure-Vessels

Source：Fracture and Strength of Solids，Pts 1，2000，pp 1339 - 1344

Series：KEY ENGINEERING MATERIALS，Vol 183－187

ISBN：0－87849－861－3 TGA

No.：BR05S

Conference：4th International Conference on Fracture and Strength of Solids，Pohang，South Korea，August 16－18，2000.

（国内外的会议信息和文献网站有哪些？如何使用？请参见 6.3.1 节中的相关内容）

（5）学位论文

1）通过中国学位论文数据库检索。使用“容器焊接”查找硕博士论文，得到：

压力容器的计算机辅助焊接工艺评定系统研制

【主文件记录号】229229

【学位论文题名】压力容器的计算机辅助焊接工艺评定系统研制

【论文作者】李英 【授予学位】硕士 【导师姓名】贾安东

【授予学位单位】天津大学

【中图法分类号】TK226.2；TG44；TP391.7

【论文总页数】62 页 【论文出版时间】1997.12

2）通过 PQDD 数据库检索。使用“pressure vessel welding”查找博士论文，得到：Stability and strength of steel silo transition junctions. by Zhao，Yang；，PhD HONG KONG POLYTECHNIC UNIVERSITY（PEOPLE'S REPUBLIC OF CHINA），2001，421 pages AAT 3032246.

（国内外的学位论文数据库有哪些？如何使用？请参见 6.3.1 节中的相关内容）

习　题

1. 试通过 SIPO 和 USPTO 专利数据库查找某课题的专利文献。

2. 会议数据库

1）试叙述通过网上有关途径获得国际专业会议举办消息的方法。

2）ISI 会议文献数据库的主要使用方法是什么？

3. 试通过中国标准信息网和 PERINORM 查找本专业相关的国外相关标准文献。

4. 试通过 Ei Village 2 提供的美国技术情报服务处（NTIS）数据库查找本专业相关的科技报告。

5. 试通过 PQDD 数据库查找本专业相关的学位论文。

7 文献信息的收集、分析和利用

本章知识要点

- 正式渠道收集科技信息的方法
- EndNote 管理文献的一般方法
- 阅读文献的一般方法
- 科技文献信息的定性分析方法
- 文后参考文献的标准著录方法

本章能力目标

- 科学地阅读文献
- 以 EndNote 引用文献
- 正确地著录文后参考文献

7.1 科技信息的收集整理方法

7.1.1 信息资料的收集

1. 信息资料收集与科学研究

信息资料是科学研究的基础。任何科研课题，从提出设想开始，到难点攻关，直至课题成果水平的认定，每一个环节都要求系统地收集有关信息资料。因此，完整、准确、高效地收集信息对科研课题的顺利完成是十分重要的。

按照科学研究的进程，信息资料的收集可分成三个阶段，课题准备阶段、进程阶段和总结阶段。课题准备阶段的文献收集主要针对前人相关工作的文献调研，课题进程中的文献调研主要针对课题研究理论基础、研究方法以及项目案例进行的文献调研。课题总结阶段的文献收集主要针对同期竞争对手所发表文献的调研。

2. 通过不同渠道收集文献信息

按照信息交流渠道的不同，科技信息的收集方法分为非正式渠道和正式渠道两种：

(1) 非正式渠道。通过非正式渠道收集信息，就是通过实地调研取得信息，方法包括调查同行、参加会议和解剖实物三种。调查同行，包括实地了解研究进展，参观生产试验装置等。调查同行也可以通过信函交流形式进行；参加会议，包括参加国内外专题讨论会、学术讨论会、学者报告会，参观相关展览会，了解课题已经取得的成果、存在的问题及发展前景；解剖实物，包括解剖、分析实物，并从中获取有关信息。

(2) 正式渠道。通过正式渠道收集信息，就是通过文献检索的方法收集信息。一般根据课题的内容、性质及要求，采取不同的收集方法。常规的收集方法是：首先通过三次文献，例如百科全书、年鉴、有关数据手册、设计手册、学术机构指南、名人录等来收集相关信息。这一步以明确课题要求、汇集查找线索为目的。其次通过检索系统查获相关文献，也可以从图书信息单位编纂的有关专题资料汇编中收集有价值的信息。这一步以获取能解决疑难的核心相关文献为目的。再次直接通过查找各种类型的原始文献，诸如专业核心期刊、科技报告、专利文献、学位论文、会议文献、标准、图书、报纸等收集信息。这一步以补充检索工具的不足、获取最新信息为目的。此外，定向跟踪科技发达国家的有关研究机构和同行著名学者也可以收集到许多宝贵的信息。

3. 针对不同课题的文献收集方法

除常规的收集方法以外，还可以根据课题的性质和要求，采用更有针对性的收集方法。例如：

(1) 带技术攻关性质的课题，文献收集的重点通常是科技报告、专利、会议文献和期刊论文。收集步骤一般分成两步，一是使用相应的数据库查找获得一批相关文献；二是根据所得的文献，找出核心的分类号、主题词、作者姓名以及主要相关期刊或会议等，利用这些线索再使用数据库或专业期刊、会议录复查，以找全主要的参考文献。

(2) 带仿制性质的课题，文献收集的重点通常是同类的产品说明书、专利说明书和标准资料。有时科技报告和期刊等也有参考价值。收集的步骤一般也分两步：一是通过各种手册、指南了解有关公司的名称和情况，进而利用数据库普查相关的专利和标准，掌握专利占有和标准公布情况，摸清主要的公司厂商有哪些；二是通过各种途径向这些公司厂商索取产品样本，产品说明书等。

(3) 带综述性质的课题，文献收集的重点通常是近期发表的各种一次和三次文献，包括以期刊论文、会议文献、专著丛书、年鉴手册和科技报告等形式出版的综述、述评、进展报告、现状动态、专题论文等。收集的方法以使用数据库为主，辅以直接查阅有关期刊、图书和手册等工具书。

(4) 带成果水平鉴定性质的课题，文献收集的重点通常是专利文献，也包括相关的科技成果公报类期刊、专业期刊和专业会议文献。这类课题对相关文献的查全率和查准率都有较高的要求，收集时应特别注意检索策略的优化及原文的获取和分析比较。

除了上述以外，文献收集还应注意以下三点：一是根据课题涉及的时间范围和地域范围确定搜集文献的时间上下限以及地区范围，例如，20 世纪 70 年代人们才开始认识纳米材料的性能，而正式把这类材料命名为纳米材料是在 20 世纪 80 年代中期。因此，查找有关纳米材料的文献可不必早于 1980 年。又如，超级计算机市场为美国公司所垄断，这方面的文献也可以美国为主。二是文献收集得到的文种选择上，一般先查阅中文文献，这样不仅可以掌握国内相关情况，还可以了解一些国外信息。在此基础上，再查阅外文文献有利于提高收集的效率和所得文献的针对性。三是对于已搜集到的文献，不仅要阅读文献的内容，而且要重视文后的参考文献，以从中补充得到一些重要文献。

对于需要系统地收集文献信息的课题，在收集过程中，应随时做好记录。记录的内容应包括检索系统的名称、检索的时间范围、使用的检索词以及获得的文献信息。

7.1.2 文献整理工具 EndNote 的使用方法

通过专门的软件工具记录、整理收集到的文献是通行的做法。Thomson 公司的 EndNote 就是一款性能优越、使用广泛的文献整理工具。EndNote 的单机版是付费软件，目前已更新到第 13 版，在 EndNote 主页（www. endnote. com）上，提供限期一个月的免费试用版以及 Web 版。

EndNote 的主要作用有三：一是统一检索平台，对数百个数据库直接进行检索，并可将检索结果存入本地计算机中；二是管理和分析文献，对储存的文献资料自动索引，形成文库（library），并可用于二次检索及进行简单的文献分析；三是与 word 协同，在论著写作中自动载入指定格式的引文。

下面按照使用顺序，简要介绍 EndNote 的主要使用方法。

1. 创建文库

打开 EndNote，点击菜单栏 File→New，命名文件（如命名为 Like001），保存后系统将自动生成扩展名为 enl 的文件（如 Like001. enl），这就是新创建的 EndNote 文库（图 7－1）。

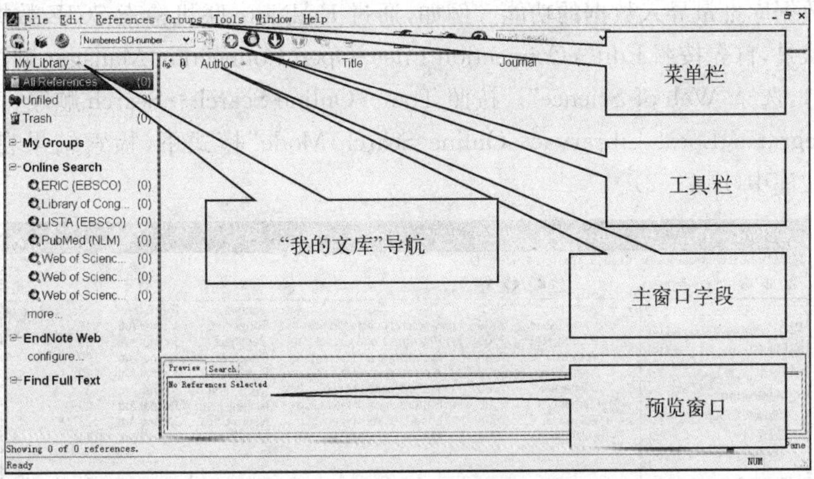

图 7－1 新建的一个 EndNote 文库

只要磁盘空间允许，用户可以建任意多个 EndNote 文库，每个文库可以贮存任意多条记录。不过，为了有效管理文库中的数据，记录数量应在 100 000 条以内。

EndNote 文库的菜单栏由文件（File）、编辑（Edit）、参考文献（Reference）、群组（Groups）、工具（Tools）、窗口（Window）和帮助（Help）组成，使用时分别点击进行相关操作，其中一些常用的操作也可以点击工具栏上的快捷按钮和“我的文库”导航中的选项来实现。

EndNote 文库的主窗口用以浏览参考文献的信息，最多显示 8 个字段。顺次点击菜单栏的 Edit→Preferences→Display Fields 可以改变显示的字段。点击字段名可以按该字段顺序或逆序排序记录。

EndNote 文库的预览窗口有 Preview 和 Search 两种显示状态。选中 Preview，点击文献时可以在预览窗口中显示其详细信息。文献的显示格式可以通过工具栏的 Bibliographic Output Style 切换，默认为 Annotated、Author-Date、Numbered、Show All 四种。如果同时选择多个记录，则预览窗口中只显示第 1 个记录的内容。选中 Search，显示文库检索框，选择搜索的字段和搜索条件、内容等，点击 Search 就可以看见结果。

EndNote“我的文库”中的用户群组(My Groups)用以分类管理文献。在此栏空白处点击鼠标右键可以创建并命名一级群组(Create Group Set)和二级群组(Create Group)，在主窗口中选中记录，点击右键 Add Reference To，可将其移至某一群组，以实现记录的分类管理。

2. 数据输入

将数据输入到 EndNote 文库中有手工输入、数据库检索导入和下载数据经过滤转换后导入三种方式。

(1) 手工输入。在打开的文库窗口中，点击参考文献(Reference)菜单，选择新参考文献(New reference)，即出现一个窗口。在此窗口上端的参考文献类型(Reference type)下拉框中选择输入文献的类型，然后手工输入参考文献的各项内容。

(2) 数据库检索导入。EndNote 可以联机访问和检索数以百计的远程文献数据库，包括 Web of Science，EBSCO，Ovid，PubMed，the Library of Congress 等，同时 EndNote 具备自动从数据库批量导入数据的功能。例如，通过 EndNote 联机检索 SCIE 数据库并管理文献的步骤是，首先按照 Edit→Connection File→Open Connection Manager 顺序打开数据库选择窗口，选择“Web of Science”。按照 Tool→Online Search→Search 顺序，直接进行检索，在“Integrated Local Library & Online Search Mode”模式下，检索结果自动保存到 EndNote 文库中(图 7－2)。

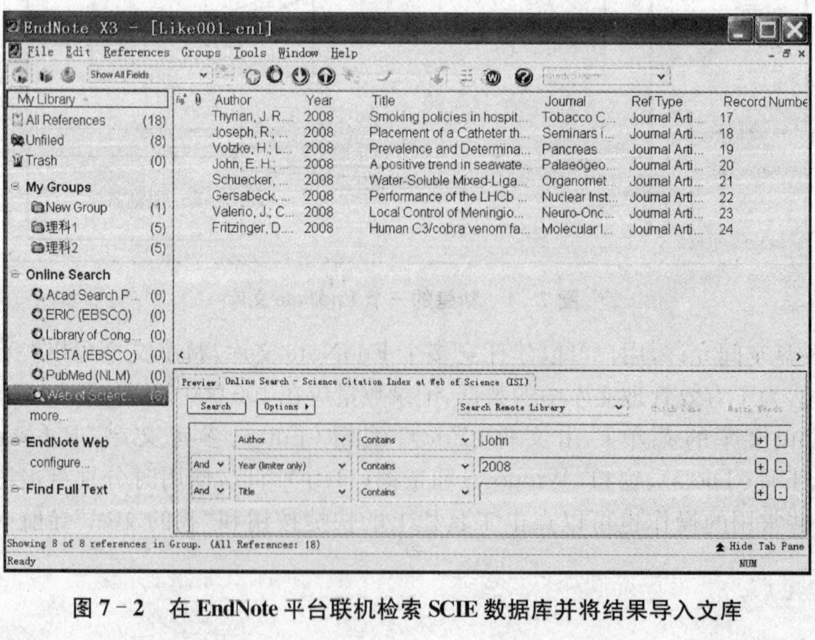

图 7－2 在 EndNote 平台联机检索 SCIE 数据库并将结果导入文库

(3) 下载数据经过滤转换后导入。从 Ei Compendex、EBSCO 等数据库检索下载的数据,需要经过滤转换才能导入 EndNote。EndNote 为 540 个数据库配置了过滤器。用户也可以自己建立和修改过滤器。例如,如果希望把 Ei Compendex 数据库的检索结果导入 EndNote 文库,首先检索 Ei Compendex 数据库,勾选并下载需要导入的文献,保存为. ris 格式文件。然后打开 EndNote 文库,点击菜单 File→Import。在 Import 窗口定位已保存的. ris格式文件,点选 Import Option 下 Ei Compendex 过滤器或者 Refman RIS-Ei 过滤器(图7-3),单击该窗口下的 Import 按钮,即可将书目数据导入文库。

如果希望把中国知网(CNKI)数据库的检索结果导入 EndNote,可首先检索 CNKI,将获得的文献书目信息列表转成文本文件。其方法是勾选所需文献,也可用"全选"一次选定当前页的全部文献。单击"存盘"按钮,在弹出的新窗口中,点选"Refwork",点击"输出到本地文件"按钮,下载保存成 *. txt 格式题录文件;然后把题录文件导入到 EndNote 文库,其方法与 EI 数据库数据导入的相同。在 Import 窗口中输入 *. txt 格式目标文件,在 Import Option 下拉选框中选择 CNKI 过滤器,单击窗口下的 Import 按钮,即将书目数据导入到 EndNote 中。这里的 CNKI 过滤器可以从网上直接下载,也可以通过菜单 Edit/Import Filters/New filter 自己编写,存放到 EndNote 安装目录的子目录 Filters 中,以供调用。

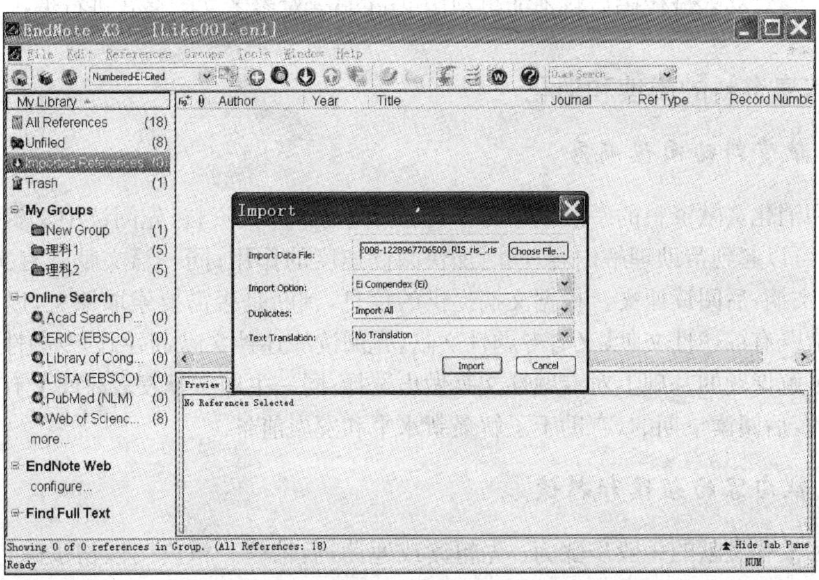

图 7-3 在 EndNote 文库中导入 EI 数据库书目数据示意图

3. 文库中文献书目的检索、重排和分析显示

在 EndNote 文库的预览窗口中点选 Search,出现文库检索框,可以在不同的字段中输入检索词,并进行逻辑组配,检索结果即可显示在主窗口中。

对 EndNote 文库中的文献记录,可以按照关键词、作者、作者单位等进行简单的分析。点击"工具"(Tools)下的"主题书目"(Subject Bibliography),系统给出"Subject Fields"窗口。从中选择想要分析的字段,例如作者字段 (Author),再点击"OK",系统显示文库中每位作者的姓名及其文献数量。点击栏目,即得到发文最多的作者信息。

4. 在 Word 文件中使用 EndNote 文库参考文献信息

学术论文中的参考文献,格式繁多而且要求严格,人工编辑参考文献费时费力而且经常出错。运用 EndNote 设置的 2 300 余种重要期刊参考文献规范格式(Style),或者通过 EndNote 自建格式文件,就可以实现在以 Word 撰写论文同时,自动插入参考文献。编辑修改参考文献的格式也变得十分简单易行。

安装了 EndNote 软件,Word 的工具菜单中将自动嵌入 EndNote 的菜单条。

使用 EndNote 文库在 Word 文件添加参考文献的步骤有三,一是打开目标 Word 文件和 EndNote 文库,在文库中选中需要插入的文献,也可点击 Find Citation(s)查找需要引用的文献。二是设置输出参考文献的格式。点击 EndNote 菜单中的 Format Bibliography 参考书目格式,再点击 Browse,找到所要投稿的期刊,即设置好文献输出格式。三是在 Word 文件,将光标停放在要插入引用文献的地方,点击 EndNote 菜单中的 Insert Selected Citation(s),系统在此处自动插入引用文献的标志,同时在文章结尾生成相应的参考文献目录。如果感觉文献引用位置不合适,或者顺序需要调整,可点击 Edit Citation(s) 予以修改。

采用 EndNote 插入的参考文献,是以域代码的形式临时嵌在 Word 文档中。文章修改完毕,单击 Word 中 EndNote 菜单中的“Removed Field Codes”按钮,生成一个不含域代码的新文档。注意移除域代码后将不能再利用 EndNote 对参考文献格式进行编排。

7.1.3 信息资料的阅读和消化

1. 文献资料的阅读顺序

阅读和消化文献资料的一般顺序为:主题相同的中外文资料,先阅读中文资料,后阅读外文资料,可以起到帮助理解内容,同时加快阅读速度的作用;同一篇文献既有文摘又有原文,先阅读文摘,后阅读原文。根据文摘提供的信息,判断是否需要索取原文,以节省时间。同一类文献既有综述性文献,又有专题性文献,先阅读综述性文献,后阅读专题性文献,有助于在全面了解课题的基础上对专题性文献做出选择;同一主题文献发表时间上有先后的,先阅读近期的,后阅读早期的,有助于了解最新水平和发展前景。

2. 文献内容的粗读和精读

阅读和消化文献的一般步骤为:先粗读或通读,后精读。粗读用以初步确定资料的取舍。粗读时,短文可全读,长文可只读摘要、引言和结论,以求其梗概。通读用以掌握课题的概貌,因此可以选择综述和述评文章,对重要论点、核心数据随时做下笔记。精读用以消化重点文献,因此精读的文章常常是与课题密切相关的专论。精读的笔记内容除了文章著者的观点、结果以外,甚至可以有自己的评论,以作分析比较。精读的文章,如果是外文资料,则先须摘译、或全译,以求准确理解。如果是一本书,应先阅读内容提要、前言,再浏览目次表。若发现其中确有需要仔细阅读的章节,然后再进一步精读。

精读一篇学术论文,可以按照下面顺序进行:

(1) 看论文题目。看论文是否属于研究的领域、方向,与要从事的研究工作的相关程度怎样,自然科学技术领域的论文题目多数能说明这些问题。

另外该文是属于哪一层次的论文也要有所判别。论文的层次大致有以下几种情况:

一、新理论、新方法、解决新问题，这是最高境界的；二、新理论、老方法、解决新问题；三、老理论、新方法、解决新问题；四、新理论、新方法、解决老问题；五、新理论、老方法、解决老问题；六、老理论、新方法、解决老问题；七、老理论、老方法、解决新问题；八、老理论、老方法、解决老问题。以上论文类别的学术贡献程度依次递减，其中中间部分则很难区分其学术贡献的等第。

(2) 看作者姓名、单位和文章来源。主要看论文作者是否是该领域的权威或知名人士，或者看作者所在的单位在该研究领域内是否处于领先地位。对论文是否刊登在同领域的著名核心期刊上，文献被引用频次多寡，来源是否准确，是公开发表还是内部交流。

(3) 看论文的摘要。论文摘要通常总结阐述作者所做的工作，是论文的一个核心部分。了解了摘要，可以初步掌握论文的概貌。

(4) 看论文引言。引言部分简要阐述研究问题的来龙去脉以及要做的工作。看引言可以帮助我们了解问题的产生与发展过程，前人已经做了哪些工作，以及作者是怎么思考该问题的，作者想做什么，怎么做等。

(5) 跳过正文，看结论与致谢。论文的结论也是全文的一个核心内容。在这里看看论文是否达到了作者在引言中所预期的研究目标，问题是否已获得解决，还遗留什么问题没有解决，以及问题被解决得怎么样等等。此外，在论文的研究工作中有哪些无名英雄，哪些部门对论文工作资助，课题属于哪一类研究课题等，一般都会在致谢里提到。

(6) 看参考文献。从中可以看到作者引用了哪些前人的工作，引用了哪些年份发表的工作。从中可以发现：作者是在什么样的基础和程度上开展研究工作的。如果文献被引用得多，年份又比较近，则一般说明作者掌握了该领域比较全面的研究动态，从一个侧面反映了作者的研究工作可能是解决了前人没有解决过的问题等。

(7) 看正文。对于正文，首先要区分这篇文章与所要进行的研究工作方向的关联程度如何。如果关联程度不大，大可不必在这里耗费时间。如果是属于研究领域或方向上的文章，或是该学科发展史上关键的、或者是具有里程碑意义的文章的正文则一定要认真阅读。同时这也是阅读论文中最难的地方，可以借助于已掌握的或查阅未知的知识来解决正文中的问题，会花上几天、几周乃至几个月的时间，翻阅学术专著、有关教科书以及论文参考文献中所列出的论文，请教有关专业人员来解决这些问题。论文中的疑点一般不要放过，因为疑点也许正是可以进行创新的地方。有的数学公式可能还要重新推演，有的试验可能要试做一下，直至彻底弄懂、弄通为止。这样才算完成了对该文的阅读和理解，这将会在要进行的研究工作、学位论文和学术论文的准备中起到非常关键的作用。

3. 文献资料的批注式阅读

批注式阅读是指在阅读过程中，用文字、符号等形式在阅读材料上做标记，以记录学习者的解释、总结、疑惑、评论等。批注书写的内容大体归为三类：一是注释，指对阅读材料的注音、释义、指明出处等；二是提要，指对阅读内容的概括总结，文章脉络的提炼或语言特点的总结等；三是批语，指学习者对阅读内容的思想、见解、疑问。作为深层次阅读，批注式阅读有着多层面的价值。在阅读的过程中添加批注，学习者记录自身的学习轨迹，捕捉自己思维的火花，丰富自身的情感体验，不仅加深了对阅读材料的理解，提高阅读质量，还提升学习者发现问题、表达问题和解决问题的能力。书写批注使学习者阅读时变被动为主动，弥补个体思维能力的局限，为高效获取和利用知识奠定基础。

网络环境下，数字化阅读材料以不同格式的文件存在，不同格式的文件书写批注时需要借助不同的工具。常见的 caj 文件使用 cajviewer 即可实现批注功能；pdf 文件可以使用 foxit reader；网页批注工具可以使用基于浏览器插件的 iMarkup 或者基于代理服务器的 Diigo。还有一种方法是使用 EndNote，把需要批注各种格式的文件作为附件在一个文库中管理，批注逐篇添加，省去了不同格式文件需使用不同批注工具的麻烦。

7.2 科技信息分析研究的概念与方法

7.2.1 信息分析研究的一般概念

1. 信息分析研究的定义、特点和内容

信息研究是对获取的信息进行分析与综合的过程。它是根据特定的需要，对信息进行定向选择和科学抽象的一种研究活动。一般过程是围绕特定的课题，广泛系统地搜集有关信息并对信息内容进行整序、分析、对比、鉴定、推理、归纳、判断，透过现象，抓住本质，从而形成新的信息或信息集合。

信息分析研究的优点为：一是允许研究者不亲自接触研究对象，通过文献信息研究那些限于地域或时代条件而无法接触对象的课题；二是适合于进行纵向分析，尤其适合于研究很长一段时期的情况变化；三是可以不考虑研究对象的各种反应，通过研究各种文献，发现一些深层次的问题；四是这种研究方法的抽样容量大，成本费用低。信息研究的缺点是由文献资料本身的缺陷造成的，例如，保留下来的文献资料大多经过了某种筛选，许多观点带有倾向性。

信息分析研究的内容大致可分为科学技术、技术经济和科学管理三个方面。科学技术方面的信息研究包括基础理论的意义、概况、应用领域、研究水平、存在问题、研究条件和组织管理；生产技术的现状和发展趋势；涉及的新材料、新产品、新技术、新设备或者生产技术路线、政策等。技术经济方面的信息研究包括生产发展历史、水平、趋势的研究；发展某一技术所需的投资和可能达到的经济效果的研究；对生产中各项技术经济指标（产量、品种、质量、利润、劳动生产率、销售、进出口等）的研究等。科学管理方面的信息研究包括政策和管理两类。技术政策信息研究主要涉及引进技术、能源、原材料、重大产品品种和工艺方法等方面的技术政策；企业管理方面的信息研究则包括生产能力的地区分布、专业化与协作、资产的利用和周转、企业机构的设置、工艺质量的管理以及人员培训等方面的内容。

2. 信息分析研究的步骤

信息分析研究的一般步骤包括：

(1) 课题选择。信息研究课题可以来自科研工作者自己从事的科学研究或生产实践的课题，或者是上级下达的课题；

(2) 制订计划。包括阐明课题目的，拟定调查大纲，组织研究人员，规定工作进度，确定研究报告的形式等；

(3) 搜集信息。搜集各类有关信息资料，作为信息研究的素材；

(4) 鉴别筛选。判断所搜集信息的可靠性、先进性和适用性，并剔除不可靠或不需要的

资料；

(5) 整理研究。对筛选后的资料进行形式和内容上的整理，然后利用各种信息研究方法进行全面的分析与综合研究；

(6) 成果表达。根据用户要求和研究深度，撰写综述报告、述评报告、研究报告、预测报告等；

(7) 论证评述。评价信息研究成果，可根据用户反馈信息，或进行专门审议。

信息研究的这些阶段既相互独立，又相互联系。可以说，从信息研究选题开始，直到成果评价是一个完整过程，也是认识不断深化和逐步提高的过程。

3. 信息分析研究的方法

信息分析研究的方法主要有定性、定量两类。

定性信息分析研究法是指运用分析与综合、相关与比较、归纳与演绎等逻辑学手段进行信息研究的方法。经常运用的逻辑学规律有同一律、矛盾律、排中律、充足理由律、对立统一律、量变质变规律、否定之否定律等。这些方法的优点是直感性强、推理严密、有较好的适应性和广泛性，既可单独使用，又可与其他方法配合使用，特别是对于那些不易或不能定量分析而只需做出定性回答的问题，逻辑法是首选研究方法之一。逻辑法的缺陷在于其结论仅仅是一种定性描述而无定量数据，不能适应那些必须定量化研究的课题。

定量分析信息研究法是运用数学统计及借助于其他数学处理和计算的手段进行信息研究的方法。定量信息研究法的优点是定量输出、结论具体、高度抽象和高度概括，缺点是信息变化有很多不可预测的因素，很多定量方法只能反映其局部暂时的变化，可靠性比较有限。

7.2.2 定性信息分析研究方法

综合法、类比分析法、相关分析法是常用的定性信息分析研究法。

1. 综合法

综合法也称归纳综合法，它是通过对众多的特例进行观察与综合，以发现一般规律的分析推理方法。这个方法最严格的定义来源于数学归纳。

例如，由

$$1+8+27+64=100$$

和

$$10^2=100$$

联想一个普遍的问题，即连续自然数的立方和是否会是一个自然数的平方？假定 n 为某个自然数，那么上述就是 $n=4$ 的一个特例。那么，这个平方的自然数有什么特征呢？我们可以看到：$10=1+2+3+4$，它是前 n 个连续自然数的和。把这个结论表示成一般的数学形式即为：

$$\sum_{i=1}^{n} n_i^3=\left[\frac{n(n+1)}{2}\right]^2$$

这个结论就是通过归纳综合得出的。

上述数学归纳的例子是一个很典型的情况,它从一次观察特例就得出普遍的规律。在信息研究中碰到的情况通常要比这个例子复杂得多。它要对收集到的片面、分散、众多的有关素材进行归纳、综合,从错综复杂的现象中探索其相互联系,在事物发展的全局上获得新的认识。但是,运用归纳综合法的基本思路和分析过程是一致的。即首先从对个别事例的观察中发现问题,再对收集到的同类或有关信息资料进行分析综合,然后归纳总结出事物之间的内在联系和规律性的东西,由此得出信息研究的结论。

归纳综合法的实质是从个别到一般、从特殊到普遍、从具体到抽象的分析推理过程。它不是对复杂、众多素材的牵强附会的编排,也不是一大堆事实的机械的分类罗列,而是要从现象的综合归纳中找出事物之间的内在联系,发现事物的共性和本质规律。

归纳综合法的局限性主要表现在归纳综合都是对已经发现或出现的事实而言的,它不能预见事物发展过程中的复杂情况。

2. 类比分析法

类比分析法是运用类比推理的思维方式进行信息分析的一种逻辑方法,主要用于对发展中典型事例与历史事例进行对比分析和研究,并根据历史事例的规律来分析和预测发展中典型事例的发展趋势。

类比推理是根据两个或两类对象在一系列属性上是相同的,而且已知其中的一个对象还具有其他的属性,由此推出另一个对象也具有同样的其他属性的结论。比较是类比的基础,类比是比较的发展,或者说类比是在分类基础上较大范围的对比;比较的结果产生了异同之处,而类比所需要的条件是通过比较得到的。

一般的类比可分为定量类比和定性类比两种。不难发现,不论是定性类比,还是定量类比都可以在找到问题的解答方面发挥作用。定量类比在科技发展分析和企业经济活动中经常用到。通过定量类比可以使我们得到准确的科学结论和可靠的经济技术信息;通过类比还可得到我们所期望的某些预测结果。例如,为了试验某种药物的毒性,一般先在狗、老鼠等动物身上做试验,以其推算在人身上使用的可能性和剂量,从而预知某种药物对人体的危害程度。以类比为基础的这种预测结果,也叫做“类比推论”。

应用类比分析法来做信息研究,首先要对课题所研究的问题进行分析,找出能表达所述问题特性的类比对象或要素,再确定可以进行何种类比,然后把类比对象或要素按顺序排列起来,对数量表达关系需要把表示数量的单位换算成同一标准单位,最后根据类比结果得出信息研究结论。

信息研究中应用类比分析方法的分析内容通常为:对同类事物或同一要素作同一时期不同地区之间的比较,以分析地区之间科技发展水平的差异;对同一地区、同一事物或要素进行不同时期之间的比较,以分析科技发展的趋势或速度变化;对不同地区、不同时期,同一事物或要素之间的比较,以分析不同地区科技发展水平的不平衡性,研究制约科技发展的因素和条件。

要提高类比分析的质量,必须注意下列问题:第一,根据课题正确确定类比对象,找出能反映事物本质的因素,特别注意对象或因素之间的可比性。只有具有可比性的事物才可以进行类比;第二,用来类比的可比资料越典型,类比结论越可靠,切忌根据不具代表性的个例比较下结论;第三,类比资料的质量比数量更重要,即对类比资料的准确性、可靠性要有严格审查,否则资料再多,类比结论也是不科学的;第四,清晰的定量类比比模糊的定性相似更有价值，应尽量收集定量资料作类比；第五，安排有序的例子比随意收集的情况更能说明问题，因为有序的例子能反映事物发展变化的情况，比随意收集的资料更有客观性和稳定性。

3. 相关分析法

所谓相关分析法是利用事物之间外在的或内在的联系，从一种或几种已知事物判断未知事物的信息研究方法。按事物之间的联系方式，相关关系可分为因果相关、伴随相关、并列相关、包容相关等。相关分析是一种由此及彼的研究方法，它研究某一事物，目的却是探索另一事物。既可用作定性分析，又可用作定量分析，特别适用于军事、专利及其他不易直接获得技术的信息研究领域。

采用相关分析方法进行信息研究，首先必须确定事物之间的相关性。如橡胶是制造轮胎的重要原料，所以被列为重要的战略物资。因为战争中需要大量现代化的运输工具，缺少轮胎就无法保证兵员、武器和供养的输送。这是一种一般的相关。但在这种相关中也存在着复杂的情况。例如，在二次大战前，德国种种迹象表明有领土扩张的野心，可是英、法根据德国不种植橡胶就推论德国不会贸然发动战争。然而德国却大力发展合成橡胶生产，以解决橡胶原料问题，结果出乎英法的预料，希特勒发动了战争。由此可见，在确定事物之间某种必然性的联系中，要全面、发展、辩证地看问题，才能得出正确的结论。

下面是运用定性方法分析文献信息的两个实例。

例 7－1：根据相关关系法分析专利文献发表数量预测技术的发展阶段。

在各类文献中，专利文献是显示科学技术发展的最敏感的指标。我们如果对有关某项技术的专利文献进行全面的调查统计，并按照时间顺序画出专利文献量的变化曲线，这条曲线一般能够相当准确地反映出该项技术的兴起、发展、全盛和衰落，而且曲线的变化比实际的变化在时间上要早 8～10 年。

例 7－2：综合法分析红外技术的应用现状。

红外技术可以应用于矿山、电力、化工厂的安全控制；铸件内部的缺陷与集成电路焊接的无损检测；半导体部件的焊接；矿山、油田的勘探；农业的土壤调查、作物估产、病虫害和林火的探测；癌症的诊断以及大量民用电器的遥控等各个不同的领域。全面收集红外技术在各个领域的应用现状、特点、前景及有待改进的问题，并加以归纳整理，就形成了一份关于红外技术应用的全面、完整的综合情报。

7.2.3 定量信息分析研究方法

定量信息分析研究法包括的方法很多，其共同特征是运用数学模型来分析已有的数据，并预测今后可能的发展趋势。下面介绍的是其中的一种——线性相关分析方法。

线性相关分析是一种相关关系的定量分析法。线性相关是指事物要素之间的变化存在一一对应的比例关系。在数学上表示为因变量(y)的改变和自变量(x)的改变量之比总是常数这样一种函数形式，即为线性函数：

$$\frac{\mathrm{d}y}{\mathrm{d}x}=K,\ y=Kx+C$$

其中 K 为线性函数的变化率(或称相关系数),C 为任意常数(或称截距)。若 $K>0$,则因变量和自变量的关系为正相关;若 $K<0$,则因变量和自变量的关系为负相关。所列方程称一元线性回归方程,其相关系数 K 和截距 C 可由最小二乘法求出:

$$K=\frac{\sum_{i=1}^{m}x_iy_i-n\overline{xy}}{\sum_{i=1}^{n}x_i-n\overline{x}},\ C=\overline{y}-K\overline{x}$$

其中 x_i, y_i 分别为自变量和因变量的已知值,$\overline{x}$, $\overline{y}$ 为自变量和因变量已知值的平均数,n 为已知值的单元数。因此根据已知值就可得出 K, K 值求出后就可得出 C。这是线性相关中因变量只和一个自变量相关的简单情况。如果因变量和多个自变量存在线性相关关系,可以表达为多元线性回归方程:

$$y=a+b_1x_1+b_2x_2+\cdots\cdots+b_mx_m$$

其中相关系数 b_1, b_2, …, b_m 和截距 a,同样可由最小二乘法求出。

在分析这种关系时,通常总是把已知量标在直角坐标图上,根据坐标点的离散程度划出中值线。这条中值线便代表要素之间的相关关系。

例如,2000 年的一项腈纶市场价格预测研究应用了线性函数方法。这项研究依据腈纶的价格随其原料(石油)价格的变化情况建立数学模型,应用最小二乘法求出回归方程系数,进而通过检验回归的效果显著性,最后得出,如果每桶原油售价 22 美元,由回归方程预测国际市场腈纶售价约每吨 1 590 美元。

利用线性回归方程可进行事件发展变化的预测,即据实际数值求出 a 和 b,再据回归方程,随 x 的变化,推测 y 值的未来演变。当然这种趋势外推的有效性是有限的,外推年限不宜太长。

7.3 信息研究成果的表达

信息研究是科学研究活动的一部分,它是一种特殊类型的科学研究。信息研究成果形式和一般科学研究不同,它一般用文字表达,根据需要可写成总结性、评论性、预测性、数据性或其他形式的信息研究报告。

7.3.1 信息研究成果的主要类型

信息研究成果主要有数据汇总、述评、综述和判据性信息研究成果四种类型。

1. 数据汇总类信息研究成果

数据汇总类信息研究成果是在日常积累和全面调查的基础上,综合汇总而成的关于国家、组织机构、经济、科技、学科专业和产品的系统资料或数据性手册等。这类成果以资料和数据的全面、综合、系统、准确见长。用户通过资料性或数据性信息研究成果,可以方便、清楚地了解有关方面的基本概况、概括的水平和动向,以及国内外、单位内外的差距,具有重要的信息价值和参考价值。其具体表现形式除开数值型数据库外,主要有下面 3 种:

1）年鉴。年鉴分为综合性和专业性两类，其内容一般是概括一年之内与年鉴主题内容有关的各种事物发展的状况或某些方面的重要资料汇编或数据统计等。其特点是资料丰富，数据新，使用价值大。综合性年鉴收集的资料范围较广，涉及的专业领域较多。它不仅反映科学技术的进展，还包括政治经济、文化和军事等动态。专业性年鉴一般只刊载某一专业领域的年度总结、资料数据汇编，专业性较强。年鉴的实例见 4.3.1 节。

2）手册。手册是一种简要概述或罗列有关学科基础知识、基本数据、计算公式以及专业机构等内容的一种工具书。手册分为一般性和专业性两类。一般性手册大多是有关政治、时事、文化学习以及生活等方面的基本知识。专业手册又分为两种，一种是提供某一专业领域基本知识的手册，另一种是实际工作中需要查阅的以常用数据为主的资料性手册。手册的实例见 4.3.2 节。

3）要览指南。这类资料主要是以“便览”、“要览”、“指南”、“大全”等命名的关于某一行业或某一科技领域的机构简要介绍或机构名称大全。这类资料的实例见 4.3.3 节。

以上资料数据类成果是由专业人员或信息人员，在大量收集资料和数据的基础上，经过科学分类、摘录和筛选，加工出来的信息成果，它既可以作为进一步进行信息研究的基础，又是各行各业的领导与管理人员、科技工作者、学校师生检索原始资料、基础知识和常用数据的必需工具。

2. 述评类信息研究成果

述评类信息研究成果是针对某学科领域的科研成果、论文、专著，或学科、专业中的某种倾向和某个问题，结合国家科技政策和学科理论所进行的又述又评的一种研究。与综述研究不同，述评往往是针对特定对象进行的比较深入的，有鲜明倾向性的研究。它要求对所评论的对象有比较系统、准确的认识，并指出目前的水平和动态、存在的问题及未来的发展方向，以起到对他人有指导作用。

述评研究的特点是一个“评”字。它具有综述报告的性质和特征，需要对评价的内容进行必要的叙述，但它又不同于综述，需要对所研究课题的历史、现状、当前水平的动向、先进性、可靠性、可行性、发展趋势等进行对比、分析，并提出作者自己的观点和意见，作出评价。

述评研究对决策者和管理人员确定科技发展方向和制定科技规划与计划，对专业人员选题与科研有一定的指导意义。高质量的述评可作为确定技术路线和科技政策的重要依据。

撰写科技述评的作者，必须阅读大量有关的科技文献，拥有大量的科技信息和从事本领域研究工作的经验。这样，才可以使所写的综述更加深入和具有针对性。撰写科技述评的主要工作在于把已经获得的大量文献、信息或科技成果进行归纳整理，使之系统化；对不同学术观点作出阐明分析，并对其发展方向进行预测。科技述评主要是综述他人或前人的研究成果、技术成就和理论见解。文中引用的论点、数据、成果都必须有根有据，不允许主观臆造。对文献中的不同学术观点可以进行分析比较，阐明自己的倾向性意见。一般来说，述评中都要求作者在客观阐述的基础上，对目前达到的水平、存在的主要问题以及今后的发展趋势，要加以主观的评论，有时还可以结合自己的研究成果进行综合评论。

专题性述评往往涉及学科中的某一个研究方向，范围要小一些，内容更集中一些。专题述评主要针对某一个具体的研究领域内的各种研究成就和学术观点进行全面系统的综合评论。这对一些从事相近课题研究的科技人员往往具有更大的吸引力、更具有参考价值。一些水平较高的专题综述，对相近课题的研究工作往往具有引导的作用。例如：美国出版的

《Metals International Reviews》(国际金属评论)专门由一些著名学者对金属材料学科研究中的某个方向进行高水平的综合评论,对很多有关的科技人员都具有相当高参考价值。

3. 综述类信息研究成果

综述信息研究成果是对某一课题的大量有关资料进行归纳、整理、分析、加工综合而成的一种研究报告。这类报告包括评述性报告和文摘性报告两种。评述性报告是指对某一学科、专业或专题的评述性综述;文摘性报告是指把某一学科、专业或专题在一段时期内发表的全部或大部分文献内容扼要摘录出来,按照时间或学科自身发展顺序进行的综述,并逐一标注参考文献。文摘性报告是近年来发展起来的一种综述形式,它具有一般综述的作用,又能起到文摘索引的作用。

综述研究的特点是仅对所综述课题的有关资料、情况、数据作客观的综合归纳叙述,不加编写者的见解,不提具体建议,但有取舍倾向和评论;综述课题能比较全面系统地反映国内外某专业或某学科的发展历史、当前状况及发展趋势。它可以使读者用少量的时间和精力,获得大量的信息和数据;它能帮助领导部门和科研人员了解某一专业或学科的国内外发展水平和趋势、存在问题及解决问题的办法,有助于他们确定科研主攻方向,制定科研规划和政策。

4. 判据性信息研究成果

判据性信息研究成果是对某项科研成果或新技术、新工艺、新观点的可靠性、先进性和实用性作出的信息方面的鉴定。这类信息成果一般也包括简明扼要的水平比较,但更主要的是作者提出的严格的科学判断和明确的建议,因此也具有某种研究性质。判据性信息研究成果多为内部报告,不公开出版。

7.3.2 综述、述评类信息研究成果的内容结构和编写方法

1. 综述的内容结构和编写方法

从写作程式来说,综述有破题、发展概况、当前水平和参考文献四部分构成。

综述文章的开端应开门见山地接触所要叙述的问题,点出主题,这样可以突出文章中心,强化印象。例如,在一篇关于金属材料的综述文章中,著者一开头就说:"金属材料正以一日千里的速度突飞猛进地向前发展着。"

在发展概况部分,综述类文章通常以简要介绍课题的历史背景为主,讲清楚课题研究的主要方面,历史沿革,已解决的问题,主要困难和存在问题。注意写历史背景是为了说明现状,因此材料要有所选择,不能写成编年史。

当前水平是综述的重点部分,要求写出目前课题发展的现状。如果写某种产品的综述,要概括出同一产品当前的代表性型号,说明每一种型号的原理、特点和待解决的问题。如果是关于理论研究方面的综述,则要列出各种流派的主要观点和成就。

由于这部分内容较多,为了避免罗列堆砌或杂乱无章,通常采用以下组织方法:

1) 循序渐进法。按照事物发展的时间顺序,从早先的介绍到当前的。

2) 分路挺进法。按照事物包含的几个方面,兵分数路,逐一叙述。例如一篇介绍传感器应用的综述文章,可以从传感器在机械、电力、轻工、医药、农业等各领域的应用,分别展开写。又如,撰写一般的水平、动向的文章,可以采用国际、国内、本地"三部曲"的方法。

3）纵深逼近法。按照事物内在的联系组织材料。由外围向纵深逐步逼近。例如，可以先提出问题，接着介绍国外做法，最后提出自己的措施。

综述的参考文献部分列出所依据主要资料的著者、标题和出处。所列文献的著录项目应遵照国家标准规定，不能任意省略或改变。

2. 述评的内容结构和编写方法

述评的结构由引言、现状介绍和问题评论三部分组成。其中最后一部分是述评文章的重点，可以从不同角度对问题加以评论。写述评时应注意不要将述评内容与自己的工作混为一体，否则文章会变成既非述评，又非科研报告的东西。写述评还应注意坚持材料与观点的统一，避免材料介绍过多而评论过少，或者具体材料太少而议论过多的倾向。写述评特别要注意找准问题，对找不准的东西不能轻易下结论，更不能把个人的猜测放进去。

3. 技术经济信息研究成果的内容结构和编写方法

这类报告的编写方法与综述、述评的写法类似，但涉及的资料内容范围不同。技术经济的研究范围侧重于科学技术和生产发展的水平、趋势，历史经验以及采取的技术、组织、措施、投资和经济效益方面的数据资料。

技术经济信息调研报告一般由前言、正文、结论、附录和资料来源目录五部分构成。前言部分用简明扼要的语言说明报告的目的、意义、参加调研的单位以及提供服务的对象等。正文部分应对产量、成本、投资额、材料消耗、生产周期、劳动生产率、产品销售量、生产发展潜力和经济效益进行分析对比，作出评价。这部分的内容应尽量采用图表，文字只用来说明历史、现状和今后趋势。结论部分说明技术经济信息调研解决了哪些问题，达到了什么目的，得到了什么结论等。附录部分列入前言和正文中不便编入的内容，包括对文章内容和图表所做的辅助说明，没有必要列入正文的计算过程和图表等。资料来源部分相当于综述和述评文章的参考文献，写法和注意事项基本相同。

7.4 参考文献的引用

7.4.1 引用参考文献的定义和作用

1. 引用参考文献的定义

一项科学研究取得的新成果通常是在前人成果的基础上的新进展，它体现着科学技术的继承和发展。例如，基于已有的理论、方法、思想、实验手段等，使本研究获得了新进展，有了新发现；或是将一个学科中的方法移植到另一学科中并取得成功；或是对已有方法做了改进。当在论文中叙述研究目的、设计思想、建立的模型、与已有结果进行比较的时候，就要涉及到已有的成果。在论文涉及已有成果的地方，指出登载这个成果文献及其出处，这种做法叫做引用参考文献。

2. 引用参考文献的作用

对于一篇完整的学术论文，参考文献的著录是不可或缺的。归纳起来，参考文献著录的目的与作用主要体现在以下四个方面。

1）著录参考文献可以反映论文作者的科学态度和论文具有真实、广泛的科学依据，也反映出该论文的起点和深度。科学技术以及科学技术研究工作都有继承性，现时的研究都是在过去研究的基础上进行的，今人的研究成果或研究工作一般都是前人研究成果或研究工作的继续和发展；因此，在论文中涉及研究的背景、理由、目的等内容的阐述，必然要对过去的工作进行评价，著录参考文献即能表明言之有据，并能体现论文的起点和深度。这在一定程度上为论文审阅者、编者和读者评估论文的价值和水平提供了客观依据。

2）著录参考文献能方便地把论文作者的成果与前人的成果区别开来。论文报道的研究成果虽然是论文作者自己的，但在阐述和论证过程中免不了要引用前人的成果，包括观点、方法、数据和其他资料，若对引用部分加以标注，则他人的成果将表示得十分清楚。

3）著录参考文献能起索引作用。读者通过参考文献，可方便地检索和查找有关图书资料，以对该论文中的引文有更详尽的了解。

4）著录参考文献有利于节省论文篇幅。论文中需要表述的某些内容，凡已有文献所载者不必详述，只在相应之处注明见何文献即可。这不仅精炼了语言，节省了篇幅，而且避免了一般性表述和资料堆积，使论文达到篇幅短、内容精的要求。

7.4.2 文献引用的学术规范

1. 学术规范的定义和本质

文献引用不仅是一个学术方法问题，也是一个学术规范问题。广义的学术规范是指在学术研究活动共同遵守的一系列规则、制度和行为准则，它既包括公开的政策法规和明确的学术活动要求，又包括学术界约定俗成并共同遵守的道德观念和价值取向。狭义的学术规范就是指文献引用的行为准则。这里主要讨论狭义的学术规范问题，也涉及一些广义的学术规范问题。

文献引用过程中的学术不规范行为主要表现形式是剽窃。美国国家健康研究所科研诚实委员会对剽窃的定义是："在没有适当方式说明出处的情况下，将他人的词句或观点表述为自己的词句或观点"。在学期论文、毕业论文、研究报告甚至公开发表的期刊论文中大段甚至整篇引用他人论文，这种行为就是剽窃。剽窃行为违反学术道德，毫无知识增量可言，因而必须加以反对与禁止。

发生剽窃的客观原因是网络环境下信息获取和占有成本日趋降低，主观原因是学术诚信的缺失。学术诚信是一个学人的基本素质，不管国内还是国外，一个学人的诚信与否对他整个学术生涯有重要影响。诚信是思想境界的一个基本规则，搞科学研究的人员，要遵循真正的实事求是原则，不仅在学术上要诚信，对人、对社会也要有信誉。如果没有了诚信，思想境界也就不存在了。因而我们必须自觉地正视和抵制剽窃行为，做一个诚信的、真正对人类知识有贡献的学人。

2. 约束剽窃的力量

国内外对于文献信息利用的不规范行为均有规定和制裁措施。法律、道德和技术以及学术传统力量共同发挥作用来杜绝剽窃行为。在法律方面，剽窃不仅是一种学术上的违规行为,而且也是一种违法行为。与此行为相关的《版权法》、《商标与不公平竞争法》等法律都有惩治剽窃行为的有关规定。在道德方面,高等学校的学术道德教育一直很重视剽窃问题。许多学校的学生手册都载明论文抄袭或考试作弊者的处罚方法。在学术传统力量方面,各类学术团体在促进学术规范方面也不遗余力地做了大量工作。美国微生物学会制定的《道德规范》规定:学会会员不能够有不当科学行为,如篡改、伪造或抄袭。学术期刊的投稿指南多数也体现了反对剽窃、倡导独立研究的精神。它们是防止剽窃行为的一股学术约束力量。

针对剽窃的现象,反网络剽窃的软件和网站也大量出现,如美国的 Turnitin(http://turnitin.com)、PlagiServ(http://www.plagiarism-detector.com/),德国的 Plagiarism Finder(http://www.plagiarism-finder.com/en-index.htm)、国内的 ROST 反剽窃系统(学术不端行为检测系统)等。反剽窃软件将论文与大量的文献资料库的内容进行比较以发现文章中的哪些部分可能是剽窃的。国内外的多所高校和学术期刊已采用这些软件。反剽窃软件对剽窃行为的蔓延有一定的阻止效果。

3. 网络环境下的文献合理利用

国际社会和各个发达国家对网络环境下如何合理利用文献的规定各不相同。

(1) 国际条约中的相关规定。在国际范围内,第一次就合理使用作品作出规定的是《保护文学艺术作品伯尔尼公约》(简称《伯尔尼公约》)。该公约第 9 条第 2 款指出:"本联盟成员国法律仅允许在某些特殊情况下复制上述作品,只要这种复制不致损害作品的正常使用也不致无故危害作者的合法利益。"该款规定了合理使用的三步检验法:一、必须限于某些特殊情况;二、不得与受保护作品的正常利用相抵触;三、无论如何不得损害著作权人的合法利益。这三个条件缺一不可,否则就不能称之为合理使用。伯尔尼公约在此原则性规定的基础上规定了三种具体的合理使用行为:适当引用、为教学目的的合理使用以及时事新闻的合理使用。

世界知识产权组织的两个条约《世界知识产权组织著作权条约》(WCR)、《世界知识产权组织表演和录音制品条约》重复了《伯尔尼公约》对于权利限制的三步检验法,声明成员可以将有关的限制和例外运用到数字化和网络环境中。

(2) 欧美的相关规定。《欧盟数据库指令》缩小了文献合理使用的范围,将网络环境中个人为学习、研究、欣赏而使用作品的行为排除在合理使用范围之外,对个人合理使用的规定,只限于非电子数据库。欧盟之所以缩小合理使用的范围,摒弃网络环境中的个人合理使用行为,依据是作者为了创作而投入的智力劳动并未有所减少,因此不能认为数字化、先进技术导致创作成本的降低。在权利和利益之间,法律首先保护的应是权利而不是利益,法律一般不强迫人们放弃或转让自己的权利,也不能随意将著作权人的权利无偿给予权利人以外的他人使用。

美国 1998 年制定的《数字千年著作权法》(DMCA)详细地规范了作品的传播和使用者在利用数字化作品方面的责任与责任豁免(限制)。例如,该法为非营利性的图书馆、教育机构使用作品提供了有限的例外规则。该法明确指出,未经著作权人的同意,以任何形式的电子下载或上传著作权材料是非法的。它在效果上不仅将著作权保护延伸到网络传输,而且把著作权保护扩展到抵御电子盗版的范围。

(3) 中国的相关规定。我国著作权法将"合理使用"纳入"权利的限制"中,要求合理使用者必须遵守三个一般性义务：一、使用的必须是他人已发表的作品；二、使用时必须指明作品出处；三、不得侵犯著作权人的其他合法权益。

我国著作权法第22条规定在下列情况下使用作品，可以不经著作权人许可，不向其支付报酬，但应当指明作者姓名、作品名称，并且不得侵犯著作权人依照本法享有的其他权利：一、为个人学习、研究或者欣赏，使用他人已经发表的作品；二、为介绍、评论某一作品或者说明某一问题，在作品中适当引用他人已经发表的作品；三、为报道时事新闻，在报纸、期刊、广播、电视节目或者新闻纪录影片中引用已经发表的作品；四、报纸、期刊、广播电台、电视台刊登或者播放其他报纸、期刊、广播电台、电视台已经发表的社论、评论员文章；五、报纸、期刊、广播电台、电视台刊登或者播放在公众集会上发表的讲话，但作者声明不许刊登、播放的除外；六、为学校课堂教学或者科学研究，翻译或者少量复制已经发表的作品，供教学或者科研人员使用，但不得出版发行；七、国家机关为执行公务使用已经发表的作品；八、图书馆、档案馆、纪念馆、博物馆、美术馆等为陈列或者保存版本的需要，复制本馆收藏的作品；九、免费表演已经发表的作品；十、对设置或者陈列在室外公共场所的艺术作品进行临摹、绘画、摄影、录像；十一、将已经发表的汉族文字作品翻译成少数民族文字在国内出版发行；十二、将已经发表的作品改成盲文出版。

以上规定适用于对出版者、表演者、录音录像制作者、广播电台、电视台的权利限制。关于引用他人作品的程度，文化部《图书、期刊版权保护试行条例实施细则》中规定：引用他人作品，应不超过被引用作品的1/10，引用诗词类作品不超过2 500字；多次引用同一部非诗词类的长篇作品，总字数应不超过10 000字；诗词类的，不超过40行或不超过全部的1/4（古诗词除外）。除专题评论文章和古典诗词研究成果，引用他人作品的总量不得超过本人作品篇幅的1/10。

对于网络数据库，可以作以下形式的合理使用：一、对网络数据库进行检索；二、阅读检索结果（文摘索引记录或全文文章，下同）；三、打印检索结果；四、下载检索结果存储在个人计算机上；五、将检索结果传送到自己的电子邮箱里；六、承担使用单位正常学生教学任务的授权用户，可以将少量检索结果，下载并组织到供本单位教学使用的课程参考资料包中，置于内部网络中的安全计算机上，供选修特定课程的学生在该课程进行期间进行阅读。

7.4.3 文内参考文献的标注和文后参考文献的著录规则

1. 正确引用参考文献的原则

正确引用参考文献的原则是：引用合理、格式规范、数据正确。

引用合理是指文献中被引用的文献没有遗漏（如文中引用了其他文献中整段原话、公式和结论等，在文中需作引文顺序标注，并在文后参考文献中作相应的著录），不引用不可以引用的文献（与本文不相关的文献，内部出版的书刊以及没有阅读原文的文献）。

格式规范是指必须严格地按照GB 7714—2005《文后参考文献著录规则》中规定的格式进行著录，相关的著录项目、著录用的符号不能遗漏，著录项目的顺序不能颠倒。

数据正确是指参考文献中列出的著录数据（包括著者姓名、文献题名、来源出处、版次、页码等内容）应和原文的信息保持完全一致，做到根据参考文献提供的信息可以准确地查找到原文。

2. 文内参考文献的标注

引用了参考文献，就要在正文中涉及前人成果相应的地方做一个标记，见到这个标记，读者就知道在这里引用了参考文献。按照这个标记在参考文献中就能找到刊登这个成果的详细信息。在正文中引用参考文献的地方加一个标记，称为参考文献的标注。标注参考文献的方法称为标注法。

正文部分引用文献的标注法可以采用顺序编码制，也可以采用著者—出版年编码制。这里只介绍顺序编码制。

顺序编码制是将文章正文部分所引用文献按出现的先后顺序连续编码，并将序号置于所引内容最末句的右上角的方括号中。如“布鲁克斯(B. C. Brookes)公式等[2]”。在同一处引用多篇文献时，只需在方括号内按从小到大的顺序列出各篇文献的序号，序号间用“，”隔开。如遇连续序号，用“-”标注起止序号。当提及的参考文献为文中直接说明时，其序号应该与正文排齐，如“由文献[10－13]可知”。另外，通常在各级标题处不设置引用文献标注。对于多次引用同一文献的标注，正文中采用[序号]页码格式，例如：[2]2，[2]212。下面是正文中一段标注有引用文献的示例：

> 加拿大 Toronto 大学 O. Partaatmadja，B. Benhabl 等学者在文献[8]233 用于测距 Y 型传感器的基础上，研究了一种用于机器人的光电接近方位觉传感器[9]。

3. 文后参考文献的著录规则

(1) 文后参考文献的组织顺序和一般格式。文后的参考文献，可以按照顺序编码制组织，即按照正文部分引用文献出现的顺序号依次排列。序号用加方括号的阿拉伯数字著录，方括号后空一格，但不用标点，其后按著录规则依次著录，回行时与首项著录对齐。每条文献单独排列。如果在正文的不同处引用同一文献的不同内容，文后参考文献中只给一个相应的文献信息，不得使用“同上”或“ibid”等字样。

(2) 文后参考文献主要责任者和文献题名的著录方法。文献的主要责任者是必须著录的项目。主要责任者包括著者、专利申请人或者专利所有人以及汇编本的编者等。著作方式相同的责任者不超过三人时，全部著录，超过三人时，只著录前三个责任者，其后加“，等.”或“，et al.”。两个主要责任者之间用“，”隔开。西文个人著者采用姓在前，名在后的著录形式。著者的名可以用缩写字母，缩写名后不加“.”，例如，Michael Lee Gorman 应著录成 GORMAN M L.欧美著者的中译名可以只著录姓，例如，约翰·奈斯比特可著录成奈斯比特。文献题名也是必备的著录项目，题名包括书名、刊名、专利题名、析出题名等，应按照著录来源所载的形式著录。

(3) 参考文献的类型标识的标注方法。中文参考文献的类型标识应该按照 GB 7714—2005 规定标注在题名之后(见表 7－1)。

表 7－1　GB 7714—2005 规定的参考文献类型标识

类型	普通图书	会议录	报　纸	期刊文章	学位论文	报告	标准	专利	汇编
标识	M	C	N	J	D	R	S	P	G

电子文献类型的参考文献，一般以下列字母作为标识：联机网络[OL]，数据库[DB]，计算机程序[CP]，电子公告[EB]。电子文献被引用为参考文献时需同时标注参考文献类型标识和载体类型，其基本格式为[文献类型标识/载体类型标识]。例如，网上专利文献的标识为[P/OL]，网上期刊文献的标识为[J/OL]，网上电子公告的标识为[EB/OL]。

(4) 出版事项的著录方法。出版事项包括出版地、出版者、出版年、卷期号等。出版地指出版者的城市名，对于同名异地或不为人们所熟悉的城市，可在其名前附加省名、州名、国名等。对于出版者中包含了地名，出版地不能省略，如，"北京：北京大学出版社"，不能只写成"北京大学出版社"。出版社名可按来源的形式著录，也可以按公认的简化形式缩写形式著录，例如，IEEE(原标识 Institute of Electric and Electronic Engineers)。出版年采用公元纪年，并用阿拉伯数字著录。对于报纸和专利文献，应该著录出版日期，其形式为 YYYY-MM-DD，例如 2009-09-12。对于期刊的出版年份、卷号、期号和页码著录有以下几种形式：年，卷(期)：页，例如，2008，92(2)：21-22；年，卷：页，例如，1987，355：5-10；年(期)：页，例如，1985(4)：351-355。具体使用哪一种形式，应遵从期刊编辑部的投稿要求中的规定。

7.4.4 各种常见文献类型在文后参考文献中的著录要点和实例

1. 图书

图书在文后参考文献中的著录格式为：

[序号] 主要责任者. 书名[M]. 版本(第 1 版不写). 出版地：出版者，出版年：页码.

下面是引用图书的实例：

[1] 王式安. 数理统计[M]. 北京：北京理工大学出版社，1995：147.

[2] BIRD R B, STEWART W E, Lightfoot E N. Transport Phenomena[M]. New York: John Wiley & Sons Inc, 1960: 75.

图书中析出文献在文后参考文献中的著录格式为：

[序号] 析出文献责任者. 析出题名[M]. 析出其他责任者(如编者、译者，供选择)//图书责任者. 书名. 版次(第 1 版不写). 出版地：出版者，出版年：起止页码.

下面是图书中析出文献的实例：

[3] 徐新. 阿尔泰运动及相关的地质问题[M]//陈毓川，王京彬. 中国新疆阿尔泰山地质与矿产论文论文集. 北京：地质出版社，2003：1-11.

2. 期刊和报纸

期刊在文后参考文献中的著录格式为：

[序号] 析出文献责任者. 析出题名[J]. 刊名，出版年，卷号(期号)：起止页码.

注意英文参考文献中的期刊和报纸的名称可以缩写，但不加缩写点。期刊和报纸名称缩写应遵从通行写法，例如，采用 SCIE 中的期刊缩写名称，随意生造缩写期刊名是不可取的。

下面是引用期刊论文的实例：

[4] 王幸宜，吴善良，卢冠忠，等. 氧化铈在非贵金属燃烧催化剂中热稳定性的研究[J]. 环境化学，1994，13(1)：16－21.
[5] HENRY R C，LEWIS C W，COLLINS J F. Vehicle-related hydrocarbon source compositions from ambient data：the GRACE/SAFER method[J]. Eniron Sci Technol，1994，28(5)：823－832.
[6] CHRISTINE M. Plant physilogy：plan biology in the Genome Era[J/OL]. Science，1998，281：331－332[1998－09－23]. http://www.sciencemag.org/cgi/collection/anatmorp.

报纸在文后参考文献中的著录格式为：
[序号] 析出文献责任者. 析出题名[N]. 报纸名，年-月-日(版次).
下面是引用报纸文献的一个实例：

[7] 张田勘. 环境保护的另一种思维[N]. 科技日报，2000－09－09(4).

3. 会议文献

会议文献在文后参考文献中的著录格式为：
[序号] 析出文献责任者. 析出题名[C]//文集编者(英文姓名后加 ed 或 eds). 文集名.(供选择项：会议名，会址，会期)出版地：出版者，出版年：起止页码.
下面是引用会议文献的两个实例：

[8] 倪姬娜，李德敏，余雯静，等. 一种基于时延和参数扰动的混沌同步通信方案研究[C]//许成谦. 2007 年通信理论与信号处理学术年会论文集. 北京：电子工业出版社，2007：5－10.
[9] MA Tingxi，LU Xueshu. Computer aided analysis of the penetration of mounted tillage implement[C]//ZHANG Wei，GUO Peiyu，ZHANG Senwen. Agricultural Engineering and Rural Development：Vol 1. Beijing：International Academic Publishers，1992：157－160.

4. 学位论文

学位论文在文后参考文献中的著录格式为：
[序号] 责任者. 题名[D]. 学位授予地址：学位授予单位，学位授予年份.
下面是引用学位论文的两个实例：

[10] 王亚军. 整装催化剂及催化转化器若干研究[D]. 北京：北京理工大学，2000.
[11] YOUNG L C. The application of orthogonal collocation to laminar flow heat and mass transfer in monolith converters[D]. Washington：University of Washington，1974.

5. 专利

专利在文后参考文献中的著录格式为：

[序号] 专利申请者或所有者. 专利题名：专利国别或地区，专利号[文献类型标志]. 公告日期.

下面是引用专利的两个实例：

[12] 杨林. 移动电话机：中国,CN99115146.1[P]. 2001-03-28.

[13] SEZAN M I, CRINON R J. DTV data service application and receive mechanism：US, 6993789[P/OL]. 2006-01-31.

6. 科技报告

科技报告在文后参考文献中的著录格式为：

[序号] 报告作者. 报告题名,报告号[R]. 出版地：出版单位,出版年份.

下面是引用科技报告的一个实例：

[14] Gough P S. Theoretical modeling of the interior ballistics of the electrothermal gun, AD-A268583[R]. Alexandria, Virginia：National Technical Information Service, U. S. Department of Commerce, 1993.

7. 标准

标准在文后参考文献中的著录格式为：

[序号] 标准颁布机构. 标准号 标准题名[S]. 出版地：出版社,出版年：起止页码.

下面是引用标准的一个实例：

[15] 全国量和单位标准化技术委员会. GB 3100～3102—1993 量和单位[S]. 北京：中国标准出版社,1994：39-58.

7.5 文献信息调研案例

7.5.1 案例课题：机器人用光电式接近觉传感器

课题要求：利用相关数据库以及网上资源,查找相关文献和信息,在获得主要相关文献信息的基础上,写出反映当前国内外发展情况的综述报告。

1. 课题背景知识、概念分析与文献信息调研的基本思路

通过全文期刊网、网络搜索引擎等工具,获得以下背景知识：接近觉传感器作为一种自动化传感元件,其功能介于触觉传感器和视觉传感器之间。它可用以测量距离和

方位，沟通视觉和触觉传感觉的信息，在机器人传感器信号控制中有其特殊作用。光电式接近觉传感器因其速度快、抗干扰强、测量点小、适用范围广等优点，受到人们的普遍重视。

由有关专业知识可知，本课题涉及的概念主要有“光电式传感器”、“接近觉传感器”、“光纤传感器”及其它们的组合。

根据课题调研要求，计划在理解课题基本内容的基础上，选择使用有关的网络数据库和INTERNET，进而获取主要文献信息的原文，阅读消化，写成综述报告。

（背景知识包括哪些方面？如何取得背景知识？如何分析主要概念？请参见本书2.2.2节和2.2.3节）

2. 检索工具以及检索途径的选择

根据课题分析，选择的网络数据库有：中国科技期刊数据库、COMPENDEX和Elsevier，选择的INTERNET网上信息源有美国和欧洲专利数据库以及相关的学会讨论组信息。

本课题以综合课题当前发展状况为目的，希望获得结果的特点是“全”，即不能遗漏主要相关文献信息。因此，检索途径拟以主题途径为主，辅以分类方法。为了保证做到尽可能的查全，在获得初步检索结果后，以所获主要相关著者姓名、分类号等线索，从著者途径、分类途径再反复搜寻一次。

（如何选择检索工具？如何从提高查全率和查准率的角度确定检索思路？请参见本书2.2.3节和2.3节）

3. 检索策略和部分检索结果

(1) 中国科技期刊数据库。使用的检索策略为：

接近（题名或关键词字段）* 传感器（题名或关键词字段）* 机器人（题名或关键词字段）

从得到的检索结果中选取以下三篇密切相关文献：

1) 分类号：TP242 TP212　　记录号：97874530

刘桂雄（中国科学院合肥智能机械研究所），郑时雄．一种光纤接近觉传感器的工作姿态调整方法．压电与声光. 1997，19(5)：38－40.

2) 分类号：TP242.602　　记录号：96409745

王岩冰（西安交通大学），袁绥华，等．机器人红外接近觉，光纤触觉和握力觉传感器．传感器技术. 1996(1)：17－20.

3) 分类号：TP212　　记录号：95825659

闵锐．限位，接近，光电传感器的故障预报，诊断功能．电气开关. 1995 (3)：89－94.

(2) CompendexWeb 数据库。使用的检索策略为：

optical and proximity and sensor*

从得到的检索结果中选取以下两篇密切相关文献：

1) Liu Guixiong, Li Wanxue, Li Xiufeng, et al (South China Univ of Technology) Methods to enlarge the measurement range of robust quad-eye optical fiber proximity sensors. Yadian Yu Shengguang/Piezoelectrics and Acoustooptics, Aug 1999, 21(4): 263-266.

2) Liu Guixiong, Kuang Yongcong, Zheng Shixiong (Inst. of Optics and Mechatronics, Departmentof Mechatronic Engineering, South China Univ. of Tech.). Study on the method to adjust the measuring attitude and signal processing for optical fiber distance and orientation integrated proximity sensor. Proceedings of SPIE —The International Society for Optical Engineering, Oct 10-12 2001, v 4414, p. 254-257.

(3) Elsevier 网络数据库。使用的检索策略为：

optical and proximity and sensor *

从得到的检索结果中选取以下一篇密切相关文献：

Stoyanov HY. Polarization interferometer as a proximity sensor. Optics & Laser Technology, March 2000, 32(2): 147-152.

(4) ingenta 数据库(通过 http://www.ingenta.com/)。使用的检索策略为：

optical and proximity and sensor *

从得到的检索结果中选取以下一篇密切相关文献：

Harada H, Kawano M, Yamaguchi T, et al. Proximity Sensing for Polishing Robot by Using an Optical Sensing System of Surface Roughness Sensor. Journal-Japan Society for Precision Engineering, 2002, 68(9): 1206-1210.

(5) US Patents (通过 http://www.uspto.gov)。使用的检索策略为：

(opto$ or optical) and proximity and sensor $

从得到的检索结果中选取以下 3 篇密切相关文献：

1) Johnston A R. (Canada, CA). Focal plane array optical proximity sensor. US4479053, 1984-10-23.

2) Maurice L B, Jericho V T. Proximity detector using faraday effect and bi-directional transmission. US5149962, 1992-09-22.

3) Hoogenboom L. Fiber optic proximity sensors for narrow targets with reflectivity compensation. US4701610, 1987-10-20.

(如何确定课题合适的主题词？如何构建合适的检索策略？见本书 2.2 节和 2.3 节，如何查找专利见本书 6.1 节)

4. 机器人光电接近觉传感技术综述

(1) 引言。接近觉传感器，作为一种机器人传感器，作用介于触觉传感器和视觉传感器之间，主要用于测量距离和方位，还可以用于沟通视觉和触觉传感觉的信息。在机器人基于传感器信号控制中有其特殊作用[1]，即在视觉系统被挡住而无法发挥作用时，它起到视觉的功能，用以判别对象的方位、外形，以便操作部件能够确定从何种角度去靠近对象。所以，一般要求接近觉传感器的测距距离在零至几十毫米，连续测距精度高，同时还要求能识别对象的表面形状和方位[1]。

目前国内外对接近觉传感器的研究，主要有气压式、超声式、磁感应式、电容式、光电式五种工作类型。其中光电式接近觉传感器具有速度快、抗干扰强、测量点小、适用范围广等优点，在各种类型的接近觉传感器中占有很重要的地位[2]。

从已经获得的主要相关文献来看，国内主要研究人员和单位有中国科学院合肥智能机械研究所的朱永亮、华南理工大学机电工程系的刘桂雄等，国外有加拿大 Toronto Univ. 的

Bonen A. 和 Partaatmadja O.，美国 California Inst of Technology 的 Lee S，以及 Mechanical Technology Inc. 的 Hoogenboom L 等。

(2) 国内外常见的光电式接近觉传感器。从国内外对光电式接近觉传感器的研究来看，目前主要有基于三角测量原理、光强调制原理和相位调制原理的三种传感方法。

1) 基于三角测量原理。三角测量原理[3,4]主要用于测距。它的基本原理是平面三角几何(图 7-4)，用一束光照射到被测物面上，由物体表面散射或反射测出像点位置，再通过光电传感器 CCD 将光信号转换为电信号。在物面移动时，因象点相应移动，由此即可求出位移量。

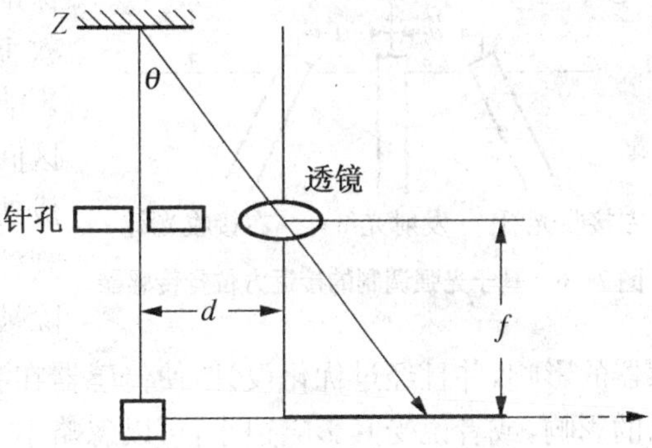

图 7-4　三角测量原理

实际上，三角测量原理根据光束与被测物面的夹角的不同，分为斜射和直射两种方法。图 7-4 中所见是直射法。斜射法的测量精度高于直射法，但直射法光斑小，光强集中，对于测量表面较粗糙和左右倾斜不定的对象时，受干扰引起的误差小。同时传感头结构上直射法易于做得紧凑，因而在机器人的工程应用上，多选用直射法。德国学者 E. Ersu G. Kegel 在其研究报告中表明，采用三角测量原理做成传感器的探测范围可达50～300 mm，在 100 mm 距离时，其精度为 0.5%。因而可以看出，三角测量原理用于测距具有线路简单、体积小、精度较高(但价格较高)的特点。目前在我国多家单位(如中科院合肥智能机械研究所)研制机器人接近觉传感器就是采用该方法。

虽然说三角测量原理主要用于测距，但 T. Kanade 和 T. Sommer 在文献[2]中对其加以改进，就可以实现对表面方位近似测量，在$-30°\sim+30°$角度测量范围内，误差 $0.5°\sim4.9°$。当然，测量误差是大了些。

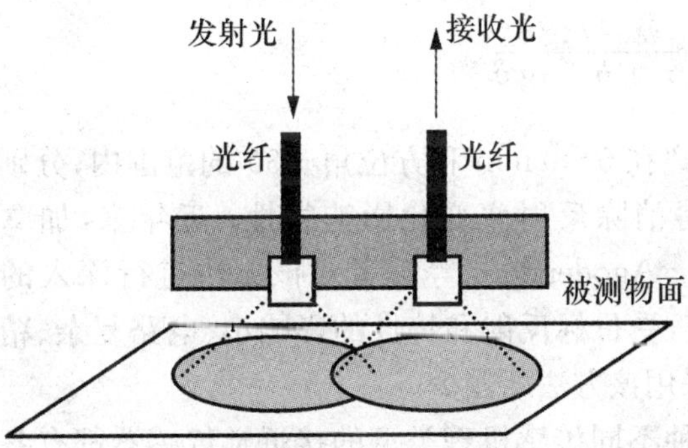

图 7-5　光强调制原理

2) 基于光强调制原理。基于光强调制方法是利用了反射光量随物体表面位置而变化的现象。文献[5, 6]中介绍的基于光强调制原理的接近距离觉传感器如图 7-5 所示。

光强调制公式为[7]：

$$\Psi=\frac{\pi\gamma_s}{3d^2}(1-\cos^6\beta_s)+b$$

其中 Ψ 为发射光和接收光信号之间的调制函数，d 为传感器与被测目标表面的距离，γ_s为取决于传感器和被测目标光度特性的参数，β_s为传感器结构所决定的参数，b 表达传感输出的补偿参量。当然，γ_s、β_s、b 确定的情况下，Ψ 就仅为距离的 d 函数。实际上，如果被测目标的颜色、方位角和光源信号强弱的不同，γ_s、β_s、b 要相应改变。然而，在知道 γ_s、β_s、b 的情况下，传感器可达到$\pm$0.02 mm 的精度[6]。不过，这些参数要预先得知，这给传感器的使用增加了附加条件。加拿大 Toronto 大学 O. Partaatmadja，B. Benhabl，Agodenderg 等

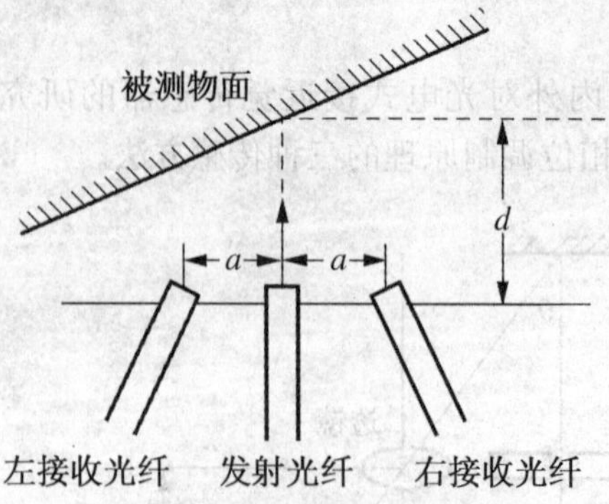

图 7-6　基于光强调制的接近方位觉传感器

学者在文献[8]用于测距 Y 型传感器的基础上，研究了一种如图 7-6 所示的机器人用的光电接近方位觉传感器[9]。合理地选择 α 和 θ 值，可使传感器达到较大的灵敏度和最大的输出电压，并且可以保证传感器能在 $+20°\sim-20°$ 的方位角范围内有效工作，而不受传感器与物体间距离（5～10 mm）影响。经标定的传感器样品，对于 99.9%的置信区间，测量精度达±0.5°。笔者认为，该传感器的成功，对光强调制光电接近方位角技术的发展起到较大的促进作用。因为设计出来的传感器能消除被测目标的反射率、光源输出功率等因素对传感器的影响，并且经过优化设计，使传感器在测量有效范围内工作，不受传感器与物体间距离的影响，或者说受其影响很小，可以忽略不计。

基于光强调制的光电接近传感器具有结构简单、成本低、容易实现的特点，在要求不是很高的场合不失为一种有效的方法。该技术目前在国内得到广泛的应用。

3）基于相位调制原理。相位调制法是调制光源发出的很高频率的调制光波，通过接收器收到的反射光的相位变化来推算距离。基于相位调制原理的接近觉传感器的工作原理是发光二极管 LED1、LED2 按 $\sin\omega t$、$\cos\omega t$ 发光，设 LED1、LED2 和光电接收期间的间距分别为 a 和 b，那么，测量距离 x 时的相移为：

$$\phi = \text{arctg}\,\frac{a^2+b^2}{b^2+x^2}$$

这样就可以根据相位偏移 ϕ 来求出距离 x。同理，若将对称配置而发光二极管以同样的方式驱动后，就可以测出方位角 δ 导致的相移为：

$$\phi = \text{arctg}\,\frac{x-b\,\text{tg}\,\delta}{x+b+\text{tg}\,\delta}$$

相应也可以求出方位角 δ。用这种方法当距离在 5～0 mm 和方位角±30°的范围内，分别可达到±2 mm 和±2°的测量精度，并可获得消除反射率变化影响特性。近年来，加拿大 Toronto 大学 O. Partaatmadja，B. Benhabl，Agodenderg 等学者对该方法进行深入的研究[10]，不过最终也只是体现到具有价格便宜，受目标反射和特性的影响小、电路复杂、精度不如三角法测距高的特点上来。目前国内采用该方法的较少。

（3）结束语。从上面所述可以看出，各种不同传感机理类型的接近觉传感器都有各自的特点。目前的研究水平与接近觉传感器所要求的"探测距离一般在零至几十毫米，连续测距精度高，同时能够识别对象物的表面形状和方位"还有相当的差距。主要表现在：多数传感器的精度易受光源输出功率、被测物体的方位以及表面发射率等变化的影响，导致精度不高，性能不稳定，可靠性差；用一个传感器不能同时测量距离和方位的信息，单一的传感功能不能满足要求。

尽管现有的光电接近觉传感器在实用上都存在着一些问题和缺陷，但它们已在工业自动检测领域获得初步应用。从研究趋势来看，光电接近觉传感器中占有举足轻重的地位。

基于光强调制原理和基于三角测量原理的光电接近传感器将优先得到发展，并且在性能、精度、成本等方面可望最早进入实用化、商品化的阶段。

本篇综述的参考文献

[1] Retion P P L. Sensors for the applications in robotics[J]. Sensor and Actuator, 1986, 10: 195－218.

[2] Kanade T, Sommer T. An optical proximity sensor for measuring surface position and orientation for robot manipulation[J]. SPIE, 1983, 449: 547－563.

[3] Baker J E. High-intensity LED proximity sensor for robot control[J]. Sensors, 1993, 10(7): 29－32.

[4] Okada T. Development of an optical distance sensor for robots[J]. Int J Robotics Res., 1982, 1(4): 3－14.

[5] Li Y E. A proximity sensor and its application in real-time robot control[J]. Robotics and Autonomous Systems, 1994, 13(1): 25－37.

[6] Li Y E. Characteristics and signal processing of a proximity sensor[J]. Robotica, 1994, 12: 335－341.

[7] Li YE. Robot proximity sensing and a strategy for transition control[D]. Ph. D. Thesis, Univ of Oxford, Jan 1993.

[8] Bukow H. Fiber optic distance for robotic application[C]. Presented at Sensor's 86, Detroit, MI, SME Tech, Paper MS86－938, Nov. 1986.

[9] Partatmadja O, et al. An elctro-optical orientation sensor for robotics[J]. IEEE Trans on Robotics and Automation, 1992, 8(1): 111－119.

[10] Partaatmadja O, et al. Analysis and design of a robotic distance sensor. Journal of Robotics Systems[J], 1994, 10 (4): 427－445.

(如何撰写综述？见 7.3 节)

7.5.2 案例课题：第三代移动通信技术专利调研分析案例

移动通信技术(Mobile Communication)的发展经历了第一代模拟语音频分多址技术、第二代数字语音时分和码分多址技术和第三代数字语音和数据多媒体技术三个阶段。第三代移动通信技术的核心内容主要包括高效信道编译码技术(CODEC Protocol)、功率控制技术(APC: Automatic Power Control)和智能天线技术(Smart Antenna)等。专利文献由于具有国家覆盖面广、主题分类统一、文献易于获得等优点，成为了解这项技术的发展历史，掌握主要研究国家、竞争公司和关键技术分布情况的首选。

检索中主要使用了美国专利全文数据库(http://www.uspto.gov)，时间范围为从20世纪70年代起到2003年底为止，使用的核心主题词是移动通信(mobile communication, wireless communication)，国际专利分类号(IPC)主类号为“H04 电通信技术”。

1. 检索策略

(1) 功率控制技术(APC: automatic power control)。第三代移动通信的功率控制技术涉及结构、电源和参数三部分技术。根据各自包含的内容，对这三个部分分别建立检索策略。

1）结构部分。涉及的关键词有：结构构造 architecture，连接器 coupler，放大器 amplifier 和电源检测 power detection。拟订的检索式为：

H04 and（“mobile communication” or wireless）and（APC or “automatic power control”）and（coupler$ or amplif$ or（power and（detection or detector））

2）电源部分。涉及的关键词有：电源 power，电压控制 voltage control 和电流控制 current control。拟订的检索式为：

H04 and（“mobile communication” or wireless）and（APC or “automatic power control”）and（“voltage control” or “current control”）

3）参数部分。参数部分涉及的关键词有：参数 parameter，精确度控制 accuracy control，响应时间 reponse time 和修正 correction。拟订的检索式为：

H04 and（“mobile communication” or wireless）and（APC or “automatic power control”）and（“accuracy control” or correct$ or “response time”）

（2）智能天线技术。第三代移动通信的智能天线，除本身技术之外，还涉及宽带、多频带和芯片问题。包含的关键词有智能天线 smart antenna，intelligent antenna，adaptive antenna array，宽带 broadband，wide-band，多频带 dual-band，multi-band 和芯片 chip 等。拟订的检索式为：

H04 and（“mobile communication” or wireless）and antenna$ and（smart or intelligent or “adaptive array”）and（broadband or “wide band” or “dual band” or “multi band” or chip$）

（3）高效信道编译码技术（CODEC Protocol）。第三代移动通信的高效信道编译码技术又分交互技术、控制技术、管理技术和安全技术等部分。根据各自包含的内容，对这几个部分别建立检索策略。

1）交互技术。涉及的主关键词是交互 Interwork。检索式拟订为：

H04 and（“mobile communication” or wireless）and（code$ or protocol$）and Interwork$

2）控制技术。涉及的关键词有：控制 control，呼叫控制 call control，流控制 flow control 和权限控制 power control。拟订的检索式为：

H04 and（“mobile communication” or wireless）and（code$ or protocol$）and（“call control” or “flow control” or “power control”）

3）管理技术。涉及的关键词有：管理 management，编码器 turbo CODEC，同步 synchronization，交织 complect 和质量 quality。拟订的检索式为：

H04 and（“mobile communication” or wireless）and（code$ or protocol$）and（turbo$ or synchroniz$ or comple$ or quality）

4）安全。涉及的关键词有：安全 Security，授权 Authorization，鉴别验证 Authentication 和加密 encrypt。拟订的检索式为：

H04 and（“mobile communication” or wireless）and（code$ or protocol$）and（authoriz$ or authenticat$ or encrypt$）

2. 对检索所得专利的定量分析

（1）历年专利件数。检索所得的历年专利件数见表 7－2。

表 7-2 历年专利件数

年份	1972—1975	1976—1980	1981—1985	1986—1990	1991—1995	1996—2000	2001—2003	合计
小计	2	6	4	14	179	530	27	761

可以看出，这项技术从 1972 年到 1990 年属于理论起步阶段。1991 年到 2000 年是实验室研究高峰阶段。从 2001 年起应为工业生产阶段，对应在技术上，出现了像 WCDMA，CDMA2000，TD-SCDMA 等一系列新标准。

(2) 国家分布。专利申请量位于前 7 名的国家见表 7-3。

表 7-3 专利申请量位于前 7 名的国家

国 别	美 国	日 本	韩 国	加拿大	瑞 典	英 国	德 国
专利件数	502	92	52	24	22	16	15
%	66	12	7	3	3	2	2

从表中可以看出，在这个技术领域，美国的优势十分明显。紧随其后的是日本和韩国。

(3) 技术领域分布。按照 IPC 的技术领域，这项技术的主题分布见表 7-4 所示。

表 7-4 技术领域分布

IPC	H04B	H04G	H04H	H04J	H04K	H04L	H04M	H04N	H04O	H04Q	H04R
件数	220	1	5	91	22	104	73	12	1	230	2

从表中可以看出，本技术在 H04Q 选择、H04B 传输、H04L 数字信息的传输、H04J 多路复用通信、H04M 电话通信的专利量处于前五名。

(4) 竞争公司专利分布。这个领域内的主要竞争公司见表 7-5。

表 7-5 主要竞争公司

公 司	Qualcomm Inc	Lucent Tech Inc	Motorola Inc 摩托罗拉	NEC Co.	Samsung Electronic Co 三星
专利量	33	30	28	25	21

这 5 家公司的专利申请量占全部专利量的 18%，是这项技术的主要研制力量。其中，我们看到了摩托罗拉、NEC 和三星等著名公司。

(5) 关键技术检索结果

1) 功率控制技术（APC：automatic power control）。功率控制技术部分共得专利 54 件。各个子项的各国专利数量见表 7-6。

从表 7-6 中可以看出，关于 APC 技术的专利主要集中在结构部分，其中又以放大器（amplifer）为申请的重点，涉及连接器（coupler）的专利较少；在电源控制方面，电压控制技术与电流控制技术旗鼓相当；在关于 APC 的技术参数方面，提高响应时间（response time）的比重较高，其他两项指标——精确度（accuracy）与修正（correction）的涉及较少。

表 7-6　功率控制技术方面各国专利申请量分布

结构 architecture			电源控制 power control		参数 parameter		
连接器 coupler	放大器 amplifier	电源检测 power detect	电压 voltage	电流 current	精度 accuracy	响应时间 response time	修正 correction
1	20	13	8	5	3	7	1

2) 智能天线技术(smart antenna)。智能天线技术共得专利 65 件,含宽带(broadband) 2 件,多频带(dual-band)4 件,芯片 2 件。可见,基于多频带(dual-band)技术的智能天线占有较大的比重。

3) 高效信道编译码技术(CODEC Protocol)。高效信道编译码技术共得专利 642 件。各个子项的专利分布见表 7-7。

表 7-7　高效信道编译码技术方面各国专利申请量分布

安全 security			控制 control				管理 management			
授权	验证	加密	交互控制	呼叫控制	流控制	权限控制	Turb编码	同步	交织	质量
32	27	15	12	116	8	136	3	134	79	100

从表 7-7 中可以看出,高效信道编译码(codec protocol)技术的专利最多,其中又以控制技术(control)和管理(management)所占比重较大。

(如何检索专利文献见 6.1 节,如何收集整理文献见 7.1 节)

[根据 http://blog.csdn.net/dpuser/archive/2005/10/19/509275.aspx(2005-12-11 访问)改写]

习　题

1. 简述通过正式和非正式渠道收集文献信息的方法。
2. 如何鉴别文献信息的价值。
3. 定性文献信息分析方法有哪几种?
4. 写作综述时需要注意哪几个问题?
5. 根据本章给出的调研实例,从查全的要求出发,检索文献信息应注意哪些问题?
6. 请您按照本章中的相关内容,将下列书目信息改写成标准格式的文后参考文献:

1) R. Forward (1990), "Light-Levitated Geostationary Cylindrical Orbits: Correction and Expansion," J. Astronautical Sci., Vol. 38, No. 3, pp. 335-353.

2) Meagher, E. P. & Lager, G. A. (1979) Polyhedral thermal expansion in the TiO_2 polymorphs: refinement of the crystal structures of rutile and brookite at high temperature. Can. Mineral. 17, 77-85.

3) Laura Tucker Bald, (1995) "1. Studies of Metal Catalyzed Aromatic Substitution. 2. Ring Forming Reactions of Palladium," Ph. D. Thesis, Princeton

4）L. Dehaspe and L. De Raedt. Mining Association Rules in Multiple Relations. In S. Dzeroski and N. Lavrac，editors，*Proceedings of the 7th International Workshop on Inductive Logic Programming*，volume 1297 of *Lecture Notes in Artificial Intelligence*，pages 125－132. Springer-Verlag，1997.

5）"Magnetic Properties of TDAE－C60：Remanence and Relaxation" M. Tokumoto，Y. S. Song，K. Tanaka，T. Sato and T. Yamabe，Mat. Res. Soc. Proc.，Vol. 413，333－338，Electrical，Optical and Magnetic Properties of Organic Solid State Materials Ⅲ，Eds. A. K－Y. Jen，C. Y－C Lee，L. R. Dalton，M. F. Rubner，G. E. Wenk，L. Y. Chiang（1996）.

6）Adams，R. D. and Wake，W. C.，Structural Adhesives Joints in Engineering，Elsevier Applied Science Publishers，New York，NY，1984.

7. 选择一个专题，从 CNKI 检索一批相关文献，并将其转入 EndNote，分析其关键词和期刊等分布，并试将其中的若干文献作为文后参考文献载入 Word 文件中。

实习指导

1 课题概念分析和检索策略的构成

1. 实习目的

掌握课题分析、概念扩展和构建检索策略的一般方法。

根据课程指定课题或者自拟课题要求，通过一定工具获取背景材料，进而分析课题的主要概念并扩展这些概念，在此基础上分别构建中英文检索策略。

2. 实习要求

课题名称：

自拟的课题必须具体，不得以学科名称或者只包含一个概念的名词作为课题。

背景材料：

仅要求说明课题的主要内容，可以包括主要研究对象、学科归属、研究方法、研究目的或研究现状，限100～200字，可以取自相关期刊、百度百科、教科书等。不得整篇拷贝文章。

主要概念及其扩展：

要求分组面给出课题的主要概念和拟采用的中英文检索词。不得使用无专指意义的概念。

检索策略：

要求给出课题的中英文检索策略，注意概念之间的逻辑关系，多使用几种检索算符。算符一律使用半角字符，英文策略中任何相邻两个单词之间不得简单使用空格，必须使用算符。

3. 实习思考题

(1) 网上获取课题背景材料的互动性工具有哪些？

(2) 如何分析课题的主要概念？

(3) 扩展概念有哪三种主要方法？

(4) 如果需要同时检索同一词根的英文单词，应该使用什么算符？

(5) 属于不同组面的概念之间应该使用什么算符？

4. 实习示例

课题名称

移动通信位置服务的研究

背景材料

移动通信位置服务，或者说移动电话定位服务，是在电子地图平台的支持下，采用三角坐标计算方法，通过电信运营商的移动通信网络，为用户提供移动电话的位置（经纬度坐标）的一种增值业务。

主要概念和扩展

主要概念：移动通信，位置

概念组面 1：移动通信 mobile telecommunication

移动电话，手机 mobile phone，mobile telephone，handset

概念组面 2：位置 position

定位 positioning

检索策略

中文策略：

（移动通信 or 移动电话 or 手机）and（位置 or 定位）

英文策略：

（mobile and（telecommunicat* or phone or telephone）or handset）and position*

实习指导

2　中国学术期刊网络出版总库

1. 实习目的

掌握概念切分、同义词扩展和在标准检索、专业检索界面下用逻辑与、逻辑或、优先算符构建策略并实现检索的方法；理解模糊匹配与精确匹配的区别以及词频控制的作用。

掌握调整检索范围的主要方法。

掌握内容导航浏览方法。

2. 实习要求

(1) 打开网络课件，下载中国学术期刊网络出版总库实习示例，转存成本地文件。改写学号、姓名、中文课题名称。

(2) 概念切分和构建策略。分析指定课题，切分概念，构建检索策略。

(3) 进入中国学术期刊网络出版总库，浏览和熟悉界面布局。

(4) 标准检索。在默认状态试用拟定的策略一步完成检索；用逻辑或、模糊匹配扩展检索结果，用“在结果中检索”分步完成检索。

(5) 专业检索。缩小检索。在扩展检索基础上更换内容字段，增加一辅助控制条件方法缩小检索范围，并选择一篇切题文献，保存包含文摘在内的全记录信息。

(6) 下载并安装 caj 浏览器并打开切题文献全文，将其正文一部分转换成 word 文件。

(7) 通过网络课件将文件内容提交。

3. 实习思考题

(1) 标准检索界面和专业检索界面在检索策略的构成上有什么不同？

(2) “在结果中检索”的含义及其作用是什么？

(3) 如何合理地组合使用逻辑与和逻辑或？

(4) 篇名、关键词、文摘三个字段的共同特点是什么？

(5) 为什么全文字段所得的文献往往不相关？

(6) 精确匹配和模糊匹配的含义分别是什么？

(7) 词频控制可以在什么情况下使用？

4. 检索示例

姓名：尚达胜　学号：002008888

练习数据库：中国学术期刊网络出版总库

练习题目：查找“有关图像处理软件方面研究”的相关文献

练习过程和检索策略

4.1　分析检索概念和构建检索策略

(1) 概念切分

主要概念：图像，处理，软件

辅助概念：方面，研究

禁用词：有关

(2) 构成检索策略。图像 * 处理 * 软件

4.2　文献检索

(1) 标准检索。要求一步完成检索。

字段取默认字段“主题”，其余控制条件也全部取系统默认值。

主题：图像 并且　主题：处理 并且　主题：软件 得到 5 282 条记录。

(2) 标准检索。要求扩展概念，扩大检索范围，分步完成检索。

概念扩展结果：

原概念	运用同物异名法扩展概念	运用下位概念法扩展概念
图像	图象	灰度
处理		增强
软件		

（注：扩展课题的一个核心概念即符合要求）

检索过程：

文本框间关系	字段	逻辑表达式	匹配方式	命中的记录数
	主题	图像	模糊	
或者	主题	图象	模糊	184 668
或者	主题	灰度	模糊	

文本框间关系	字段	逻辑表达式	匹配方式	界面间关系	命中的记录数
	主题	处理	模糊	检索	58 451
或者	主题	增强	模糊	在结果中检索	

文本框间关系	字段	逻辑表达式	匹配方式	界面间关系	命中的记录数
	主题	软件	模糊	在结果中检索	6 988

（注：选择文献分组浏览方式，如期刊名称，文献作者，作者单位等，选择其中一个期刊名、作者或单位，作为下一步专业检索辅助字段信息）

(3) 专业检索：改变字段选择（如由主题字段改为篇名字段），并增加一辅助字段限制条件，缩小检索范围。

检索策略选择	检　　索　　策　　略	命中的记录数
策略一	篇名=(图像+图象+灰度)*(处理+增强)*软件 and 年=2009	15
策略二	(篇名=图像 or 篇名=图象 or 篇名=灰度) and (篇名=处理 or 篇名=增强) and 篇名=软件 and JN=计算机工程与应用	5
策略三	篇名=(图像+图象+灰度)*(处理+增强)*软件 and 作者=高正夏	4

注：① 三种检索策略任取其一即符合要求。

② 表中所有算符都必须使用半角，"and"和"or"前后需留空格。

(4) 从第(3)步中选取一篇切题论文(注意使用"选择性粘贴""无格式文本粘贴")的文摘书目信息：

基于对象的数字图像处理软件设计方法

【作者】赵衍运;蔡安妮;孙景鳌　【作者单位】北京邮电大学;北京

【刊名】计算机工程与应用,2002年03期

【关键词】数字图像处理;面向对象;类

【摘要】该文给出了一种用面向对象技术实现数字图像处理算法的软件设计方法。按照面向对象的方法,笔者把各种数字图像处理方法封装在一个特殊图像类的层次结构中。这样的软件结构易于维护,有较强的可扩展性,适合不断发展的数字图像处理技术。

(注：选取提交的这篇论文要求基本书目信息完整,应包括篇名、刊名、作者和中文摘要)

4.3　全文下载并转换成 Word 格式

将上面赵衍运论文的正文第一段转换成 WORD 后为：

面向对象技术能够减轻软件修改的困难。使用面向对象技术开发出来的软件结构是建立在现实世界的实体或对象的基础上的,它把软件的功能分散到各个对象中间。使用者和用户提出的修改要求大多是功能上的,所面对的对象基本不动。对于使用面向对象技术开发出来的软件来说,软件的修改主要集中于封装在软件内部的属性和服务上,只要对象界面不动,整个软件体系结构可以不动。这种修改的局部化保持了软件结构的稳定性,使得在修改过程中引入新错误的可能性达到最小,同时减轻了软件修改的工作量和难度。

(注：请事先下载并安装 CAJViewer 或者 Acrobat Adobe 浏览器。如果打开原文后选择按钮处于不能动作,请更换文章)

实习指导

3 CompendexWeb（美国网络版《工程索引》数据库）

1. 实习目的

通过练习使用 CompendexWeb 数据库，掌握外文文献数据库的一般使用方法和主题词表、叙词的概念。

2. 实习过程与要求

(1) 在图书馆主页点击 Ei Village2，进入 CompendexWeb 数据库。比较简易检索界面(Easy Search)、快速检索界面(Quick Search)和专家检索界面(Expert Search)的不同。

(2) 打开网络课件，阅读并下载 CompendexWeb 实习示例。

(3) 根据课题要求，分析检索概念，拟订检索策略。检索策略要求运用除字段限制外逻辑、截词、词组和优先算符中的两种算符。在快速检索界面，执行检索策略。在上交的实习作业中记录练习的课题、使用的检索界面、检索策略和所得文献的篇数。

(4) 调整检索策略。如果快速检索界面所得结果文献量偏多，限制检索范围，反之，扩展检索范围。调整策略要求运用截词、词根、位置、逻辑、词组、字段和优先算符等中的三种算符。在专家检索界面执行这个策略。在上交的作业中记录策略调整目的、调整后的检索策略和所得文献的篇数，并取其中一篇题目中含有课题核心概念的文摘作为检索结果。

(5) 换用主题词表途径检索，练习结果调整(Refine Results)方法。使用所选文摘主题词字段中的一个叙词，检索 CompendexWeb 主题词表。根据课题要求，或者直接使用这个叙词，或者改选其族首词、上位词、下位词或者相关词中的一个叙词进行检索，根据所得结果，使用结果调整方法，使得检索结果接近课题要求。在上交的作业中记录词表中所查叙词、主题词检索使用的叙词及其在主题词表中显示情况、结果调整的过程和检索所得文献的篇数。

(6) 通过网络课件提交作业。

3. 实习思考题

(1) CompendexWeb 简易检索界面默认数据库有哪些？

(2) 专家检索界面和快速检索界面在检索结果限制方面有什么区别？

(3) 字段段码 KY，TI，CV 的含义是什么？

(4) 截词算符与词根算符有什么区别？什么情况下不可以使用截词算符？

(5) 通过哪三种方法可以实现词组检索？

(6) 位置算符与什么算符可以同时使用？与什么算符不能同时使用？

(7) 写出专家检索界面中字段检索的格式。

(8) 在 CompendexWeb 主题词表显示的主题词中，哪些词不能作为检索主题词？

(9) 如何使用系统给出的检索结果调整信息缩小检索范围？

4. 检索示例

姓名：尚达英　学号：01126688

练习数据库：CompendexWeb

练习题目：关于网络信息挖掘方面的相关文献

4.1　分析检索概念，拟定检索策略

(1) 分析检索概念。本课题的主要概念为"网络""信息""挖掘"，对应的英语单词为：

网络：web，web-based，internet，network，networked

信息：information

挖掘：mine，mining

(2) 拟定检索策略。

(web* or internet or net*) and information and min*

4.2　快速检索界面检索过程和得到的检索结果

逻辑关系选择	键入检索文本框的策略(Search for)	选择的字段(Search in)
	web* or internet or net*	Subject/title/abstract
AND	Information	Subject/title/abstract
AND	Min*	Subject/title/abstract

检索选项设置取默认状态，以上策略结果为 10 075 篇。

因为检索结果篇数过多，利用检索结果限制选项，将文献类型限制为只检索期刊论文(Journal article)，文献性质限制为实验性质的论文(Experimental)，语言限制为英语(English)，年份限制为 2005 年，系统给出的检索策略和结果篇数分别为：

((((web* or internet or net*) WN KY) AND ((information) WN KY)) AND ((min*) WN KY))，Journal article only，Experimental only，English only

91 records found in CompendexWeb for 2005 - 2005

(说明：如果拟定检索策略所得结果篇数不多，可以不作检索结果限制选项。系统给出的检索策略和检出篇数应从检索结果页复制粘贴)

4.3　专家检索界面检索过程和得到的检索结果

考虑到上步检索所得文献篇数偏多，专家检索界面除继续使用年份限制外，还使用位置算符 near，以作进一步限制。调整后的检索策略为：

(web* onear information onear min*) wn ti

得到的检索结果为"4 records found in CompendexWeb for 2005 - 2005"，选取其中一篇切题文献的题录信息如下：

Elimination of redundant information for Web data mining

Taib，Shakirah Mohd (School of Computing，University of Tasmania)；Yeom，Soon-

Ja; Kang, Byeong-Ho Source: International Conference on Information Technology: Coding and Computing, ITCC, v 1, Proceedings ITCC 2005 — International Conference on Information Technology: Coding and Computing, 2005, p 200 - 205

选取本篇文献主题词字段的一个叙词 information retrieval

(说明：如果上步检索所得文献篇数偏少，专家检索界面应使用扩展检索范围的算符或使用更多的同义词等)

4.4 主题词表途径检索

使用上步选取的叙词 information retrieval，检索 CompendexWeb 主题词表。得到以下词间关系显示：

Information retrieval(款目主题词)

Prior Terms: (早期使用的主题词)

Information science — Information retrieval

Broader Terms (上位词)

Information analysis

Related Terms (相关词)

Data mining

Information retrieval systems

Intelligent agents

Query languages

Software agents

Thesauri

Narrower Terms (下位词)

Image retrieval

Online searching

勾选款目主题词"Information retrieval"和年份限制 2005，再点击屏幕下端窗口中的 Search 得到：

(({Information retrieval}) WN CV)

1 504 records found in CompendexWeb for 2005 - 2005

根据课题要求，所得文献篇数过多，内容也不符合要求。继续使用检索结果调整方法，优化策略。具体过程为：勾选检索结果右侧 Refine result 窗口 controlled vocabulary 栏下的"world wide web"，取这个窗口最下端默认 searching within results，点击 include，得到

(({Information retrieval}) WN CV) {world wide web} WN CV

185 records found in CompendexWeb for 2005 - 2005

(说明：选择查找主题词表使用的叙词，使得结果显示至少有两个不同的词间关系。检索主题词后，应观察所得结果后决定进一步调整的方法，可以使用一次或两次 include 或 exclude 调整结果，使得检索所得文献在内容上接近课题要求)

实习指导

4 网络信息检索与利用

1. 实习目的

通过练习使用典型搜索引擎，收集了解本专业的网上学术资源。

2. 实习内容和要求

实习以百度作为主要的练习搜索引擎（也可以使用其他引擎，例如，雅虎，Google，Dogpile 等）。要求运用并掌握百度的逻辑算符和字段算符方法，检索相关的网站或主页。

检索所得必须是学术性网站或网页，内容可以是与专业有关的网络数据库、期刊网站、学术机构网站或网页、专家个人网站或网页等。提交的网络资源内容包括网站或网页的名称、简要说明（可以是提供单位、主要内容或特色等）以及上交网页的 URL 网址。欢迎收集国外的相关网站。

由搜索引擎给出的结果，需要分析、选择并访问验证后，才能作为练习作业提交。有的网页需要进入后再次点击相关链接，才能得到合适的网页，例如，本作业示例中的第一个结果中，以“生物力学 导航”查找百度，在给出结果的第一页中有以下信息：

医学导航/国外医学网址

……，并提供链接 ＊主要提供有关眼科研究的信息，临床治疗的信息不多 骨科学生物力学资源 ＊收集网络生物力学资源，并提供链接 骨科研究中心 ＊介绍有关生物力学及机械假肢的研究情况 骨外科杂志 ＊是美国杜塞……

www. familydoctor. com. cn/link/outland. htm 34K 2003－12－4－百度快照

点击这个网址，得到“家庭医生”给出的表格形式“国外医学网址”，其中有“生物力学资源”及其简要说明语，点击进去，得到以下信息：

Your Guide
To The World of Biomechanics

Biomechanics World Wide is designed to assist all persons in their search for information on the broad topic of ***Biomechanics***. Generally it points to other biomechanics and related sites as well as files of relevant information.

从这些说明文字判断，本网站符合作为生物力学网络资源导航的要求，然后再拷贝这个网页的网址 http://www. per. ualberta. ca/biomechanics/bwwframe. htm。因而，就本课题而言，简单地拷贝百度给出的上述“医学导航/国外医学网址”及其说明语和网址，是不符合本次作业的要求的。

练习中使用的学科课题名称由两部分组成，一部分建议取专业的名称。例如，理学院的数学专业，即取“数学”作为学科名称。另一部分为“专家”、“导航”、“论坛”、“资源”、“学会”、“研究所”或“门户”中的任意一个。学生也可以取共同感兴趣的任意课题。提倡同学自由结合成兴趣小组，共同完成本次作业。小组中的成员应按照网站性质类型或者专业归属分工负责，例如，就“通信”而言，网站性质可以分成研究机构网站、期刊网站、主要研究专家、参考工具、主要院系等，专业归属可以分成微波通信、光通信、图像通信、无线通信等。要求每一位同学至少提供一条网站或网页的信息。

3. 作业评分标准

本次作业的评分标准为：所得的网站或网页满足数量要求，给出的链接不是错误链接或死链接，资源为学术性资源，提交的作业规范（所得信息完整，运用了逻辑检索和字段检索，字体统一）。

具体地说，有以下情况的作业不符合本次实习的要求：

(1) 非学术性网页。仅包括一般的介绍性文字，例如，产品介绍，专业介绍，厂家介绍，无杰出成就的个人介绍等，或者一般的文献及其书目信息，例如，论文，题录，文摘，引用文献等。

(2) 项目不全。例如，无检索策略、无说明文字。

(3) 检索策略中没有使用逻辑算符、字段算符或者优先算符。

(4) 所得结果的网址与站点说明无关。例如，检索微波研究机构，给出的网址却为医疗器械生产厂家。

(5) 简单地直接拷贝搜索引擎得到的标题和说明语，或者直接拷贝网上现成的网络导航内容。

4. 作业实例

学科课题：生物力学

(1) 学号　001180001　姓名　汪××

收集生物力学网络资源导航网站

使用的搜索引擎：百度

检索策略：“生物力学 导航”

检索结果：

生物力学资源（Biomechanics World Wide）

集中了大量网络生物力学网络资源，并提供链接。

网址 http://www.per.ualberta.ca/biomechanics/

(2) 学号　001180002　姓名　罗××

负责收集运动生物力学高等院校

使用的搜索引擎：百度

检索策略：运动生物力学 inurl：edu

检索结果：

北京体育大学运动人体科学学院

下设运动解剖、运动生理、运动生化、运动生物力学、运动医学五个教研室和人体运动科学研究中心及运动康复中心。

网址 http://www.bupe.edu.cn/jgsz/htm/jxdw/rtydkxx/htm/rtydkxx_index.htm

(3) 学号　001180003　姓名　支××

负责收集顾客生物力学研究机构

使用的搜索引擎：雅虎

检索策略：骨科生物力学 研究室

检索结果：

九院骨科

硕士、博士学位授予点和博士后流动站。学科附设上海第二医科大学骨科生物力学研究室。

网址 http://www.ortho-snph.com/

(4) 学号　001180004　姓名　袁××

负责收集生物力学著名专家

使用的搜索引擎：百度

检索策略：生物力学(院士 | 博士生导师) inurl: edu

检索结果：

生物力学的开创者：冯元桢院士

冯元桢(1919—),美国国籍,出生于江苏武进。著名力学家、生物力学家。1966 年至今,任美国加州大学圣迭戈分校教授。美国国家工程院院士(1979),美国国家医学研究院院士(1991),美国国家科学院院士(1992)。1966 年以后开始致力于新兴交叉领域——生物力学的开拓,成为举世公认的生物力学的开创者和奠基人。在这一领域内,冯元桢和他的实验室取得了三个具有里程碑性质(突破性)的成就,即生物软组织本构关系的研究,肺血流动力学规律的研究以及生物组织器官生长和应力关系的研究。他于 1994 年当选为中国科学院首批外籍院士。

网址 http://www.seu.edu.cn/～xcb/ddb/tekan/te07.html

(5) 学号　001180005　姓名　丰××

负责生物力学学会/协会

使用的搜索引擎：百度

检索策略：生物力学 (学会 | 协会)

检索结果：

国际运动生物力学学会(International Society of Biomechanics in Sports, ISBS)

成立日期：1982 年 6 月成立于美国

联系人：Stuart Miller

宗旨：在国际范围内促进运动生物力学的发展；为运动生物力学的科研人员、教师、教练和实践者提供论坛；鼓励和支持运动生物力学技术的发展；举办国际会议、研讨会、培训班；整理信息和材料，向相关组织和个人传送。

网址 http://www.csss.cn/gjjw/gjzzml.htm

实习指导

5 EndNote的使用及文后参考文献的标准著录

1. 实习目的

掌握通过EndNote管理文献和在Word文件中按照标准格式著录文后参考文献。

2. 实习内容和要求

(1) 通过SCIE,CompendexWeb和CNKI数据库检索相关文献,将检索结果导入EndNote文库。

(2) 对储存在EndNote文库中的文献,进行简单的文献分析。

(3) 在Word文件中自动载入参考文献,并将其改成标准的文后参考文献著录格式。

3. 实习思考题

(1) 如何将CNKI数据库的文献批量导入EndNote?

(2) 利用EndNote分析文献的核心作者、热门课题需要通过EndNote的什么功能?

(3) 在Word文件中自动载入参考文献需要做哪几个操作步骤?

(4) 如何从EndNote分析得到的课题主要期刊中选出相关的核心期刊?

(5) 按照标准的文后参考文献格式,超过三位作者应该如何著录?西文作者的姓名如何著录?

4. 实习示例

姓名:尚达胜　学号:002008888

课题:pH值光纤传感器研究(Studies on pH optical fiber sensors)

首先在EndNote中建立一个名称为"pH-Sensors"的文库,然后进行以下三个操作。

(1) 利用EndNote汇总相关文献信息。

1) SCIE。直接使用EndNote的联机检索功能,在SCIE数据库的Topic字段,使用"pH Optical Sensors"作为检索词,共检索所得119篇,将其导入"pH-Sensors"文库。

2) Ei CompendexWeb。登陆进入Ei CompendexWeb数据库,在快速检索界面,选取题名字段,检索词使用"pH Optical Sensors",共得到126篇文献。下载成.ris文件,将其导入"pH-Sensors"文库。导入后,点击References→Find duplicate,去掉与SCIE重复的文献。

3) Scholar Google。进入Scholar Google后,在"Scholar Preferences"设置"Show links to import citations into EndNote",确认(Save Preferences),以"intitle: pH Optical Sensor us patent"作为检索策略,查找得到37篇专利,逐篇点击Import into EndNote→"打开",将其导入"pH-Sensors"文库。

4) 中国期刊全文数据库。登陆进入中国期刊全文数据库,除匹配控制取"精确",其余系统设置取默认值,检索词用"pH光纤传感器",共得国内期刊文献57篇。所得文献经格式过滤处理，通过 EndNote 导入功能将其导入“pH-Sensors”文库。

(2) 利用 EndNote 分析数据库中已有的文献。

点击“工具”(Tools)下的“主题书目”(Subject Bibliography)，在系统给出的字段列表中选择系统进行分析的字段，例如关键词(Keywords)，再点击右边的“OK”和随后出现的“# Records”，即可得到文库中按照文献篇数统计得到的研究热点。同理，如果分别选择作者(Author)和作者单位(Author address)，可以得到文库中发文最多的作者姓名以及单位名称。下面是对“pH-Sensors”文库的分析结果。

1) 研究热点分析。按照发文篇数，国外 pH 值光纤传感器研究的热点是 flurescent(荧光法，152 篇)，bulk optodes (极棒，72 篇)。国内 pH 值光纤传感器研究论文量小，且主题比较分散。相对比较集中的研究课题是染料指示剂 (3 篇)，双光路补偿(3 篇)。

2) 主要研究单位和研究人员分析。按照发文篇数，国外 pH 值光纤传感器研究的主要研究人员是 Wolfbeis, O. S. (Univ Regensburg, Inst Analyt Chem Chemo & Biosensors, D-93040 Regensburg, Germany)，主要研究荧光探针。国内主要研究人员是天津大学精密仪器与光电子工程学院的范世福和陈莉等。

3) 主要期刊分析。按照文献篇数，国外 pH 值光纤传感器领域的主要期刊是 Sensors and Actuators B - Chemical (159 篇)、Analytica Chimica Acta (104 篇)、Analytical Chemistry (47 篇)、Tesol Quarterly(87 篇)。国内 pH 值光纤传感器领域的主要期刊是《传感器技术》(5 篇)、《化学传感器》(5 篇)、《传感技术学报》(4 篇)。将这些主要期刊比照国内认可的核心期刊表，即可得到 pH 值光纤传感器的国内外核心期刊。

(3) 利用 EndNote 在 Word 文本中引用规定格式的文献。

在下面 Word 文件中调用已建立的 EndNote“pH 值光纤传感器”的文库参考文献信息。打开“pH-Sensors”的文库，从编辑菜单(Edit)下点击输出格式(Export style)，选择 numbered 格式文件。回到该 Word 文件，将光标停放在要插入引用的地方，点击工具菜单(Tools)下的“转到 EndNote(Go to EndNote X)”。再在 EndNote 文库中选择需要引用的文献，点击 EndNote 文库工具菜单(Tools)下的“在撰写中引用”(Cite while you write)，EndNote 文库自动将引用内容插入文件，并在文章结尾生成相应的参考文献目录。

光纤 pH 传感器以其无需与待测溶液接触、成本低、易集成等优点而受到了诸多研究者的关注，其原理是根据 pH 变化时溶液的光学性质随之发生变化，由此衍生出吸收光度[1]、荧光[2]、消逝波[3]等方法。光纤 pH 传感器大多通过在光纤端部或者侧壁制备 pH 敏感膜，这无疑增加了传感器制备的复杂性，并且难免造成培养液的污染，不符合细胞或组织培养过程无菌化的要求。

参考文献

[1] XU X, SMITH S, URBAN J, et al. An in line non-invasive optical system to monitor pH in cell and tissue culture[J]. Medical Engineering and Physics, 2006, 28(5): 468-474.

[2] ARAIN S, JOHN GT, KRAUSE C, et al. Characterization of micro titer plates with integrated optical sensors for oxygen and pH, and their applications to enzyme activity screening respirometry, and toxicological assays [J]. Sensors and Actuators, chemical, 2006, 113: 639-648.

[3] GUPTAB D, SHARMAN K. Fabrication and characterization of U2 shaped fiber optic pH probes[J]. Sensors and Actuators B, 2002, 82: 89-93.

主要参考文献

[1] 蒋永新. 自然科学技术信息检索教程[M]. 上海：上海大学出版社，2006.

[2] 蒋永新. 人文社会科学信息检索教程[M]. 3版. 上海：上海大学出版社，2007.

[3] 曹志梅，范亚芳. 信息检索问题集萃与实用案例[M]. 北京：北京图书馆出版社，2008.

[4] 袁润. 理工科信息检索与利用[M]. 镇江：江苏大学出版社，2007.

[5] 谢德体. 信息检索与分析利用[M]. 北京：清华大学出版社，2007.

[6] 张久珍. 国外参考资源检索与利用[M]. 北京：北京大学出版社，2008.

[7] 熊利红. 环境与生态学信息检索[M]. 北京：科学出版社，2007.

[8] 杜慰纯. 信息获取与利用[M]. 北京：清华大学出版社，2007.

[9] 潘卫. 材料与能源信息检索[M]. 北京：北京大学出版社，2007.

[10] 段明莲，陈浩元. 文后参考文献著录指南. 北京：中国标准出版社，2006.

[11] 董素音. 机电信息检索与利用[M]. 2版. 北京：海洋出版社，2008.

[12] 王立诚. 科技文献检索与利用[M]. 南京：东南大学出版社，2006.

[13] 潘杏仙. 科技文献检索：入门与提高[M]. 合肥：安徽人民出版社，2008.

[14] 叶志明. 如何阅读学术论文、聆听学术报告[J]. 学位与研究生教育，2004(11)：5-6.

[15] 郝兆杰. E-learning环境下的批注式阅读初探[J]. 计算机工程应用技术，2008(17)：1540-1542.

[16] Bradley P. The Advanced Internet Searcher's Handbook[M]. London：Library Assocaiation Publishing，1999.

[17] Large A，Tedd L A，Hartley R J. Information Seeking in the Online Age Principles and Practice[M]. London：Bowker Saur Press，1999.

[18] Ackermann E，Harman K. The Information Specialists' Guide to Searching. Researching on the Internet the World Wide Web[M]. 2nd ed. Chicago：Fitzrory Dearborn Publisher，2000.

[19] Gash S. Effective Literature Searching for Research[M]. 2nd. Hampshire：Gower House，1999.